상식적인 사회를 꿈꾸는 대한민국 대표 정치 · 시사 블로거

아이엠피터의 놈.놈.놈.

상식적인 사회를 꿈꾸는 대한민국 대표 정치 · 시사 블로거

아이엠피터의 놈.놈.놈.

초판 1쇄 찍음 2012년 7월 15일
초판 1쇄 펴냄 2012년 7월 20일

지은이 임병도
펴낸이 김선영
펴낸곳 책으로여는세상

책임편집 안동권
디자인 Design Hada

출판등록 제2012-000002호
주소 (우)476-912 경기도 양평군 강상면 봉의정길 18-7
전화 070-4222-9917 | **팩스** 0505-917-9917 | **E-mail** dkahn21@daum.net

ISBN 978-89-93834-12-3(03340)

책으로여는세상

좋·은·책·이·좋·은·세·상·을·열·어·갑·니·다

이 도서의 국립중앙도서관 출판시도서목록(CIP)은 e-CIP 홈페이지(http://nl.go.kr/cip.php)에서 이용하실 수 있습니다.(CIP2012003087)

상식적인 사회를 꿈꾸는
대한민국 대표 정치·시사 블로거

아이엠피터의

임병도 지음

책으로여는세상

그의 팬이 됐습니다.
그의 치열한 글쓰기 때문입니다.

강기석(전 경향신문 편집국장)

'아이엠피터'에 대해 이야기하기 전에 우선, 제가 비록 정봉주는 아니지만 제 깔때기를 하나 대려고 합니다.(^^;;) 제 나이 예순인데요, 사람들이 제 인상이 참 편하다고 합니다. 옛날에는 나이 40이면 제 얼굴에 스스로 책임을 져야 한다는 애기들을 많이 했습니다. 각자 살아온 인생편 력이 그대로 얼굴에 드러난다는 애기지요. 지금은 평균수명이 확 늘어나 60쯤은 돼야 비로소 얼굴이 '인생 명함' 역할을 할 수 있지 않나 여겨지는데, 한마디로 제가 지금까지 선하게 살아온 인상이라는 겁니다.

사실 저도 마흔, 쉰까지는 좀 날카롭고 공격적인 인상이라는 평을 많이 받았습니다. 제가 가졌던 기자라는 직업이 원래 별로 점잖은 직업이 아니지요. 게다가 온통 독재정권의 불의와 부정이 판치는 시대 상황에서 해고와 구속을 거듭하며 앙앙불락했던 심사가 얼굴에 그대로 드러났던 게 아닌가 합니다.

지금도 가슴속에는 불의한 세상에 대한 투지가 여전히 끓고 있지만, 그럴수록 저 개인의 욕심은 최대한 억제하고 시대가 요구하는 과업에 대해서는 최선을 다해 책임을 다하고자 합니다. 무엇보다 겸손하고자 노력합니다. 나이 들어간다는 자연적인 현상에 나름 사회적으로 순응하는 거지요.

하지만 좋은 인상을 유지하는 최고의 비결은 무엇보다 '좋은 놈'들을 주변에 많이 두는 것이라고 생각합니다. '나쁜 놈'들과 '이상한 놈'들을 가까이 하다 보면 화를 참아야 하고 끊임없이 경계해야 하고, 그러다 보면 자기도 모르게 얼굴이 찌푸려지게 마련이니까요. 저는 그래서 나쁜 놈들을 상종도 하지 않을뿐더러 당연히 '조·중·동'도 보지 않습니다.

마음만 그렇게 단단히 먹으면 좋은 놈들은 끊임없이 다른 좋은 놈들을 새끼 쳐서 내 옆에는 어느새 좋은 놈들로만 그득 차게 됩니다. 아이엠피터를 알게 된 것도 그런 인연입니다.

2년 전 제 아우 하나가 정치 블로그를 열었습니다. 부끄러운 고백이지만 저는 워낙 종이 신문에서 오래 활동해온 터라 블로그의 필요성도 잘 모르고, 따라서 블로그들을 잘 찾아보지도 않습니다. 기본적으로 블로그 세계를 잘 알지 못합니다. 고작 「오마이뉴스」 같은 몇몇 종이 신문 비슷한 사이트에 글을 쓸 뿐입니다.

자주 들어와 달라는 아우 부탁에(사실은 강요 비슷한 것이었지만^^) 그 친구 블로그에 들어가 봤는데, 워낙 정보도 많고 글 솜씨가 탁월한 탓인지 순식간에 방문객이 늘어났습니다. 한 달도 못 가 하루 방문객이 몇천 명에 이르는 겁니다. 감탄하는 내게 그 친구는 "에이~, 전 아직도 멀었어요. 하루 만 명도 훨씬 넘게 들어오는 블로그도 있는걸요."하며 아이엠피터를 소개하는 겁니다. 그래서 찾아 들어가 처음 만난 것이 아이엠피터 블로그입니다. 그 이래 저는 그의 팬이 됐습니다.

지금은 「진실의 길」이라는 시사 사이트 편집국장을 맡고 있는, 「오마이뉴스」 편집국장 출신이며 친일진상규명위 사무처장을 지내기도 한 또 한 명의 '좋은 후배' 정운현과 등산길에 그 이야기를 했습니다. 빙그레 웃으며 오프라인 만남을 주선해 주겠노라고 했습니다. 알고 보니 둘은 오래전부터 가까운 사이였던 모양입니다.

하지만 그와의 첫 대면은 정 국장의 주선이 아니라 '좋은 단체'인 노무현재단에서 이루어졌습니다. 제가 지금 노무현재단 홈페이지 편집위원장을 맡고 있는데, 재단 후배들이 저 모르게 그를 홈페이지 운영자의 한 사람으로 영입하려 했던 겁니다.

이렇게 좋은 후배들과 좋은 단체를 통해 만난 아이엠피터는, 그래서 인간적으로 '좋은 놈'임에 틀림없지만, 내가 그를 더 좋아하고 신뢰하는 것은 그의 치열한 글쓰기 때문입니다. 선수가 선수를 알아본다고(이것도 일종의 깔때기입니다^^;;), 그는 내공이 깊습니다. 부지런합니다. 발로 뛰어 취재를 하고 팩트를 모아 치밀한 논리로 전개합니다.

기자의 제 1덕목이 '발로 뛰어라'입니다. 직접 현장을 뛰어 '팩트'를 모으고 확인하라는 겁니다. 아이엠피터는 기자증도 없고, 취재처도 없어 현실 세계의 현장을 뛰지는 못하지만 인터넷 속에서 가장 열심히 뛰는 기자임을 알 수 있습니다. 그가 쓰는 기사에는 꼭 들어가야 할 팩트는 반드시 들어가 있습니다. 저는 인터넷을 이용한 취재 기법을 배운 적은 있지만 사용한 적은 없어서 다만 짐작만 할 뿐이지만, 그리고 아이엠피터의 탁월한 취재 기법을 부러워할 뿐이지만, 인터넷 안에는 무궁무진한 팩트의 바다가 펼쳐져 있음에 틀림없습니다.

그리고 책이 됐든, 논문이 됐든 인터넷에서 얻지 못하는 자료들을 오프라인에서 구하려는 그의 집념에 가까운 자료 수집 욕구를 몇 차례 대화에서 확인하곤 했습니다. 그렇게 모아진 팩트들이 아이엠피터가 전하고자 하는 '진실'을 더욱 탄탄히 구성하게 되는 것입니다.

'팩트는 신성하고, 의견은 자유다'라는 언론계의 금언이 있습니다. 한국의 언론 풍토에서는 이른바 논객이라는 이들이 자신의 주장만을 내세우며 허접스런 칼럼들을 팩트와 상관없이 아무렇게나 휘갈기는 일이 비일비재합니다. 때로는 팩트를 무시하고, 때로는 팩트를 조작하기까지 합니다. 그런 의견들이 힘을 가질 수는 없습니다. 미리 자신들의 '주장'이란 틀을 짜 놓고 팩트라는 재료를 억지로 끼워 넣는 격입니다. 그렇게 비틀린 모습이 진실일 수는 없습니다.

반면, 아이엠피터는 있는 그대로의 팩트를 짜 맞추며 진실의 모습을 찾아 갑니다. 그런 각고의 노력 끝에 드디어 나타난 진실에 대해 비로소 논평하는 겁니다. 그의 글이 애독자의 성원을 받고 반대자들마저 꼼짝 못하게 만드는 힘의 원천입니다.

그가 그런 자세로 써온 글들을 모아 책으로 엮어 낸다고 합니다. 문재인을 필두로 박근혜, 이명박, 강용석, 전여옥, 김문수, 오세훈, 박원순 등 주요 정치인들과 판사·검사들이 주요 인물로 등장합니다. 일종의 인물평전인 셈입니다. 책은 등장인물들의 성격을 명확하게 규정해놓지는 않았지만(그런 의미에서 굉장히 불친절하지요) 독자들이 나름대로 책의 타이틀에 맞춰 이들을 '좋은 놈', '나쁜 놈', '이상한 놈'으로 분류해보는 것도 가외의 즐거움이 아닐까 합니다.

단 한 가지 문제는 정치 블로거인 그가 문재인 지지를 분명히 한다는 겁니다. 지지 정도가 아니라 아예 문재인 대통령 만들기에 나섰노라고 선언했습니다. 언론인으로서 대단히 위험한 행보가 아닐 수 없습니다. 아시다시피 대한민국의 언론 중에 특정 후보를 지지한다고 선언한 언론은 없습니다. 심지어 '조·중·동'마저도 그렇습니다. 언론인은 그렇다 쳐도, 숱한 정치평론가들도 제가 보기에 분명 특정 후보에게 기운 이마저도 겉으론 중립과 공평을 가장합니다. 독자가 떨어져나갈까 걱정인 것이고, 평론가의 경우 언론사에서 불러주지 않을까 봐 두려운 것입니다. 그러고는 뒷전에서 호박씨를 깝니다.

하지만 미국의 경우만 해도 그렇지 않습니다. 「뉴욕타임스」만 해도 선거 때만 되면 전통적으로 민주당 지지를 공표합니다. 「워싱턴포스트」는 공화당 지지입니다. 그렇지만 여전히 공화당 지지자들이 「뉴욕타임스」를 보고, 민주당 지지자들이 열심히 「워싱턴포스트」를 읽습니다. 이 신문들의 정치적 성향에도 불구하고, 결코 팩트를 왜곡하거나 진실을 숨기지 않는다는 것을 알기 때문입니다. 오히려 이들 신문들이 정치 성향을 분명히 공표함으로써 독자들이 신문을 읽으면서 기사 판단 능력을 높일 수 있습니다.

그러므로 아이엠피터는 한국 언론계의 선구자라 할 수 있습니다. 비록 나처럼 그 역시 정권 교체 여부에 절체절명의 절박감을 느끼고는 있는 듯하지만 그렇다고 특정 인사들에 관한 팩트를 왜곡하지는 않습니다. '신성한 팩트'를 잔뜩 쌓아놓고 그 안에서 독자들이 진실의 모습을 스스로 찾아 볼 수 있을 정도로 약간의 '팁'을 논평으로 던져놓을 뿐입니다.

그는 문재인을 대통령으로 만들자고 노골적으로 호소합니다. 문재인은 '좋은 놈'이기 때문이라는 그의 확신이 책 제목에서부터 확 느껴집니다. 이제 판단은 그의 글을 읽는 독자의 몫입니다.

그가 쌓은 팩트의 진실에 동의하고 그의 논평에 동의하는 독자들이 많아질수록 우리 곁에는 '좋은 정치인'들이 많아질 것이라는 게 저의 확신입니다. 그리하여 궁극적으로 '나쁜 놈'들이 정치에서 일제히 퇴출되고 나쁜 판사·검사들이 법조계에서 발을 붙이지 못하게 될 때, 저의 인상은 더욱 선해질 것 같습니다. 마지막 깔때기였습니다.(^^;;)

| 차례 |

Chapter 3 대한민국을 사유화한 이명박 대통령과 그의 패밀리들

Chapter 4 세금이 아깝다, 국민 모독 3종 세트

Chapter 5 서울을 망친 남자, 서울을 노린 여자, 서울을 시민에게 돌려준 남자

Chapter 6 대한민국 법치주의의 현주소 닥치고 법 VS 닥치고 권력

impeter.tistory.com

문재인의 운명

문재인

문재인
문재인

내가 문재인을 대통령 감으로 생각한 지는 오래전이다. 그의 경력이나 삶의 모습, 그리고 그가 걸어왔던 길을 살펴본 사람이라면 그의 인생에서 태클을 걸 만한 티끌을 찾아보기가 어렵다는 것을 알 것이다.

언젠가 한 지인에게 문재인에 대해 어떻게 생각하는지 물어본 적이 있다. 가까이서 문재인을 지켜본 그는, 문재인에게서 정치에 대한 환멸을 느낄 수 있었다고 한다. 그리고 문재인 자신도 정치는 자신의 그릇이 아니라는 말을 자주 했다고 한다. 아마 태생적으로 정치적이지 못한 성향과, 노무현 대통령의 모습을 옆에서 지켜봐야 했던 아픔 때문이 아닐까 하는 생각이 든다.

그러나 한 사람의 정치 블로거로서 날마다 정치 이야기를 써내려가야 하는 내가 2012년 12월을 바라보며 내린 결론은 문재인 말고는 다른 대안이 없다는 것이다. 정치는 최고의 선택이 아니라 최선의 선택을 할 수밖에 없다는 것을 잘 알고 있기 때문이다.

홀로 '문재인 대통령 만들기'를 시작하다

정치 관련 글을 쓰다 보면 호의호식하는 정치인들을 참 많이 볼 수 있다. 어느 정도 고위 공직에 오른 사람들, 특히 청와대에 있던 사람들은 정권이 바뀐 뒤에도 높은 자리 하나쯤은 쉽게 차지하는 경우가 많았다. 그런데 유난히 참여정부 사람들은 그렇지가 못했다. 일부러 그랬는지 아니면 원래 성격들이 그랬는지 모르지만 좋게 말하면 소박하고, 비꼬면 여태까지 뭘 했느냐는 소리를 들을 정도로 치부와 영달에는 영 재주들이 없었다.

문재인도 마찬가지였다. 그가 지금도 렉스턴 중고차를 타고 다니는지는 모르지만, 대통령 비서실장을 사임한 뒤에도 중고 렉스턴을 타고 다닌 것은 사실이다. 게다가 운전기사는 그가 비서실장으로 있던 시절에도 별로 이용해본 적이 없는 사람이다. 문재인은 지금도 단골 '블루클럽'에서 머리를 깎는다. 블루클럽은 남성 전용 미용실로, 값이 싼 대신 자신이 직접 머리를 감고 마무리를 해야 한다. 노무현 대통령을 좋아했던 사람들은 그의 소박함과 소탈함을 좋아했는데, 그런 면에서라면 문재인 역시 만만치 않다.

문재인은 변호사 출신이다. 그리고 지금도 변호사다. 이름난 법무법인 사무실 앞에 가면 외제차가 즐비하고, 여전히 전관예우가 당연하게 여겨지는 나라가 대한민국이다. 이런 나라의 변호사이자 권력의 핵심부에까지 있었던 사람이지만 그는 여전히 속칭 '똥차'를 타고 다니고 동네 미용실에서 머리를 깎는다.

참여정부 시절 노무현 대통령의 최측근이었던 그는 지금의 새누리당인 한나라당과 조중동이 그와 그의 주변을 이 잡듯이 뒤졌지만 불법과 부정에 관계된 것이 단 하나도 나오지 않았다. 흔히들 털어서 먼지 안 나는 사람 없다고 하는데, 털어도 먼지 안 나는 사람이 세상에 있었던 것이다. 부정과 부패, 반칙을 밥 먹듯 하고 그것을 당연하게 생각하는 조중동과 한나라당의 가치관으로서는 도저히 믿기지 않았을 것이다.

문재인의 이러한 모습을 잘 보여주는 일화로 청약통장 사건을 들 수 있는데, 부인이 갖고 있던 청약통장을 문제 삼아 당장 해약하라고 했던 일이다. TV 프로그램 「힐링캠프」에서 이경규가 "청약통장 얘기는 어떻게 된 겁니까?"하고 묻자 문재인은 이렇게 대답한다.

> "아, 그거요! 허허허허. 저희 집 통장 관리는 제 아내가 하는데, 오래전 얘기죠. 어느 날 통장을 쭉 늘어놓는데 보니까 청약통장이 있는 거예요. 청약통장이라는 것이 집 없는 사람들을 위해서 만든 거잖아요. 우리는 그때 집이 있었거든요. 조그만 주택이긴 해도 사는 데는 불편한 게 없었어요. 제가 비록 돈 얼마 안 되는 사건만 맡긴 했어도 그래도 명색이 변호사 아닙니까? 아내한테 당장 해약하라 그랬죠."

문재인의 대학 동기로 경찰종합학교장을 역임했던 박종환 씨는 문재인에 대해 '내가 아는 40여 년간의 문재인 변호사, 그는 한결같이 신뢰할 수밖에 없는 사람이다'라는 글에서 이런 말을 했다.

> 참여정부가 출범한 뒤 문재인이 청와대에 들어가 있을 때다. 한번은 한 경찰 인사권자가 오랫동안 친구로 지낸 나의 인사에 대해 어떻게 해야 하느냐고 문재인 변호사에게 물어본 일이 있었다고 들었다. 그때 그의 대답은 '오랜 친구인 것은 사실이다. 하지만, 내 친구라고 하여 봐줄 것은 전혀 없다'였다고 한다. 한때 서운하기도 했으나 바로 그런 이유로 나는 그가 내 친구임을, 그리고 누구보다도 존경하는 친구임을 자랑스러워한다.

대한민국 대통령에게 요구되는 가장 중요한 덕목 가운데 하나가 도덕성과 인품이다. 이것이 결여된 사람이 대통령이 된 나라에서 이미 우리는 4년 이상을 살았고, 그것이 얼마나 중요한 것인지 뼈저리게 느끼고 있다. 그러므로 대통령이 되려고 하는 사람에 대해서는 최소한이 아닌 가장 엄격한 잣대로 그의 인생을 살펴봐야 한다.

오래전부터 '나 홀로 문재인 대통령 만들기'를 시작했던 나는 앞으로도 문재인의 인생을 천천히 그리고 꼼꼼하게 살펴보면서 과연 그의 삶이 대통령 취임 이후에도 계속 지금과 같이 이어질 수 있을지 검증하고 고민할 것이다. 그리고 그의 인생을 이야기하며 대중들과 함께 그의 삶을 느끼고 싶다. 한 사람의 인생관이 대한민국을 뒤흔들 수 있기에 그의 삶을 통해 그가 대통령으로 적합한 인물이라는 증거를 말하고 싶은 것이다.

문재인의 운명은 노무현이 남긴 숙제를 마저 하는 것

'문재인 대통령 만들기'를 나 스스로 결정했던 가장 큰 이유는, 그가 야권 대통합을 이룰 큰 그릇이기 때문이었다. 그러나 조중동으로 대표되는 보수우익 언론들은 분명히 야권 대통합과 문재인의 행보에 딴죽을 걸고 온갖 거짓과 악의적인 기사로 그가 국민적 지지를 받지 못하도록 할 것이다. 나는 새누리당과 보수우익, 뉴라이트, 박근혜, 조중동이 힘을 합쳐 문재인을 공격할 때, 할 수만 있다면 앞에서 그를 막아주고 싶다. 내가 잘나서가 아니라 이제는 거짓된 언론에 국민이 속아서도 안 되고, 그럴 시기는 지났기 때문이다.

사실 문재인은 노무현 대통령 2주기 때까지만 해도 스스로 대선을 논한 적이 없다. 그런데 언론이 자꾸 그를 대권주자로 끄집어냈다. 기본적으로는, 그의 돋보이는 인간성과 원칙론, 그리고 참여정부의 정책을 이어나갈 수 있는 능력을 언론이 봤기 때문이다. 하지만 나중에 이야기하겠지만, 언론에게는 또 다른 속내가 있기도 했다.

그런가 하면 초야에 조용히 살고 있던 문재인을 정치판으로 끌어들이는 모습을 싫어한 사람들도 있었다. 문재인 자신도 정치가 얼마나 더럽고 힘들고 고통스러운지 직접 보고 겪었기에 환멸을 느꼈고, 그래서 정치에서 멀리 떨어져 있었다. 하지만 더는 버틸 수가 없었다. 문재인 개인의 삶을 위해서는 정치를 하지 않는 것이 가장 좋았겠지만, 국민을 생각하면 그는 똥이 둥둥 떠다니는 구렁텅이에 몸을 던져야 마땅했다. 그것이 그에게 주어진 '운명'이고, 그의 희생을 통해 대한민국 국민들은 조금 더 밝은 미래를 내다볼 수 있을 것이기 때문이다.

내가 문재인을 대통령 감으로 생각하는 또 다른 이유는 그가 노무현의 친구여서가 아니라 그가 참여정부에서 일했다는 사실 때문이다. 시간이 지나면서 참여정부의 정책들이 옳았다는 사실들이 속속들이 밝혀졌고 지금도 밝혀지고 있다. 그런데 대한민국 정치의 문제점은 정권이 바뀌면 장기적인 안목으로 추진해야 할 좋은 정책들마저 모두 없어진다는 사실이다. 대표적인 예로 이명박 정부는 참여정부가 만들어 놓은 보유세를 철폐하는 만행을 저질렀다. 불로소득자나 부자가 더 많은 세금을 내는 것은 너무나 당연한데, 이명박 정부는 이것을 없애놓고 복지정책을 위한 재원이 부족하다는 타령만 늘어놓고 있다.

앞서 이야기했듯이 내가 문재인을 선택한 이유는 그가 단순히 노무현의 뒤를 잇는 것이 아니라 참여정부의 정책들 가운데 올바르고 꼭 필요한 정책들을 되살려 추진할 수 있는 인물이라고 판단했기 때문이다. 좋은 정책을 개발해 이어 나가고, 실패한 정책은 과감히 버려야 하는 것이 정치인들이 국민을 위해서 해야 할 일이다. 문재인도 마찬가지다. 단순히 노무현의 이름을 빌리는 것이 아니라 참여정부 시절의 정책들 가운데 대한민국을 살릴 정책들을 찾아내고, 그 정책들을 어떻게 추진해야 할지 고민해야 할 것이다. 나아가 문재인 자신만의 정책도 개발해야 할 것이다. 그리하여 대통령으로서 대한민국의 미래를 어떻게 만들어나갈지를 국민들에게 분명히 제시해야 할 것이다. 또한 그가 참여정부의 핵심에 있었던 사람으로서 노무현의 뒤를 이을 것은 대한민국 국민을 위해 가장 낮은 자가 되었던 노무현의 모습이다.

나는 문재인이 정치판에서 만들어낸 대통령 후보가 되길 원하지 않는다. 국민이 선택하고 평가하고, 그의 가치를 인정해 당당한 대통령이 되길 원한다. 사실 문재인은 노무현 대통령처럼 말을 잘하지 못한다. 오히려 조금은 어눌한 편이다. 그러나 이것은 약점이 아니라 오히려 국민의 소리를 더 잘 들을 수 있는 문재인만의 매력이 될 수도 있다.

문재인은 그의 책 『운명』에서 이런 말을 했다.

> 당신(노무현 전 대통령)은 이제 운명에서 해방됐지만, 나는 당신이 남긴 숙제에서 꼼짝하지 못하게 됐다.

아마도 그가 말한 숙제란 참여정부 시절 함께 고민해서 만들어낸 수많은 정책들을 뜻할 것이다. 그 정책들 가운데 비처 꽃을 피워보지도 못하고 꺾여버린 것들을 되살려내는 것이 노무현이 그에게 남긴 숙제라면, 그 숙제를 마쳐야 하는 것이 그의 운명일 것이다.

야권 통합을 위해 모든 것을
내려놓을 수 있는 사람

문재인은 권력의지가 없기로 유명한 사람이다. 오죽하면 남들은 들어가지 못해 안달하는, 대한민국 권력의 중심부라는 청와대를 아무런 미련 없이 훌훌 털고 나왔을까? 그런데 이토록 권력의지가 없는 사람이 지금 누리고 있는 인기는 왜 그런 것일까? 허상일까? 아니면 누군가에 의해 계획적으로 만들어지고 있는 것일까?

앞에서 이야기했듯이 문재인은 스스로 대선을 말한 적이 없다. 그런데 세상이 그를 정치판으로 끌어냈다. 그런데 가만히 들여다보면 그를 정치판으로 끌어들이는 데 있어 보수 언론과 새누리당의 전신인 한나라당이 특히 많은 관심을 기울였다는 사실을 알 수 있다. 그 중에서 보수 언론은 가만히 있는 문재인을 대선 주자로 자꾸 수면 위로 끌어올렸다. 그들에게는 어떤 속내가 있었던 것일까?

문재인을 수면 위로 끌어올린 조중동 보수 언론들은 그를 다른 야권 주자들과의 대결 구도 속으로 자꾸 밀어 넣었다.

'문재인 · 손학규, 野대권 선두경쟁'

'손학규 · 문재인 지지율, 불과 0.5%p 차'

'손학규 · 유시민 · 문재인, 야권후보 각축'

이런 기사들을 보면 마치 문재인이 다른 야권 대선 주자들의 밥그릇을 뺏는 모양으로 비쳐졌는데, 이것이 새누리당과 보수 언론의 교묘한 술수였다. 곧 문재인을 민주당 손학규와 대결시키고, 유시민과 자리다툼을 하게 만들어 같이 몰락하게 만들려는 전략이었던 것이다.

만약 새누리당의 의도대로 문재인이 손학규, 유시민과 각축을 벌이면서 야권 표를 나눠 가지고, 이러한 분열 상황이 2012년 연말 대선까지 이어진다면 박근혜를 중심으로 한 새누리당은 손 안 대고 코 푸는 형국이 될 것이다. 이런 모습은 1987년 김영삼과 김대중의 야권 단일화 실패로 표가 분산되어 노태우가 대통령이 되었던 사건에서 우리는 이미 충분히 경험한 바 있다. 새누리당과 보수 언론들이 가만히 있는 문재인을 자꾸 띄웠던 이면에는 이런 복선이 깔려 있었던 것이다.

야권 분열은 박근혜와 새누리당이 어부지리로 권력을 쟁취하는 결과를 낳게 할 수 있는 가장 가능성 높은 시나리오다. 그런데 이런 술수는 사실 문재인에게는 통하지 않을 것이다. 그런데도 만약 새누리당이 이런 전략으로 계속 나간다면 그들은 정말 문재인이 어떤 사람인지 전혀 모르고 있다고밖에 생각할 수 없다.

성실하고, 착하고, 능력 있는 새 남자 친구 문재인

김대중 대통령과 노무현 대통령의 10년을 보수우익들은 '잃어버린 10년'이라고 했다. 특히 노무현 대통령 시절 보수우익 세력들은 권력을 다시 쟁취하기 위해 무진장 애를 썼고, 조중동과 기존 보수우익의 농간에 노무현 대통령 탄핵이라는 사상 초유의 사건도 벌어졌다. 그리고 마침내 그들은 정권을 잡았는데, 보수우익이 내세웠던 인물이 바로 이명박이었다.

국민은 이명박 대통령을 믿었다. '정치 민주주의 선진국'보다 '경제 선진국'을 택했던 국민은, CEO 출신인 이명박이 경제만큼은 확실하게 성장시킬 수 있을 것이라고 생각했다. 그런데 결과는 국민이 최악의 수를 두었다는 증거들만 속속들이 나와 버렸다. '경제 대통령'으로 자신 있게 출범했던 이명박 정부는 주택, 물가, 취업 등 어느 하나도 해결해내지 못하고 죽을 써버렸고, 국민들은 투표했던 자신들의 손가락을 잘라버리고 싶을 정도로 처참한 지경에 이르고 말았다.

잃어버린 10년에 대한 기대감과 장밋빛 꿈은 바람에 흩날리는 꽃잎처럼 날아가 버리고 남은 것은 원망과 실망, 그리고 거짓에 속았다는 아픔뿐이었다. 돈만큼은 잘 벌 자신 있다고 큰소리 땅땅 쳤던 남자 친구가 알고 보니 백수건달에 순 양아치였던 것이다. 이러한 사실을 깨닫고 국민은 성실하고 진실한 남자 친구를 다시 찾기 시작했는데, 바로 그 시점에 문재인이 눈에 들어온 것이다.

문재인 지지율은 과연 거품일까?

2011년 문재인의 지지도가 가파르게 상승했을 때 여론조사 결과를 믿을 수 없다고 하는 사람들이 많았다. 나도 솔직히 대한민국 여론조사를 잘 믿지 못하는 사람 중 하나다. 그러나 문재인의 경우는 좀 달랐다.

내 블로그에는 하루 평균 1만 5천 명의 사람들이 방문한다. 한 달 평균 45만 명 이상이다. 그런데 이들 가운데 처음 방문하는 사람들이 70%가 넘는다. 이들 70%는 정치적 성향이 뚜렷한 사람들이라 할 수 없는데(내 블로그를 정기적으로 방문하는 사람들에 비해), 이들이 내 블로그에서 문재인 관련 글을 읽고 내리는 평가는 대체로 긍정적이다. 이것은 문재인이 다양한 계층의 사람들에게서 폭넓은 지지를 받고 있다는 증거다. 이것이 내가 혼자서라도 '문재인 대통령 만들기'를 온라인상에서 벌이고 있는 이유 가운데 하나다. 물론 문재인이 더러운 정치판에 나서는 것을 걱정하고 싫어하는 사람들도 많다. 하지만 이것은 그를 걱정하는 마음이지 그를 지지하지 않는다는 뜻이 결코 아니다.

물은 인간이 살아가는 데 있어 꼭 필요한 요소다. 물은 우리 눈에 보이지 않는 땅속 깊은 곳에서 늘 흐르고 있다. 그리고 마침내 작은 시내가 되고 큰 강이 되어 우리의 생명을 지탱해준다. 정치란 마치 물과 같다. 특히 현대 사회에서 정치는 국민의 삶을 어떻게 만드는가를 결정하는 중요한 요소 가운데 하나다. 그런데 그 물이 썩으면 어떻게 되겠는가? 자유와 행복한 삶을 송두리째 빼앗기고 병에 걸려 신음할 수밖에 없게 된다.

문재인이 강한 이유는 자신을 버릴 줄 아는 사람이기 때문이다

국민들은 오래전부터 이명박으로 대표되는 새누리당을 버리고 야권에서 희망을 찾기 시작했다. 그런데 야권 주자들을 살펴보면 새누리당과 별반 차이를 못 느낄 정도로 정치적 야망이 강한 사람들이 포진해 있었다. 정치인에게 배신당하고, 사기당한 국민들은 정치인의 특성이 다량 함유된 인물보다 인간 자체의 도덕적 DNA가 우수한 인물을 찾기 시작했다. 새누리당은 이미 버려진 패이고, 야권에서 어떤 인물이 국민을 상대로 사기를 치지 않을 것인지 검증하고 따져보기 시작했던 것이다. 그리고 그에 맞아떨어지는 인물 문재인을 사람들은 주목하기 시작했다.

하지만 새누리당이 볼 때 문재인은 권력의지도 없고 그저 야권에서 중재자 역할만 하다가 야당 표를 갉아먹을 존재에 지나지 않았다. 그러나 문재인의 인기는 날로 높아졌고, 새누리당과 이명박 정부의 경제에 대한 무능과 국민에 대한 무례, 행정에 대한 무대포를 경험한 국민들은 문재인을 새로운 대안으로 여기기 시작했다. 새누리당과 이명박 정권을 무너뜨릴 강력한 병기로 생각했던 것이다.

화려한 언변이나 정치적 카리스마는 없지만 문재인에게는 다른 정치인에게서는 결코 찾아볼 수 없는 진정성이 있다. 이것은 신뢰의 바탕이며 국민이 가장 바라는 것이기도 하다.

새누리당과 이명박 정부에 너무나 많이 속고 당한 국민은 절대적으로 신뢰할 수 있는 인물을 원하고 있었고, 국민을 배신하지 않고, 원칙과 소신을 지키면서, 자신의 권력과 이익보다 국민을 먼저 생각할 수 있는 그런 인물을 찾고 있었는데, 바로 그때 문재인이 눈앞에 나타난 것이다.

야권 대통합만이 오는 2012년 대선에서 새누리당을 이길 패임은 틀림없는 사실이다. 그러므로 계파와 정당에 얽매여 있는 인물은 결코 국민적 지지를 받기 어렵다. 그런데 문재인이라는 인물은 야권 대통합을 위해서라면 자신의 모든 것을 버릴 수 있는 품성을 지닌 사람이다. 새누리당은 그를 이용해 야권의 분열을 꾀하는 술책을 부리기도 했지만, 문재인은 야권 통합을 위해서라면 대통령 선거 전날 자리를 박차고 일어날 수 있는 인물이다. 그래서 나는 그를 지지하고 있는 것이다.

원칙과 상식이 통하는 **세상을 꿈꾸는 문재인**

나는 철저히 시민의 눈으로 문재인을 바라본다. 그리고 지금도 그렇게 보고 있다. 정치에는 수많은 변수가 있지만 내가 시민의 눈으로 문재인을 바라본다는 것은 그에게서 '상식의 정치'를 바라보았다는 뜻이기도 하다.

문재인이, 노무현 대통령을 추모하고 그리워하는 사람들이 만들어 낸 후광 때문에 부각된 인물이라고 주장하는 사람들이 있다. 어느 정도는 맞을 것이다. 노무현 대통령의 서거 이후에 많은 국민들이 노무현을 그리워했고, 이런 추모의 열기가 문재인에게 이어진 것은 사실이기 때문이다. 그러나 그렇게 말하는 사람들이 미처 생각하지 못한 것 하나가 있다. 왜 국민이 노무현을 그리워하고 있는가 하는 것이다.

노무현 대통령은 솔직히 대통령 감으로는 대한민국 역사상 가장 스펙이 낮은 인물이었다. 찢어지게 가난했던 농부의 아들로 태어난 까닭에 공부를 잘했지만 가족을 위해 상고를 갔고, 어망 회사에 취직해 돈을 벌고, 군대를 가야 했다. 하지만 국민들은 그에게서 보통 사람과 같은 평범한 삶을 보았다. 그래서 그를 좋아했다.

우리는 노무현에게서 상식적이고 우리의 미래를 생각하는 올바른 정치를 보았다. 노무현은 부와 권력을 독점한 노련한 정치인만이 대통령이 되는 세상을 바꾸어 놓았다. 그를 보면서 국민들은 자신이 대통령이 된 듯 기뻐했다. 그래서 노무현은 정치권과 언론에게는 버림을 받았지만 대한민국 국민들에게는 지지와 사랑을 받았던 것이다. 물론 그가 잘못한 것도 있다. 신이 아니었기 때문이다. 하지만 그가 추진했던 정책들은 나쁜 정책들이 아니었다. 좋은 정책을 추진해나가는 과정에서 그는 실패했을 뿐이다.

문재인은 노무현의 가케무사가 아니다. 문재인은 노무현이 보여주었던 원칙과 상식의 정치를 똑같이 추진할 수 있는 사람일 뿐이다. 대한민국은 원칙과 상식이 통하는 나라가 되어야 한다. 오늘날 많은 사람들이 살기 힘들어하고, 실망하고, 분노하는 이유는 너무나 많은 곳에서, 너무나 많은 상황에서 상식과 원칙이 통하지 않는 것을 보고, 경험하고 있기 때문이다. 지금 문재인을 지지하는 사람들은 노무현의 친구 문재인을 무조건 좋아하는 것이 아니라, 노무현이 보여주었던

'원칙과 상식의 정치 철학'을 끌고 갈 다음 주자로 생각하고 있기 때문이다. 주자는 다르지만, 그 주자들이 가야 하는 목표는 같은 결승점이다.

노무현 대통령이 열심히 와 주었지만 중간에 고비가 있었고, 그가 건넨 배턴이 제대로 다음 주자에게 전달되지 못해 지금 당장은 우리의 미래가 달린 결승점이 안 보이고 있을 뿐이다. 그래서 원칙을 갖고 경기장에서 열심히 달릴 수 있는 문재인 주자를 응원하는 것이다. 노무현 대통령이 잘 달렸던 그 길을 이제 다음 주자 문재인이 결승점을 향해 가는 일은, 모든 국민이 순수한 마음으로 응원하는 대한민국이 나아가야 하는 길이기도 하다.

권력의지가 없어 다행이야

앞서 말했듯이 문재인이 권력의지가 없어 걱정이라는 사람들이 많다. 문재인을 비판하는 사람들은 문재인의 권력의지 없음을 정치적으로 영향력이 없다는 것으로 깎아내리기도 한다. 그러나 지금까지 우리는 권력의지가 주체할 수 없을 정도로 너무 많아 문제가 된 정치인들을 보아왔을 뿐이다. 말은 국민을 위한다고 입에 발린 소리를 하지만 결국 벌이는 정책이나 행보는 권력을 추종하다 못해 탐욕을 보이는 정치인들이 너무 많았다. 지금 이 순간에도 대한민국 정치인 대다수는 그런 자들이다.

이들이 보여준 집착과 질병에 가까운 권력의지에 국민은 지쳐버렸다. 아니 포기해버렸다. 그래서 문재인을 더 좋아하는지도 모른다.

'저토록 권력에 대한 욕심이 없는 사람이라면 믿을 만하다', '국민을 위해 나선다고 주장해 놓고 뒤로는 호박씨 까는 인간들이 많은 정치판인데, 이런 사람이면 좋겠다', '제발 권력 욕심 없는 인간이 나서야지, 지금처럼 권력의지가 너무 강한 놈들이 나서면 또 얼마나 난리가 벌어지고 우리를 힘들게 할까?'하는 생각을 하기 시작한 것이다.

권력의지와 정치적 능력은 엄연히 다르다. 문재인은 권력의지가 없는 인물이지 정치적 능력이나 추진력까지 없는 사람은 아니다. 2006년 3·1절 날 내기 골프로 이해찬 총리가 구설수에 오르자 노무현 대통령에게 그를 해임하자고 건의했던 사람이 문재인이다. 그는 참여정부를 무조건 칭찬하는 사람이 아니었다. 문재인은 노무현의 정치 철학과 정책에 찬성하고 적극적으로 동조했지만 참여정부의 추진 방식에서의 실패 역시 반성하고 지적했다. 그런데 이것은 그가 권력의지가 없었기 때문에 가능했던 일들이다. 만약 그에게 권력의지가 있었다면, 그는 자신의 권력을 지키기 위해 입을 다물고 말았을 것이다.

권력의지가 넘치다 못해 터질 것 같은 정치인들만 우글거리는 대한민국 정치판에서 권력의지가 없다는 것은 문재인이 철저하게 국민의 입장에서 정책을 세우고 판단하고 추진할 수 있는 사람이라는 뜻이다.

문재인은 왜 특전사에 가야만 했을까?

2011년부터 문재인의 지지도가 가파르게 상승했는데, 문재인에 대한 대중의 관심이 높아졌던 계기 가운데 하나가 바로 특전사에서 점프(공중낙하)를 준비 중이던 그의 사진 한 장 때문이었다.

대한민국은 법치국가이고 모든 사람은 법 앞에서 평등하다고 가르치고 있지만 현실을 들여다보면 절대 그렇지가 못하다. 대한민국에는 법을 우습게 여기고 대놓고 어기는데도 아무런 처벌을 받지 않는 사람들이 적지 않다. 그 가운데 하나가 바로 군대와 관련한 것이다.

고위 공직자는 물론이고 재벌, 언론사주를 비롯해 사회 지도층에 있다는 사람들은 대부분 병역을 면제받고 군대에 가지 않았다. 게다가 그들의 2세들의 군 복무율도 일반인에 비해 아주 낮다. 이런 상황에서 권력의 최고 중심에 있었던 문재인이 특전사 출신이라는 사실은 많은 사람들에게 호감과 함께 궁금증을 불러일으켰다. 동시에 그가 여느 정치인들과는 다른 사람이라는 생각을 갖게 하기에 충분했다.

그렇다면 문재인은 왜 특전사에 갔던 것일까? 그 까닭을 살펴보면 시대의 아픔이 그대로 녹아 있다는 것을 알 수 있다.

박정희 영구집권에 반대하는 자는 무조건 빨갱이

문재인은 1975년 8월 군대에 갔다. 그런데 1975년의 상황을 보면 그가 결코 정상적인 방법으로 군대에 입대한 것이 아니라는 것을 알 수 있다. 문재인의 입대 과정을 알기 위해서는 1975년에 무슨 일이 있었는지, 그리고 그 전에 어떤 일이 있었는지부터 알아야 한다.

1971년 박정희 정권은 대학 교련교육을 강화했다. 명목은 북한과 공산 세력의 위협에 대비하겠다는 것이었지만, 속내는 박정희 독재정권을 유지하기 위해 대학생들의 입을 막으려는 조치였다. 박정희는 4월 27일 대통령 선거가 끝나자마자 터져 나온 부정선거 시비를 없애기 위해 서울대 휴업령을 시작으로, 10월 5일 고려대에 수경사 소속의 무장 헌병을 투입해 도서관에서 농성 중이던 학생들을 무차별 구타한 뒤 연행했다. 10월 15일에는 위수령(육군 부대가 계속 한 지역에 주둔하며 그 지역의 경비와 질서 유지, 군기 감시와 군에 딸린 건축물이나 시설물 따위를 보호할 것을 규정한 대통령령. 1970년 제정되었다)을 발표해 대학가의 학생운동을 궤멸시켰다. 대학가는 조용해졌고 국민들은 숨조차 마음대로 쉬지 못했다.

그리고 이듬해인 1972년 10월 17일, 박정희는 독재정권을 영구화하기 위해 전국에 비상계엄령(비상사태가 일어났을 때, 안녕과 질서 유지를 위해 그 지역은 사법권과 행정권의 일부 또는 전부를 계엄사령관이 행사할 것을 국가원수가 선포하는 명령)을 내리고 유신헌법을 선포했다. 유신헌법은 대통령의 지위와 권한을 강화하고 국회의 권한과 지위는 축소해 박정희의 독재를 합법적으로 가능하게 한 헌법이었다. 그러자, 한동안 서슬이 퍼런 박정희의 총칼 앞에 숨죽였던 대학생들은 1973년 서울대 문리대 시위를 시작으로 유신과의 투쟁을 선포했다. 다시 나라는 시위로 시끄러워졌고 독재정권의 탄압은 더욱 강해졌다.

마침내 1974년, 전국의 각 대학은 민주청년학생총연맹(민청학련)의 이름으로 전국적인 대규모 시위를 계획했다. 이에 위협을 느낀 박정희는 민청학련이 북한의 사주를 받아 국가를 전복하고 공산 정권을 수립하려고 한다는 정치공작을 벌여 180여 명에게 사형과 무기징역을 선고했다. 그리고 긴급조치 4호를 발표하면서 전국을 공포 정국으로 몰고 갔다. 이에 대학가는 물론 사회적으로도 유신헌법을 반대하는 목소리가 더욱 거세게 일어났다.

> 1975년 새 학기가 시작될 때 대학가는 어느 학교라고 할 것 없이 유신정권과 전면전을 벌여야 한다는 분위기가 넘쳐흘렀다. 1973년 하반기부터 시작된 대학생들의 반유신 투쟁 열기가 재야와 기독교권, 그리고 언론 쪽의 자유언론수호운동과 맞물리면서 최고조에 달한 느낌이었다. 베트남에서 독재정권에 저항하는 승려들의 분신 소식이 이어지자, 그런 투쟁까지 가야만 유신정권을 깨뜨릴 수 있을 것 아니냐는 말까지 나왔다. 그리고 1975년 4월 서울대 농대 김상진 열사의 할복은 그런 분위기가 현실로 나타난 것이었다.
>
> – 문재인의 『운명』 중에서

이처럼 박정희의 영구 집권 음모를 막기 위해 유신헌법에 반대하는 목소리가 학생들을 중심으로 들불처럼 일어나자 박정희는 1975년

5월 13일 긴급조치 9호를 선포했다. 긴급조치 9호는 '헌법에 대한 일체의 비판이나 반대 논의를 금지'하는 내용으로, 긴급조치 9호 위반자는 영장 없이 체포·구금할 수 있게 했으며, 이 조치를 비방하는 사람 역시 1년 이상의 징역형에 처할 수 있게 했다. 이런 상황에서 문재인은 경희대 역사상 최대 규모의 반유신 시위를 이끌었다. 문재인의 친구 박종환 전 경찰종합학교 교장의 글을 다시 읽어보자.

내가 본 그는 늘 스스로 행동하는 용기와 진정성을 가진 사람이었다. 1975년 봄 개학이 되자 유신 독재에 반대하는 대학가의 분위기는 점점 격앙되어 갔으며 이에 따라 더욱 강경한 투쟁을 벌여야 한다는 열기가 거의 모든 대학을 휩쓸고 있었다.

그해 4월 어느 날, 시위를 주도하기로 한 총학생회장이 불참하는 바람에 당시 학생회 총무부장이었던 문 변호사가 시위를 주도적으로 이끌게 되었다. 예나 지금이나 문재인 변호사의 어법은 소박하다. 화려한 수식어도, 이성을 마비시키는 언어적 현란함도 그와는 사뭇 거리가 먼 이야기다. 그럼에도 문재인 변호사는 그날 참가자들에게 우리가 왜 시위를 해야 하는지, 할 수밖에 없는지를 진정성에서 우러난 가슴으로 이야기하였으며, 그의 이야기는 참석한 사람들의 영혼을 울리게 만들었다. 그렇게 그는 진정성과 용기 있는 행동으로 사람들을 설득시켰으며, 그날 시위에는 무려 4천여 명의 학생들이 동참했다. 경희대 역사상 가장 참가자가 많았던 대단한 규모였다.

그때만 해도 경희대는 학생수가 7,8천이 되지 않았으니 얼마나 많은 학생들이 시위에 동참했는지 짐작할 수 있다. 아무튼 이 시위에서 문재인은 머리에 최루탄을 맞아 의식을 잃고 쓰러졌고, 이후 구속되어 징역 2년을 구형받았다(이때 문재인은 경찰서 유치장에서 사법시험 최종 합격통지서를 받는데, 경찰의 배려로 역사상 최초로 유치장 안에서 축하 파티를 벌이고 술을 마신 사람이 되었다). 그리고 학교에서도 제적됐다. 그런데 어찌된 일인지 재판에서는 징역 10월의 집행유예가 선고됐다. 판사가 소신 판결을 내렸던 것이다. 하지만 문재인을 소신 판결했던 판사는 재임용에서 탈락하고 말았다.

재미있는 것은 민청학련 사건과 긴급조치 9호를 보도한 당시 조선일보 기사다. 긴급조치 9호가 발표된 날의 조선일보 사설을 요약하면 대략 다음과 같다.

- 72년 유신헌법 개헌의 이념은 남북대결의 평화적 극복을 통한 국토통일의 성취에 설정했던 정부의 신념을 다시 한 번 명시한 것이다.

- 학생들에 의한 일체의 정치적 집회 또는 시위, 정치 관여 행위 등을 금하고 있다. 이 또한 사회적 안정 없이 국가안보의 기조를 다질 수 없다는 논리에서 정부의 단호한 조치이다.

- 긴급조치의 정신이 지향하고 요구하는 이념적 체득이 얼마만큼 절

실하며, 그것이 생활실천을 통해 얼마만큼 참되게 표현되느냐에 오로지 애타게 추구하는 국민총화의 관건은 좌우됨을 우리는 명심코자 하는 것이다.

박정희의 영구 집권을 위한 긴급조치 9호가 조선일보 가치관에서는 남북대결의 평화적 극복을 위한 정부의 올바른 신념이었던 것이다. 게다가 자유를 향한 학생들의 목소리는 국가안보를 위협하고 사회 불안을 야기하는 까닭에 금지되어야 마땅했으며, 긴급조치 9호는 국민의 생활실천으로 이루어지는 국민총화의 일환이었던 것이다.

더 재미있는 것은, 박정희의 영구 집권을 위해 국민을 억압했던 '긴급조치 9호'를 찬양했던 조선일보는 40여 년이 지난 지금, 박정희의 딸 박근혜를 찬양하고 있다는 사실이다. 박근혜가 장악한 새누리당은 이명박 정권 들어 집회와 시위에 관한 법률을 통해 집회와 시위를 막았고, 통신비밀보호법을 통해 도청과 감청을 할 수 있는 법안까지 만들었다.

문재인이 대학을 다니던 시절에는 전 국민이 오로지 박정희만을 찬양해야 했고, 그의 영구 집권을 비판하면 국가를 무너뜨리는 좌익사범 내지는 북한 간첩으로 몰리던 암울한 시기였다. 그런데 이명박 정부 들어 박근혜가 다시 정치적 세력을 형성하고, 박정희 당시의 억압과 정치 탄압이 비슷하게 이루어지는 현상은 무엇으로 설명할 수 있을까?

유신을 반대하는 학생은 무조건 강제징집

> 석방된 지 얼마 안 돼 입영 영장이 나왔다. 신체검사도 안 받은 상태였다. 신체검사 통지서와 입영 통지서가 함께 날아왔다. 입영 전날 신체검사를 받고 다음날 입영하는 강제징집이었다.
>
> - 문재인의 『운명』 중에서

'강제징집'이라는 말은 원래 '조기 징집'을 비판하기 위해 나온 말이었다. 박정희는 1964년 한일회담 반대 시위, 1971년 교련 반대 시위, 1972년 이후 유신 반대 운동에 참여한 학생들에 대해 무조건 입영 영장을 발부해 조기 징집을 시행했다. 말이 일찍 군대에 가는 것이지 강제로 끌고 가는 것이나 마찬가지였다.

박정희 정권에서 이루어진 강제징집은 1971년 교련 반대 시위 주도자급 학생 200여 명을 강제 입대시킨 것이 시초였다. 이후 박정희 정권은 학생운동 주도자급은 신체검사 등급에 상관없이 전원 현역으로 입대시키는 정치공작을 벌였다. 한쪽 눈이 먼 사람도, 육안으로도 식별이 가능할 정도의 소아마비 장애도 아무런 문제가 되지 않았다. 특히 만 19세 이하로 현역 입대 연령이 되지 않아도 무조건 군대로 끌고 갔다.

> 시력검사 할 때였다. 어쩌는지 반응을 보려고 일부러 모두 안 보인다고 해봤다. 그러자 검사관은 씩 웃더니 정밀검사를 하지도 않고 '그래도 갑종!'하면서 신검 용지에 갑종 도장을 꽉 찍었다.

그리곤 준비돼 있던 입영 영장을 다시 내줬다.

- 문재인의 『운명』 중에서

유신헌법을 반대하는 학생들을 강제로 군대에 끌고 가 학생 시위를 아예 뿌리 뽑겠다던 박정희 정권의 정치탄압은 전두환이 그 뒤를 이으면서 한 단계 업그레이드시킨다. 일명 녹화사업이라 하여 삼청교육대로 끌고 가던 그것이다. 박정희의 강제징집이 그저 학생운동 전력자를 군대에 끌고 가는 것이었다면, 전두환의 녹화사업은 이들을 고문해 아예 프락치로 만들었다.

> 중학교 동기가 당시 사단 인사처 고참 병장으로 있었다. 39사단에서 훈련받은 친구들 가운데 그 친구 '빽'으로 의무병처럼 편한 곳으로 빠진 친구들이 여럿 있었다. 그런데 그 친구가 찾아와서 '강제징집자 다섯 명은 신원 특이자로 인사기록 카드를 특별히 관리하고 있어 좋은 곳으로 보내줄 수가 없었다'고 내게 말했다. 그리고 '과거에는 데모하다 끌려온 학생들을 보안사 같은 곳에 배치해 (프락치로)활용했는데, 요즘은 고생시키는 쪽으로 방침이 바뀌었다'고 일러줬다.

- 문재인의 『운명』 중에서

시위 전력을 가진 대학생들을 강제징집 한 박정희 정권은 이들을 대부분 전방 부대, 그것도 GP나 GOP 같은 최전방으로 보내거나 특전사와 같이 힘든 곳으로 보내 죽도록 고생하도록 했다. 그리하여 다시는 학생운동을 하지 못하게 하려 했다. 당시 문재인이 군대 내에서도 생소한 공수부대에 차출된 것도 박정희 정권의 강제징집 때문이었고, 문재인과 함께 강제징집 된 다른 네 명도 기갑부대나 전방 부대 못지않게 힘든 곳으로 배치되었다고 한다. 이처럼 박정희 정권은 자신들의 반대 세력을 제거하기 위해 다양한 방법으로 공작을 펼쳤는데 강제징집도 그 가운데 하나였다.

그런데 아이러니하게도 특전사에서도 가장 힘든 훈련 중의 하나라는 공수훈련을 비롯한 폭파, 침투 등 각종 훈련에서 문재인은 두각을 보였고, 이 때문에 전두환(당시 공수특전단장)에게 화생방 최우수 표창을 받기도 했다. 그리고 정병주 특전사령관으로부터 폭파 과정 최우수상을 받기도 했는데, 정병주 사령관은 전두환이 이끌던 신군부가 12·12 쿠데타를 일으켰을 때 끝까지 저항하다 총상까지 입었던, 참군인의 표상이 되었던 사람이다. 그리고 전두환은 그 쿠데타를 통해 대통령이 되어 정권을 장악해 대한민국을 무력으로 통치했다.

의문 속에 죽어간 수많은 강제징집 대학생들

문재인이 강제징집 됐지만 특전사에서 열심히 군 생활을 하고 살아 돌아왔기에 우리는 '특전사 출신 문재인'을 말할 수 있다. 하지만 1975년 강제징집 돼 목숨을 잃은 젊은이들도 많다.

현승일 전 국민대 총장의 막내 동생인 현승효는 경북대 의대에 진학한 뒤 유신독재 철폐 운동을 주도하고 장애인 학생의 입학을 불허

하는 학교 측의 처사를 비난하다 제적됐다. 그리고 1975년 박격포 부대로 강제징집 당했다. 하지만 의대 출신이었기에 의무중대로 파견나가 위생병으로 근무하다가 제대를 4개월 앞두고 원래 소속 부대인 박격포 부대로 돌아갔다. 그런데 무슨 영문인지 박격포 부대에서는 제대를 얼마 남겨놓지 않은 고참병인 그에게 30kg이 넘는 완전군장을 시킨 채 원거리 구보행진 명령을 내렸다. 그리고 현승효는 행군 도중 일사병으로 죽고 말았다. 그런데 일사병으로 죽었다는 현승효는 온몸이 붕대로 감겨져 있었고, 몸은 온통 청동녹색이었다.

이처럼 당시 강제징집으로 의문의 죽음을 당한 학생들은 셀 수 없이 많았다. 이러한 죽음의 정확한 진실을 밝혀내기 위해 참여정부는 군의문사진상규명에 관한 특별법에 따라 군에서 발생한 사망 사고 중 의문이 제기된 사건에 대해 진실을 파악하고 관련자에 대한 피해 보상과 명예 회복을 위해 2006년 대통령 직속의 '군의문사진상규명위원회'를 설치했다. 하지만 아직 기본적인 피해자 통계조차 정리하지 못한 상황이다. 그런데도 이명박 정부는 법적인 활동 마감 시간 종료를 이유로 2009년 12월 31일 이 위원회를 해산해버리고 말았다.

병역 미필자들이 잘사는 나라

참여정부에서는 노무현 대통령을 비롯해 비서실장 문재인도 군대를 갔다 왔지만, 이명박 정부는 대통령을 비롯해 국무총리, 여당 대표 등 권력 핵심에 있는 사람들 가운데 군대에 갔다 온 사람이 아무도 없었다. 이러한 병역 미필 현상은 정치권뿐만 아니라 재벌들도 예외가 아니다. 노무현 대통령의 군대 시절 사진과 문재인의 특전사 시절 사진이 사람들의 관심을 받고 세간의 이슈가 된 데는 그럴 만한 이유가 있었던 것이다.

남자라면 누구나 나이가 되면 당연히 군대에 가야 한다고 생각하는 것이 대한민국 국민으로서 가지는 일반적인 정서다. 그런데 4급 이상의 고위 공무원들 가운데는 그렇게 생각하지 않는 사람이 많은 모양이다. 병무청에 신고된 4급 이상 고위 공직자 자녀들의 병역 이행 현황에 따르면, 대상자 1만 5천581명 가운데 병역을 면제받은 사람은 774명으로 면제율이 5%였다. 대한민국의 평균 병역면제율 2.3%(질병 면제율)에 비하면 두 배 이상 높은 수치다. 이들 면제자들의 경우 대부분 질병 또는 이중국적 등으로 병역을 면제받은 것으로 드러났는데, 한마디로 고위 공무원의 아들로 태어나면 신의 아들로 낙점받는 혜택을 입게 되는 것과 마찬가지였다.

흔히 '돈 많고 빽 있으면 군대 가지 않는다'는 말을 한다. 얼핏 들으면 그냥 힘없는 사람들이 넋두리로 하는 말 같지만 적어도 대한민국 재벌가를 보면 그 말이 사실임을 알 수 있다. 재벌 그룹의 창업자나 그들의 2세, 3세 경영인들의 연령대별 병역면제율은 대한민국 평균을 훨씬 뛰어넘는 수준으로 무려 35.1%나 된다.

재벌가 자녀들의 병역면제 이유를 보면 질병과 외국 국적 취득이 가장 많이 차지하고 있는데, 병역면제 사유가 분명하지 않는 경우도 무려 10명이나 된다. 그리고 재벌가에서 현역을 마친 사람 74명 중에서 산업특례요원이 무려 11명이나 포함되어 있다는 사실은 상식적으로 이해할 수 없는 수준이다.

특히 대한민국 최고 재벌 그룹인 삼성가의 병역면제율은 자그마치 73%나 된다. 삼성전자 이재용 부사장은 질병으로 면제받았으며, 이재현 CJ그룹 회장과 정용진 신세계그룹 부회장 등 재벌 3세 경영인들은 아주 대놓고 군대에 가지 않았다. 이뿐만 아니다. 이인희 한솔 고문의 세 아들 이동혁(한솔그룹 명예회장)과 이동만(전 한솔아이글로브 회장), 이동길(한솔그룹 회장) 삼형제는 모두 군 면제를 받았다. 직계가족 이외에 방계가족은 조사조차 되어 있지 않기 때문에 얼마나 많은 재벌가 자녀들이 병역을 면제받았는지 알 수가 없을 정도다.

대한민국에서 병역면제율이 가장 높은 곳은 재벌보다 오히려 언론사 쪽으로, 고위 공무원과 재벌들의 평균 병역면제율을 훌쩍 뛰어넘는다. 조선일보 사장 방상훈은 1971년 과체중으로 병역면제를 받았다. 1970년대에 과체중으로 병역면제 받기가 그리 쉽지 않았을 터인데, 얼마나 잘 먹었으면 그렇게 되었는지 궁금하기 짝이 없다. 여기에 스포츠투데이 조희준 회장(전 국민일보 회장)은 미국 영주권을 받고 계속 버티다가 결국 나이 상한선(만 31세)을 넘겨 '제2 국민역(군인으로는 복무가 불가능하나 전쟁 시 근로 소집에 한하여 군인으로 복무할 수 있다고 판정된 병역과 그 대상자들을 말한다)' 판정을 받았다.

이처럼 언론사주 일가의 병역면제율은 42.1%나 되는데, 군대를 다녀온 경우에도 현역 복무율은 고작 47.4%밖에 되지 않는다. 대한민국 남성 10명 중 8명이 현역으로 군 복무를 하는 것과 비교하면 정말 '신의 아들'이라고 불러줄 수밖에 없다.

우리는 흔히 어떤 한 인물의 과거를 통해 그 시대가 어떠했는지 짐작할 수 있다. 독재자의 영구 집권용이었던 유신헌법을 반대해 제적과 구속, 강제징집으로 고생한 사람이 있는가 하면, 자신의 왕좌를 지키기 위해 수많은 국민을 탄압하고, 목숨을 빼앗고, 그것도 모자라 권력을 이용해 선량한 사람의 재산을 빼앗은 사람도 있다(예를 들어, 박근혜와 관련해 많은 말이 오가고 있는 정수장학회는, 1962년 박정희가 부산 지역 사업가이자 언론인이었던 김지태가 세운 부일장학회를 빼앗은 뒤 이름을 바꾼 것이다. 자세한 이야기는 뒤에 나온다).

누구의 과거가 올바르고 정상적인지 상식적인 사람들은 알고 있다. 나는 문재인의 『운명』을 읽으면서, 정말로 운명이 존재할 수밖에 없다는 사실을 확실하게 깨달았다. 만약 문재인이라는 인물이 1975년 강제징집으로 인해 군대에서 목숨을 잃었다면 어떻게 되었을까?

지금 대한민국에서 요구되는 것은 원칙과 상식이 통하는 사회를 만드는 것이다. 원칙과 상식이 무너졌던 과거에 어떤 일이 일어났는지 기억한다면, 어떤 사람이 대한민국에 필요한 사람인지 알 수 있을 것이다.

문재인은 왜 TV조선 인터뷰를 거절했나?

크리스마스 다음날인 2011년 12월 26일 문재인은 4·11 총선 출마를 선언하고 지역 민심을 훑기 시작했다. 그리고 2012년 1월 24일, '문이열린캠프'라 이름 지은 총선 캠프를 열고 본격적인 선거운동을 시작했다. 그즈음, TV조선 기자가 문재인 이사장에게 인터뷰를 거절당했다며 트위터에 섭섭함을 토로하는 글을 올려 논란이 일었다. 사건의 발단은 이랬다.

설을 하루 앞둔 2012년 1월 22일, 문재인은 자신의 총선 캠프에서 '문이열린캠프'란 이름의 행사를 열었다. 캠프 사무실이 부산 시외버스터미널 바로 옆이었고, 그래서 설을 쇠기 위해 부산에 오는 트위터 친구들과의 만남을 목적으로 한 행사였다. 실제로 행사 소식도 트위터로만 알렸다. 그런데 이때 문재인 이사장을 취재하려고 문이열린캠프에 온 TV조선 김미선 기자가 세 시간을 기다렸지만 인터뷰를 거절당했다고 글을 올린 것이었다.

김미선 기자는 트위터에서 자신은 절대 무례한 요청을 한 적이 없고, 간단한 소감만을 물어봤다고 주장했다. 그리고 그녀가 질문한 시점은 중간에 쉬는 시간과 행사 마무리 무렵이었고, 그렇게 과한 인터뷰 요청은 아니었다고 했다. 그녀가 촬영한 방송을 봐도 조선 특유의 왜곡 보도는 없어 보였다. 그런데 왜 문재인은 인터뷰를 거절했을까?

조선일보의 왜곡부터 반성해야지

중앙 종편은 지난 2012년 1월 12일부터 14일까지 '직격인터뷰'라는 제목으로 민주통합당 당 대표 경선에 나선 9명의 후보들을 인터뷰한 뉴스를 보도했다. 그런데 민주통합당 경선 후보들의 인터뷰 영상은 고작 1분 30초 내외였다. 게다가 1분 30초는 전체 영상 시간이었고, 실제 인터뷰 장면은 30초가 채 되지 않았다. 과연 이것을 인터뷰라고 할 수 있을까? 더구나 화면에 나오는 인터뷰 장소를 살펴보면 통로였다. 사람들이 오가는 통로에서 '직격인터뷰'라는 제목처럼 제대로 된 인터뷰가 나올 수 있었을까?

사실 조중동 종편에 대해 많은 야권 인사들이 일찌감치 인터뷰와 출연 거부 의사를 밝힌 적이 있다. 민주통합당 당 대표 경선에 출마한 사람들도 마찬가지였다. 그렇다면 중앙 종편 인터뷰에 출연한 사람들은 어떻게 된 것일까?

중앙 종편에 인터뷰를 당한 후보자 6명은(나머지는 인터뷰도 없이 화면만 내보냈다) 어수선한 시간과 장소에서 중앙 종편 기자가 자신이 누구인지 밝히지도 않고 무작정 카메라와 마이크를 들이댔기 때문에 몰랐다고 했다. 이들은 중앙 종편 기자에게 '도둑 인터뷰'를 당했던 것이다.

사실 TV조선 김미선 기자는 문재인 후보의 인터뷰 거절을 문제 삼기 전에 TV조선의 모회사인 조선일보가 그동안 수없이 자행했던 언론 왜곡에 대해 먼저 생각해봤어야 했다. 만약 그랬다면 문재인의 인터뷰 거절을 문제 삼기 전에 자신이 몸담고 있는 언론사의 문제점부터 보도했을지 모른다(물론 꿈같은 소리겠지만).

아무튼 조선의 악의적인 왜곡 보도와 거짓 보도는 이루 말할 수 없는데, 최근 민주당 대표 경선에 출마한 이학영 후보에 대해서도 악의적인 왜곡 보도를 일삼았다. 조선일보는 지난 2012년 1월 4일 '민주당 대표 경선에 출마한 이학영 후보, 알고 보니 운동권 자금 마련하려 재벌집 담 넘어'라는 긴 제목을 뽑아 보도했다.

이 보도에서 조선일보는 '민주통합당 대표 경선에 출마한 YMCA 사무총장 출신의 이학영 후보가 1979년 반독재 유신 반대 단체인 남민전(남조선민족해방전선준비위원회)의 활동자금 마련을 위해 최원석 전 동아건설 회장의 집을 털었던 것으로 알려졌다'고 보도하면서 '이 후보는 최 전 회장의 가족 등을 결박하고 금품을 뒤졌는데, 가족 한 명이 포박을 풀고 나가 신고하는 바람에 금품을 훔치지 못한 채 혼자 경찰에 붙잡혔다'고 보도했다. 마치 이학영 후보가 이 사건의 주범인 것처럼 보도했던 것이다. 그런데 이것은 명백한 왜곡 보도였다. 왜냐하면 이학영 후보는 당시 경비원을 감시하는 역할을 맡았기 때문에 최 전 회장의 가족을 결박하는 자리에 없었다.

사실 이 사건과 관련한 조선일보의 보도는 이것이 처음이 아니었다. 2005년 1월 19일 조선일보는 이학영 후보가 청와대 인사수석 후보에 오르자 이 사건을 보도하면서 '청와대, 인사수석 후보 강도미수 전력 고민'이란 제목으로 보도한 바 있다. 그런데 이때만 해도 조선일보는 이학영 후보가 당시 경비원 감시를 맡았다고 사실대로 보도했다. 그런데 7년 뒤 왜 조선일보는 왜곡된 기사를 내보냈을까?

아마 조선일보는 시민정치를 통해 정당 개혁과 진보당과의 통합으로 민주통합정부를 수립하겠다고 나섰던 이학영 후보를 몰락시키고, 민주통합당과 시민운동 세력을 부도덕함을 넘어 흉측한 범죄인이 모인 집단으로 싸잡아 매도하고 싶었을 것이다. 이 보도가 나가자 조국 서울대 교수는 페이스북을 통해 조선일보의 악의적인 보도에 정면으로 항의했다.

> 아, 너희가 어찌 반유신 투사들의 처절한 삶을 짐작하랴! '죗값'을 치르고 출소한 후 수십 년 동안 YMCA 활동에 헌신한 그의 분투를 한방에 보내려고 애를 쓴다. 이학영이 단순 '강도범'이라는 낙인을 받아야 한다면, 형법 교수인 나도 '강도범'이다.

언론의 본령을 안다면 사건을 보도할 때 배경도 짚어보아야 한다. 가령 이 사건의 경우, 남민전 사건이 일어났던 1979년 당시는 박정희 독재정권이 유신통치를 위해 국민의 모든 자유를 억압했고, 재벌들은 권력의 비호를 받으며 노동자들을 착취하며 부를 축적했던 암흑의 시대였다. 문학청년이었던 이학영은 민주주의 회복과 평등 세상을 위해 독재자와 싸우는 길에 나섰고, 그 과정에서 운동 자금 마련을 위해 한 재벌집의 담을 넘었던 것이다. 물론 그의 방법이 옳았다고 말할 수는 없지만 분명한 사실은 단지 돈이나 자신의 욕심을 채우기 위한 행동이 결코 아니었다는 사실이다.

조선일보는 지난 1월 17일에도 대형 오보(오보를 가장한 왜곡 보도일 테지만) 사고를 쳤다. 1면에 '김정남, 천안함 북의 필요로 이뤄진 것'이라는 제목의 기사를 내보냈던 것이다. 도쿄신문의 고미 요지 편집위원은 김정남이 자신에게 보낸 메일과 그와 가졌던 인터뷰 내용을 묶어 『아버지 김정일과 나』라는 책을 출간했는데, 출간에 앞서 정보를 입수했다는 월간조선 기자가 책에 있는 내용이라며 조선일보를 통해 대대적으로 보도했던 것이다(국내에서는 『안녕하세요 김정남입니다』라는 제목으로 출간되었다).

그러나 정작 이 책의 저자인 고미 요지 편집위원은 "이메일 내용에는 천안함 내용이 단 한 군데도 나오지 않는다."고 밝혔다. 실제로 그들이 주고받았다는 이메일에는 연평도 포격 사건에 대한 언급만 있을 뿐 천안함이 언급된 부분은 전혀 없었다. 이런 엄청난 거짓 기사를 내보내 놓고도 해당 기사를 쓴 월간조선 백승구 기자는 한겨레와의 통화에서 "지금 상황을 파악 중이라 답변할 수 없다."고 말했다.

무슨 상황을 파악하는 중이었는지 모르지만 조선일보 기자들에게는 사건의 진실은 하나도 중요하지 않았을 것이다. 그런 엉터리 기사를 통해 사람들이 막연히 '북한이 천안함 사건을 일으킨 게 사실이구나' 하고 생각하게 만드는 것이 목적이었을 테니 말이다. 그리고 이미 기사가 나감으로 해서 그러한 목적은 상당 부분 달성되기도 했을 것이다.

아무튼 조선일보는 각종 사건을 객관적인 시각으로 진실을 담아 보도할 의무가 있는 언론사지만 언제나 왜곡 보도를 일삼았다. 사건뿐만 아니라 인터뷰를 왜곡하는 일도 부지기수였는데, 조선일보의 인터뷰에는 두 가지 특징이 있다. 하나는 자신들의 인터뷰 요청을 거절하면 '관심이 없다', '흥미가 없었다', '대부분의 사람들은 그 일과 무관하다'라는 식으로 물타기 기사를 쓴다는 것이다. 다른 하나는 전체 인터뷰 중에서 자신들에게 유리한 말만 뽑아 기사를 쓴다는 것인데, 예를 들어 '나는 ○○와는 관계가 없다'는 말은 '○○와의 관계를 주목하고 있다'라는 기사로 탈바꿈시켜 버린다.

문재인이 TV조선 김미선 기자의 인터뷰 요청을 거절한 것에 대해 김미선 기자의 편에서 호응해주는 사람이 별로 없었던 이유는 시청률 0%대인 종편의 현실과 그동안 조선일보의 악의적인 왜곡 보도를 사람들이 기억하고 있었기 때문이다. 그렇다면 자신이 속해 있는 언론집단이 과연 무엇을 잘못하고 있는지부터 먼저 반성하는 것이 김미선 기자의 몫이 아니었을까?

같은 시각, 다른 기자의 눈

가끔 내게도 인터뷰를 하자는 정치인들이 있다. 그런데 나는 응하지 않는다. 아니 응하지 못한다. 그것은 인터뷰 기사가 가장 어렵고 힘들기 때문이다. 그래서 모든 언론사에서 인터뷰 기사는 선임기자 내지는 부장급들이 맡는다. 인터뷰 대상자의 말을 정확하고 객관적으로 옮기는 일이 쉬운 일이 아니기 때문이다. 그래서 늘 인터뷰라는 말이 붙은 기사는 누가 인터뷰를 진행했는지에 따라 많은 차이가 있을 수 있다. 이번 사건을 바로 옆에서 지켜봤던 시사IN 천관율 기자는 트위터에서 그때의 상황을 이렇게 정리했다.

> "…지역구 번개 1부가 끝나고 같은 자리에서 2부 세팅 중인 막간, 스케치하던 TV조선 취재기자와 카메라가 가서 인터뷰 요청. 문재인 거절. 세 번쯤 반복. 인터뷰 가능한 상황은 아니었고 꽤 이례적."

> "거절 이유가 '조선'인지 '돌발'인지 모르겠음. 어쨌든 취재기자는 좀 무리인 대로 해볼 수 있는 시도였던 걸로 보임. 다만 인터뷰 수락 여부를 묻는 와중에 카메라가 문재인을 계속 근접 촬영, 방송 쪽 관행인지는 몰라도 이게 황당. 조율보다는 취조 느낌."

천관율 기자는 당시 상황이 인터뷰할 수 있는 상황이 아니었다고 보고 있었다. 특히 카메라가 문재인을 근접 촬영하고 있는 모습에서 기자인 자신도 황당했고 마치 취조받는 듯한 느낌까지 받았다고 트위터를 통해 밝히고 있었다. TV조선 김미선 기자는 분명히 간단한 소감이라고 이야기했는데 옆에서 지켜보고 있던 다른 기자는 취조받는 느낌이었다고 말했다면, 어떤 상황이었을지 짐작할 수 있을 것이다.

'도둑 인터뷰'처럼 상황을 억지로 만들 수는 있었겠지만, 과히 인터뷰할 상황이 아닌데 인터뷰를 하지 않았다고 해서 비난받아야 할 이유는 없을 것이다. 그리고 중요한 것은 정작 다른 것에 있었다. 다음은 당시 노무현재단 이사장인 문재인 측에서 올린 관련 사건에 대한 내용이다.

문재인 이사장 인터뷰 거절 관련 알림

모 언론사 기자가 문재인 이사장을 세 시간 기다렸는데 인터뷰를 거절당했다는 트윗을 올렸습니다. 이와 관련된 정확한 내용을 알려드리고자 합니다. 애초, 이번 문 이사장의 일정은 트위터 친구들과의 대화의 시간이었습니다. 즉, 설날을 맞이하여 고향에 내려온 트친들과 만나는 시간이었습니다. 아울러 취재를 원하는 언론에는 인터뷰를 하지 않는다는 점을 미리 말씀드렸으며, 보도자료 등도 배포하지 않았고, 트윗으로만 홍보를 했습니다.

해당 기자에게도 사전에 그 점을 충분히 알려드렸습니다. 언론 인터뷰는 하지 않을 예정이니 괜한 수고를 하지 않기를 바란다고 말입니다. 행사 하루 전에 캠프의 공보 담당자와 직접 전화 통화까지 하였습니다. 하지만 해당 기자는 일방적으로 인터뷰를 요청했습니다. 트친들에게 사인을 하는 와중에도 카메라를 대며 인터뷰를 요청했고, 엘리베이터를 타는 문 이사장의 문을 가로막으면서까지 인터뷰를 요청했습니다. 인터뷰를 거절한 것이 아니라, 언론사의 일방적이고 무례한 요구가 있었다는 것이 보다 정확한 사실이라고 생각됩니다.

인터뷰를 하려면 알맞은 상황을 만들거나 약속을 잡고 가야 한다. 그런데 문재인 측에서는 TV조선의 인터뷰 요청을 미리 거절했다. 즉 취재는 허용하되 멀리서 트위터 친구들이 와서 만나는 자리이므로 사전에 인터뷰는 하지 않기로 했던 것이다. 이처럼 인터뷰는 처음부터 없기로 한 약속이었고 문재인은 그대로 했을 뿐인데, 김미선 기자는 이를 오히려 언론에 대한 문재인 이사장의 과민반응인 것처럼 몰고 갔던 것이다.

4·11 총선을 앞두고 '문이열린캠프'에 날마다 출근하던 문재인이 꼭 하는 일이 있었다. 오후 1시 30분부터 1시간 동안 손님들을 만나는 일이었다. 그는 언론사 인터뷰나 행사보다 그를 찾아오는 사람들을 만나는 일을 하루도 거르지 않았다. 문재인이라는 사람에게는 정치인과의 만남이나 언론 플레이보다 자신을 만나러 온 사람들이 더 중요했던 것이다.

문재인이 TV조선의 인터뷰를 거절한 것은 조중동이라는 언론에 대한 불신이나 도둑 인터뷰, 마치 취조 같은 취재에 대한 반감 때문이 아니었다. 멀리서 자신을 찾아온 트친을 위한 배려와, 그들을 먼저 챙기는 마음, 그리고 인터뷰를 하지 않기로 한 약속을 지킨 것뿐이었다. 사람을 중요하게 여긴다는 원칙을 지키려는 사람에게는 한 마디의 인터뷰보다 '사람 사는 세상'이 더 소중했던 것이다.

김제동 콘서트 **취소 소동**

2012년 3월 4일 울산 KBS홀에서 열릴 예정이었던 김제동의 토크콘서트 울산 공연이 결국 취소되고 말았다. 이 공연의 정치적 공정성을 문제 삼은 KBS가 공연 장소로 사용할 수 있도록 했던 KBS홀 대관을 취소해버린 것이다.

이에 대해 김제동 토크콘서트 공연을 주관하는 인사이트 엔터테인먼트는 '공동주관사인 KBS 측이 납득할 수 없는 이유로 공연 대관을 일방 취소했다'고 알렸고, KBS는 보도자료를 내 '공연 자체가 정치적 목적의 행사라서 총선 이후 대관하도록 보류했다'고 밝혔다. 그동안 아무런 문제없이 진행되어 왔던 김제동 토크콘서트에 도대체 무슨 일이 있었기에 이미 티켓까지 판매한 상황에서 공연 취소라는 최악의 상황이 벌어진 것일까? 더욱이 울산 KBS홀은 지난 2010년부터 줄곧 김제동의 토크콘서트 「노브레이크」가 열렸던 곳인데 말이다.

공연 취소가 알려지고 그 이유를 궁금해하는 사람들이 많아지자 KBS 측에서는 지난 2012년 1월 14일 KBS 부산방송총국에서 열렸던 김제동 토크콘서트를 거론하며, "이미 총선 출마 의사를 밝힌 데다 대권 후보로 거론되는 인사가 공연에 참가해 김제동 토크콘서트가 정치적 행사로 규정됐기에 대관 승인을 보류했다."는 해명을 내놓았다. 여기서 KBS가 거론한 '인사'란 당연히 문재인을 말했다.

한발 더 나아가 울산 KBS는 김제동 토크콘서트를 아예 정치적 목적의 행사로 규정하기도 했는데, 그 이유로 "부산 KBS홀에서 있었던 김제동 콘서트 당시 (공연을)봤던 분들 중에 내용 자체가 좀 선거 쪽으로 포장이 됐지 않았나 하는 민원이 있었다."고 하면서, "0.1 퍼센트라도 (선거에)영향을 끼치면 안 되기 때문에 다른 일정을 잡았다."며 부산 콘서트에서 정치적 민원이 제기됐다는 사실을 주장했다. 그런데 정작 부산 KBS 공연을 담당했던 사람들은 그런 민원이 올라온 적이 없다고 밝혔다. 도대체 그날 부산 공연에서 무슨 일이 있었던 것일까?

김제동 토크콘서트가 정치적 행사?

시간을 거슬러 1월 14일로 돌아가보자. KBS의 말대로 문재인은 김제동 부산콘서트 공연을 보러 갔다. 물론 티켓은 돈을 주고 직접 구입했다. KBS의 주장대로라면 공연 도중 문재인이 어떤 정치적 행위를 했다는 것인데 도대체 어떤 정치적 행위를 했던 것일까? 이에 대해 김제동 토크콘서트의 기획과 연출을 맡고 있는 다음기획의 대표 김영준 씨의 말을 들어보자.

> "문재인 노무현재단 이사장의 공연 참가(여부)입니다. 지난 1월 14일 부산 KBS홀에서 열린 김제동 부산 공연 현장에 함께하신 관객분들은 모두 정확한 사실을 아실 것입니다. 문재인 이사장은 부산 공연 현장에서 어떠한 인사말을 하거나 무대에 오른 적이 없습니다. 또한 기획사나 주최 측에서 초대한 바도 없으며, 직접 티켓을 구매해 관객의 한 사람으로 공연장을 찾았을 뿐입니다.

그런데 워낙 화제의 중심에 있는 인물이 객석에 앉아 있었기에 주변 관객들의 웅성거림이 있었을 뿐이고, 공연이 계속 진행되던 중 객석 모습을 촬영하던 중계 화면에 문재인 이사장의 모습이 잡히자, 그 순간 객석에서는 열화와 같은 박수와 환호가 터져 나왔습니다. 그 때문에 잠시 공연의 흐름이 끊기자, 문재인 이사장은 자신에게 인사를 하는 관객들에게 제자리에서 간단히 목례를 한 것이 전부였습니다. 그런 상황에서 무대 위에 있던 김제동은 '여러분, 여긴 제 공연입니다'라며 재치 있게 대응한 것이 전부였습니다. 이런 상황이었기에 KBS에서 주장하는 사실은 틀린 것입니다."

위의 내용 중 과연 어느 부분이 정치적인 행사로 규정되어야 하는 것인지 궁금하다. 문재인은 관객의 한 사람으로 갔을 뿐이다. 문재인의 참석으로 김제동 토크콘서트가 정치적인 행사로 변질되었다는 것은 전혀 말이 되지 않는다.

사실 김제동과 문재인은 친분이 있다. 그러나 그 사실만으로 김제동 콘서트가 정치적 행사로 규정되는 것은 무리가 있다. 2009년부터 시작된 김제동 토크콘서트는 시즌 1부터 현재의 시즌 3까지 전국 각지에서 100여 회가 넘는 공연을 하고 있다. 그때마다 정치인, 국회의원, 지자체 단체장들이 공연을 보러 갔지만 김제동은 단 한 번도 그들을 무대에 올라오게 하거나, 인사말을 하도록 마이크를 건넨 적이 없다. 그러므로 공연을 보러온 정치인들이 있다는 사실만으로 김제동 토크콘서트를 정치적 행사로 규정한 KBS의 입장은 한마디로 억지에 불과하다.

무엇보다 그동안 수많은 정치인들이 공연을 관람했는데 유독 문재인만 문제 삼는다면 문재인에 대한 공격 내지는 그를 향한 정치적 공세라고밖에 볼 수 없다. 혹 다른 정치인들은 관객들이 아무도 알은체를 하지 않았는데 문재인만 환호한 것에 대한 정치권의 시샘에 찬 찌질한 복수라면 모를까.

문재인은 2012년 1월 9일 TV 프로그램 힐링캠프에 출연하면서 한때 안철수 교수의 지지율을 넘어서기도 했다. 그리고 19대 총선에서 부산에서 큰 바람을 일으키기도 했다. 그 바람이 대선까지도 이어질 수 있을 것이라는 전망을 하는 전문가들이 많다. 이렇게 대중의 열광적인 지지를 받고 있는 문재인을 이명박 정부와 새누리당이 곱게 볼 리 없다. 무엇보다 만약 문재인이 대통령이 된다면 그동안 그들이 저지른 악행과 비리가 낱낱이 까발려지게 될 수밖에 없기 때문이다. 그런 점에서 문재인이 조금이라도 대중과 만나는 공간과 모임을 줄일 수만 있으면 줄이게 하는 것이 그들에게는 절실했을 것이다.

한편 이 소동을 지켜보면서 나는 이명박 정부가 문재인의 정치적 행보를 막은 것인지, 김제동의 방송 활동을 막는 것인지 구분이 가지 않았다. 어쩌면 문재인이 그저 고개만 숙이며 간단히 인사했을 뿐인데도 환호하는 사람이 너무 많자 새누리당이 지레 겁을 낸 것인지도 모른다. 사실 김제동은 이런 문제에 휘말린 것이 한두 번이 아니다. 그는 노무현 대통령 서거 후 노제와 1주기 추도식 사회를 본 것 때문에 지상파 방송에서 밀려났다. 그 뒤 케이블 방송에서 김제동의 이름을 건 프로그램을 준비했지만 해당 방송사는 그에게 추도식 사회를 보지 말 것을 부탁하기도 했다. 이런 상황들로 짐작해보면 김제동이 방송에서 밀려난 것이 정치적 이유였다는 것을 쉽게 짐작할 수 있을 것이다. 하긴 이명박 정부 들어 방송에서 밀려난 사람이 어디 한둘인가!

어찌 됐든 김제동 토크콘서트 취소 사건은 김제동과 문재인 두 사람에게 공식적인 행보를 가로막는 걸림돌이자 활동을 제약하는 사건이 되고 말았다.

대한민국은 지금 자기 검열의 시대

울산 공연을 취소하게 만들었던 KBS는 공연기획사를 통해 공연 내용 가운데 정치적인 내용을 뺀 구성이라면 공연을 허가하겠다고 다시 수정된 입장을 밝혔다. 사실 김제동 토크콘서트에서 시사 문제를 다루는 부분은 전체 150여 분의 공연 시간 중 겨우 20분에 지나지 않는다. 다만 그 20여 분 동안 나누는 이야기가 워낙 우리 사회에서 대중들이 관심을 많이 가지는 주제이다 보니 이슈가 되곤 했던 것이다. 그런데 만약 KBS 측의 요구대로 구성을 한다면 김제동 토크콘서트는 공연 내내 스포츠, 연예계, 영화 이야기만 해야 할 것이다.

시사는 우리가 살아가는 데 꼭 필요한 이야기다. 예컨대 두 아이를 키우는 내게 보육료 지원이나 영유아 예방접종 이야기는 생존과 직결

된 중요한 내용이다. 그리고 이런 이야기를 하다 보면 자연스럽게 정부의 지원책과 정책을 비판하게 되기도 한다. 그런데 이런 것이 문제가 되어 공연 취소 같은 외부 공격을 받게 된다면 과연 상식과 원칙, 정의가 살아 있는 사회라고 말할 수 있을까?

김제동 토크콘서트의 대관을 취소했던 KBS 울산 방송국장은 강철구 씨였다. 그는 성희롱 파문으로 KBS 언론노조에서 쫓겨난 인물인데, 이 사건 이후에도 창원총국 보도국장으로 영전했다. 이처럼 정권을 위해 일하는 사람은 어떤 범죄가 있어도 승진하고 살아남지만, YTN 노종면 기자와 같은 사람은 「뉴스타파」(해직 언론인들이 제작하는 인터넷 방송)와 비주류 언론에서만 방송할 수 있는 상황에 처해 있는 것이 이명박 정권 하의 대한민국 언론 현실이다.

김제동 울산 콘서트 취소는 김제동과 문재인 모두에게 마음의 상처를 입혔다. 하지만 그 상처 때문에 두 사람이 지금 가고 있는 길에서 벗어날 것이라고는 생각하지 않는다. 나는 이 땅에서 살아가는 한 명의 정치 블로거로서 김제동은 마이크로, 문재인은 정치권에서 그들이 하고 싶은 일을 할 수 있도록 작게나마 힘을 보태고 싶다. 마이크를 잡은 김제동이 아름답고, 정치 현장에서 뛰는 문재인이 멋지기 때문이다.

누군가를 짓밟으려고 해도 추운 겨울이 지나면 봄의 새싹은 피듯 그들의 꽃은 반드시 피어날 것이다.

누군가에게는 퍼스트레이디 시절, **문재인에게는 고통의 시간**

문재인과 박근혜가 힐링캠프에 출현했을 당시, 두 사람은 모두가 인정하는 경쟁 관계에 있었다. 대선 주자는 물론이고 정치계에서도 큰 축을 이루는 사람들이었다. 그렇다 보니 힐링캠프에서도 문재인과 박근혜를 연속으로 방송했고, 자연히 두 사람을 비교할 수밖에 없는 방송이 되고 말았다.

힐링캠프에서 박근혜가 청와대에서의 삶을 보여주었다면, 문재인은 그 시대의 아픈 우리의 역사를 보여주었다. 정치인에게 과거는 빗겨갈 수 없는 인물 평가의 잣대가 된다. 그 잣대로 박근혜와 문재인을 비교해보면, 박근혜가 퍼스트레이디로 살아갈 당시 문재인의 삶은 독재정권 아래서 신음하던 우리의 모습이었고, 그런 고통의 삶을 만든 사람은 다름 아닌 박근혜의 아버지 박정희였기에 박근혜에게서 독재자의 짙은 그림자를 발견할 수밖에 없었다. 반면 문재인에게서는 국민의 삶과 고통을 말할 수 있는 자격이 충분히 있음을 발견할 수 있었다.

어떤 사람들은 박정희를 아버지로 둔 것은 박근혜의 잘못이 아니라고 주장하지만, 나는 박근혜가 아버지의 유산과 기득권을 포기하지 않았기에 독재의 그늘에서 한 치도 벗어나지 않았다고 생각한다.

면회 연애사, 가족의 아픔을 담담히 보여준 인간 문재인

힐링캠프에서 문재인의 아내가 잠시 화면에 잡혔다. 연애 시절 구속과 군대, 사법고시 공부 때문에 늘 문재인의 면회만 다녔다는 그의 아내였다. 게다가 문재인은 처가 식구들 앞에서 권총을 들이댄 경찰에 의해 수갑이 채워진 채 잡혀가기까지 했다. 이런 그의 삶을 보면서 참으로 기구하고 가족 고생을 많이 시킨 몹쓸 사람이라는 생각이 들었다. 그러나 그의 삶을 지탱해준 아내의 모습이 잠깐씩 화면에 비칠 때마다 첫사랑 남편을 밝은 미소로 바라보는 그녀는 참으로 행복해 보였고, 아름답게 보였다.

정치인에게 아내란 그 정치인을 망하게도, 흥하게도 할 수 있는 중요한 존재다. 그런 면에서 문재인의 아내는 그녀가 앞으로 어떻게 바뀔지 모르지만, 늘 옆에서 문재인을 위해 미소를 지어줄 수 있는 사람으로 보였다.

문재인이 힐링캠프에 출연한다고 했을 때, 온라인상에서 홀로 문재인 대통령 만들기를 하고 있던 내가 가장 걱정이 앞섰던 부분은 그가 과연 예능 프로그램에 나와서 정치 현안들을 쉽고 재미있게, 그러나 예리하게 말할 수 있을까, 하는 걱정이었다. 하지만 이런 걱정은 한낱 기우에 불과했다.

문재인은 특전사 출신으로 '폭풍간지'라는 별명이 있다. 그 별명이 주목받을 수밖에 없는 것은 앞서 이야기했듯이 이명박 정권의 고위 공직자 대부분이 군대에 가지 않은 현실 때문이다. 이런 사실을 잘 아는 문재인은 자신이 특전사 출신임을 자랑스러워하면서 한편으로는 힘든 군대에 갔다 왔다는 자만심보다는 남들 다 가는 군대에 가지 않은 MB정부의 고위 공직자들의 도덕성을 은근히 비판했다. 이런 모습을 통해 지금 이명박 정부의 인물들이 왜 국민에게 신뢰받지 못하고 있는지를 단적으로 보여주었다. 아무튼 방송 직후 인터넷 검색어에는 '폭풍간지 문재인'이 실시간 검색어 1위에 오르며 많은 사람들의 관심을 받기 시작했다.

그리고 옥에 티인지 아니면 끝까지 웃음을 주려고 했는지 몰라도, 힐링캠프에서 벽돌 격파를 못한 대가로 검지에 깁스를 하고 손등에 피멍이 들었다는 문재인을 보면서 안쓰럽기도 하고 웃음이 나오기도 했다.

비리가 하나도 나오지 않았던 사람

앞에서 잠깐 이야기했듯이 문재인은 노무현 대통령의 최측근이었지만 비리가 하나도 나오지 않았던 인물로도 유명하다. 문재인이 청와대에 근무하던 당시, 지금의 새누리당인 한나라당과 조중동은 노무현을 공격할 빌미를 찾기 위해 그의 최측근인 문재인의 뒷조사를 1년 넘게 했다. 그런데도 먼지 하나 나오지 않았다.

어떻게 그럴 수 있었을까, 하며 의심하는 사람도 있겠지만 문재인이 살아온 삶을 보면 충분히 그럴 수 있는 사람이라는 것을 알 수 있을 것이다.

문재인은 청와대에서 근무할 때 남들에게는 청와대에 있는 것이 영광이었겠지만 정작 본인에게는 떠나고 싶었던 장소였다고 했다. 이것은 그가 얼마나 권력에 대한 욕심이 없었는지를 잘 말해준다. 권력에 대한 욕심이 없었으니 당연히 비리에 대한 유혹도 느끼지 않았을 것이다. 그런데도 문재인은 불필요한 의심을 사는 것도 싫어해 청와대에 근무하는 동안에는 동창회도 나가지 않았고, 동창들도 일체 만나지 않았다. 그리고 부인에게는 백화점 출입도 자제해 달라고 했다.

문재인을 왜 좋아하느냐고 묻는 사람들에게 나는 과연 이렇게 깨끗한 사람을 정치인 중에서 찾을 수 있는지 되묻는다. 방송에는 나오지 않았지만 예나 지금이나 중고 자동차를 타고 다니고, 사법고시 공부를 하면서도 예비군 훈련을 받기 위해 주소지를 옮겼던 일 등, 이런 여러 면에서 나는 그가 원칙과 책임을 다하는 인물이라고 믿고 있다.

정치가 두려운 문재인, 그러나 용기를 낸 문재인

나는 언젠가 문재인이 왜 정치를 하지 않는지 조사를 한 적이 있다. 가장 원초적인 이유는 그가 정치 권력을 좋아하지 않는 '자유인'이라는 사실이었고, 둘째는 노무현 대통령을 옆에서 보면서 얼마나 정치가 두렵고 고통스러운지를 봤기 때문이란 것을 알 수 있었다. 문재인이 정치를 두려워하는 가장 큰 이유는 원칙을 지키며 정치를 하는 것이 대한민국에서는 너무나 어렵기 때문이다. 노무현도 원칙을 지키면서 정치를 하려고 했지만 결국 탄핵을 받는 대통령이 되었고, 마지막을 죽음으로 끝내고 말았다.

'노무현의 그림자', '노무현의 친구, 문재인'이라는 별명도 있지만 나서기를 좋아하지 않는 그의 품성을 아는 노무현은 그를 향해 '문재인의 친구, 노무현'이라고 말하기를 좋아했다. 신참 변호사 문재인을 동등하게 대했던 노무현(노무현이 한창 잘 나가던 변호사 시절, 초보 변호사 문재인을 만나 합동법률사무소를 운영했는데, 그때 수익을 5:5로 나누었다는 이야기는 아주 유명하다)과의 만남을 통해 그는 '참사람'을 만났고, 그 사람과 오랜 시간을 함께 달렸다. 그와 노무현 대통령에게는 남자들 사이에서만 느낄 수 있었던 끈끈한 의리와 정, 그리고 거친 세상을 향해 함께 나아갈 수 있는 동반자라는 둘만의 교감이 있었을 것이다.

사실 문재인은 노무현 대통령이 살아 있었다면 결코 정치를 하지 않았을 사람이다. 그러나 지금 세상은 그가 정치를 할 수밖에 없는 상황이 되어 버렸고, 그는 용기를 내어 그토록 싫어하던 정치를 시작했다. 늘 수첩 속에 노무현 대통령의 유서와 사진을 넣고 다니는 문재인의 마음은 과연 어떤 것일까?

문재인에게 남아 있는 것은 노무현에 대한 추억이 아니라, 원칙을 지키며 사람답게 사는 세상을 만들고 싶어 했던 노무현의 철학과 가치관일 것이다. 그리고 그 철학과 가치관을 현실화시켜야 하는 운명적인 책임이 그의 손에 쥐어졌을 뿐이다.

문재인이 정치를 하기 원했던 사람들은 반성과 책임을 져야 할지도 모른다. 초야에 묻혀 행복하게 살고 있던 그를 이 힘들고 고통스러운 정치판으로 끌어냈기 때문이다. 하지만 문재인은 "정치를 하기 전까지는 당신들의 책임이지만, 결심한 이후에는 나의 책임이다."라는 말로 그 누구도 탓하지 않고 스스로 책임지겠다는 모습을 보였다. 덕분에 사람들은 마음의 짐을 많이 내려놓을 수 있게 되었지만, 그가 가는 길을 더는 외롭고 힘들게 해서는 안 될 것이다.

사실 정치 포스팅을 하다 보면 여야를 가릴 것 없이 참으로 많은 문제들을 볼 수밖에 없다. 그런데 그 가운데서 문재인을 볼 수 있고 그에 대한 글을 쓸 수 있다는 것은 내게 있어 너무나 행복한 일이 아닐 수 없다.

아이들이 사인 받고 싶어 하는 **문재인의 치명적 매력**

온라인에서 '나 홀로 문재인 대통령 만들기'를 시작하면서 많은 고민과 우려를 했다. '내가 보는 문재인을 다른 사람도 과연 똑같이 보고 있을까?', '그가 정치를 본격적으로 시작한다면 제대로 할 수 있을까?' 하는 생각 때문이었다. 그런데 막상 시간이 지날수록 그를 향한 국민의 관심과 인기는 더욱 더 높아만 갔다.

4·11 총선 출마를 선언하고 선거운동을 할 때다. 길 가던 중학생들이 문재인을 발견하고 달려와 "전 아저씨가 누군지 알아요. 사인해줄

수 있어요?"하며 문재인에게 사인을 요청한 적이 있다. 물론 중학생들이 문재인을 알아본 가장 큰 이유는 힐링캠프 출연 때문일 것이다. 그런데 힐링캠프에는 박근혜도 출연했다. 하지만 박근혜에게 지나가던 아이들이 사인을 해 달라고 했다는 이야기는 듣지 못했다. 물론 경호원 때문에 아이들이 그녀에게 다가가 사인을 해 달라고 하지도 못할 테지만.

또 다른 한 장면이 있다. 초등학생 아이가 자기 용돈으로 『운명』을 사서 읽고 저자를 꼭 만나겠다며 '문이열린캠프'에 찾아왔다고 한다. "정말 다 읽었어?"라고 문재인이 물어볼 정도로 아이는 어렸다고 한다. 물론 그 아이가 문재인의 『운명』을 자기 용돈으로 사서 다 읽었다는 사실 하나로 전국의 수많은 초등학생들이 문재인을 좋아한다고 말할 수는 없다. 그러나 그런 아이가 한 명이라도 있다는 사실은 문재인이 보여준 이미지가 기성 정치인과는 다르다는 사실을 분명히 말해준다고 할 수 있을 것이다.

문재인의 친구 노무현 대통령도 아이들을 참 좋아했다. 아이들과 함께 있던 그의 모습을 보면 가식도 별로 없고, 아이들도 그를 대통령 노무현보다 할아버지 노무현으로 인식했다. 나는 아이들이 쉽게 다가갈 수 있는 모습은 정치인이 가진 큰 덕목으로 평가받아야 한다고 생각한다. 투표권이 없는 아이에게도 친절하다면 유권자에게는 얼마나 더 친절하겠는가?

아무런 정치적 배경도, 이해관계나 로비도 필요 없는 아이들과 순수하게 마음을 나눌 수 있는 교감을 가진 노무현 대통령과 문재인의 모습은 그들이 가고자 하는 길이 어떤 것인지를 짐작할 수 있게 한다.

누군가에게는 자랑과 기쁨이 되는 사람

나는 정치 블로거로 살아가지만 정치인과 찍은 사진이 한 장도 없다. 정치인과 사진을 찍으려 하는 사람들은 흔히 두 부류로 나눌 수 있다. 액자에 넣어 자신이 거물 정치인과 친하다고 과시하고 싶어 하는 부류와, 단순히 친구와 가족에게 자랑하고 싶어 하는 부류다.

만약 정치 블로거인 내가 정치인과 사진을 찍는다면 좋은 의미로 남는 경우는 별로 없을 것이다. 예를 들어 내가 이명박과 사진을 찍어 블로거에 올린다면 어떻게 될까? 상상조차 하기 싫지만 나중에는 블로그를 폐쇄해야 할지도 모른다.

4·11 총선 당시 부산 사상구에서 거리 홍보를 하던 문재인은 유난히 시민들로부터 셀카 촬영 요청을 많이 받았다. 그들이 문재인과 친하다고 과시하려고 사진을 찍자고 하지는 않았을 것이다. 그저 자신이 좋아하는 사람과 사진을 찍었다고 가족과 친구들에게 자랑하려고 그랬을 것이다.

여러분은 대한민국의 수많은 정치인들 중에서 함께 사진을 찍고 싶은 사람이 있는가? 대한민국 정치인 중에서 함께 사진을 찍으라고 했을 때 쉽게 고를 만한 사람이 없다면, 그것은 슬픈 현실이다. 그만큼 대한민국에서 정치인은 욕을 많이 먹고 우리의 삶을 피폐하게 만드는 주범으로 인식되어 있다는 뜻이기 때문이다.

봉하마을로 내려간 노무현 대통령은 전역하는 전경들과 늘 기념사진을 찍었다. 전경들은 원했고, 대통령은 즐거워했다. 그런데 파티가 있을 때마다 차출돼 서빙을 했던 전경들이 전두환에게 가서 "오늘 전역하는데 같이 기념사진을 찍고 싶습니다."라고 말할 수 있었을까? 아니 그렇게 말하고 싶은 마음이 들기는 했을까? 세상에는 같이 사진을 찍고 싶은 사람이 있고, 그럴 마음이 내키지 않는 사람이 있다. 문재인뿐만 아니라 많은 대한민국 정치인들이 지나가는 시민들로부터 함께 사진을 찍자고 요청받는 일들이 많아지는 그런 사회를 꿈꾸는 것은 지나친 욕심일까?

문재인이 힐링캠프에 나오기 전에는, 그리고 문재인의 『운명』이 출간되기 전에는 많은 사람들이 문재인을 노무현의 친구로만 봤다. 그리고 노무현의 그림자라고 했다. 그러나 이제는 문재인을 새롭게 보고 있다. 노무현 대통령의 소박함과 검소함, 그리고 솔직함을 그에게서도 발견했기 때문이다.

물론 문재인이 앞으로 어떻게 자신의 길을 걸어갈지는 계속 바라보고 감시해야 할 것이다. 그것 역시 분명 우리의 몫이다. 그러나 지금까지 그가 살아온 길을 보면, 그가 앞으로 어떤 길을 걸어갈지 짐작하는 것은 어렵지 않을 것이다. 지난 세월을 겸손하고, 검소하고, 정의롭고, 용기 있게 살아온 그이기에 앞으로도 그는 그렇게 살아갈 것이라 믿고 있다.

사람에게는 살아가면서 풍기는 향기가 있다. 아무리 비싼 명품 향수를 뿌려도 인위적인 향기는 그때뿐이고 오래 맡으면 오히려 역겹다. 하지만 문재인의 향기를 맡은 사람들은 그에게서 상식적인 사회를 만들 수 있다는 치명적인 매력을 느꼈을 것이다. 그가 가진 희망의 향기가 더 많은 사람에게, 그리고 언제나 지속하기를 꿈꾸어본다.

독재정권의 과거와 현재, 미래를 보여주는

박정희와 박근혜 그리고 전두환

박정희
박근혜
전두환

새누리당은 19대 국회 소속 의원 연찬회를 지난 2012년 6월 9일 충남 천안에서 개최했다. 새누리당 국회의원 연찬회는 앞으로 있을 19대 국회의 방향과 대선 등 여러 가지 의제를 논의할 자리였지만 이른바 '비박' 의원들은 집단으로 불참했다. 대선 출마를 발표한 이재오, 김문수, 정몽준 등 '비박' 진영은 완전국민경선제(오픈프라이머리)를 주장하며 '경선준비위원회'를 구성해 경선 룰을 정할 것을 요구했지만, 박근혜가 장악한 새누리당은 '비박' 주자들의 요구를 무시하고 현재의 경선 룰을 골자로 한(대의원 20%, 당원 30%, 국민참여 30%, 여론조사 20%) '경선관리위원회' 출범을 강행하려고 했기 때문이다.

만약 새누리당이 경선관리위원회를 출범시키면 '비박' 주자들은 경선 불참이라는 초강수를 두겠다는 입장을 보였는데, 그렇게 된다면 19대 대선에서 새누리당은 박근혜 전 위원장을 단독후보로 내세우게 될 가능성이 높다. 그런데 이런 모습은 어쩐지 낯이 익다. 대한민국의 부끄러운 역사였던 '체육관 선거'를 떠올리게 하기 때문이다.

99.9%의 찬성으로 선출된 체육관 대통령 박정희

박정희는 1972년 국가긴급권을 발동해 비상계엄령을 선포한다. 그 후 헌법 개정안을 국민투표로 확정하고 새로운 헌법을 발표하는데, 이것이 바로 유신헌법이다. 유신헌법의 가장 큰 특징은 대통령을 '통일주체국민회의'라는 조직을 통해 뽑는 것이었다.

통일주체국민회의는 강력한 두 가지 기능을 발휘할 수 있었는데, 대통령을 선출할 수 있었고, 국회 정수의 3분의 1에 해당하는 국회의원을 선출할 수 있었다. 한마디로 입법기관과 대통령을 선출하는 막강한 기능을 가진 기관이었다. 이 통일주체국민회의의 의장이 박정희였다. 박정희는 통일주체국민회의를 통해 스스로 대통령에 선출되었고, 자신의 사람들을 국회의원으로 뽑아 독재적인 권력을 휘둘렀다.

박정희를 의장으로 한 통일주체국민회의는 한마디로 박정희를 위해 존재하는 '고무도장'에 지나지 않았다. 박정희의 명령에 따라 도장만 꽉꽉 눌러주던 존재였기 때문이다. 어떤 이들은 대의원을 국민이 선출했기에 박정희의 고무도장이라고까지는 할 수 없지 않느냐고 말하는데, 과연 그럴까?

선거를 통해 대의원을 뽑았지만 후보들 대부분은 공무원과 지역 유지들로 박정희를 따르던 세력이었다. 게다가 대의원 2천359명 중 무투표 당선자만 225명(9.5%)에 달했으니 이들을 과연 국민이 뽑은 사람들이라고 불러야 할지 민망할 지경이다. 더구나 후보들 대부분은 박정희를 위해 스스로 고무도장이 되겠다고 대놓고 떠들던 사람들이었다.

사정이 이렇다 보니 통일주체국민회의의 대통령 선출 과정을 보면 독재국가에서 흔히 볼 수 있는 선거 모습과 너무나 비슷했다. 8대 대통령 선거의 경우 박정희가 단일후보로 나왔고, 대의원 2천578명 전원이 투표에 참여해 2천557표의 득표로 대통령에 당선됐다. 100% 투표율에 99.9% 득표율을 보였던 것이다. 9대 대통령 선거에서도 단 2표만 무효로 나와 역시 99.9%라는 득표율이 나왔다.

만약 새누리당이 계속해서 지금과 같은 경선 룰을 고집한다면 박근혜는 마치 아버지 박정희가 통일주체국민회의의 의장 권한으로 스스로 단독후보에 나섰던 것과 똑같은 모습으로 새누리당의 대선 후보가 될 가능성이 높다. 이런 의미에서 박근혜를 제대로 알기 위해서는 박정희를 알아야 하고, 박정희를 제대로 알려면 5·16 군사 쿠데타를 알아야 한다. 그러고 나면 우리는 전두환에게서 박근혜의 미래를 볼 수 있게 될 것이다.

정수장학회를 알면 **박근혜가 보인다**

2011년은 5·16 군사 쿠데타가 일어난 지 50년 되는 해였다. 사람들은 쉽게 '5·16 혁명'이라 말하지만, 사실 5·16은 혁명도, 군사정변도 아닌 그저 군인들이 정권을 탈취하기 위해 일으킨 쿠데타일 뿐이다. 그런데 박정희와 전두환 그리고 군사 쿠데타를 기반으로 한 독재와 민중에 대한 억압과 착취가 일회적인 사건으로 끝난 것이 아니라 여전히 현재 진행형이라는 사실을 보여주는 것이 있는데 그것이 바로 정수장학회다. 그리고 정수장학회 한가운데 박근혜란 인물이 도사리고 있다.

사실 정수장학회는 박정희가 설립한 장학회로, 훗날 전두환이 정권을 잡으면서 박근혜에게 준 것이다. 그런데 이 장학회가 처음 어떻게 설립되었고, 그리고 어떤 일을 해 왔고, 지금 어떤 모습으로 있는지 알고 나면 참으로 기가 막힌다.

부산 지역 기업가 김지태에게서 빼앗은 부일장학회

부산일보와 삼화고무를 운영하던 언론인이자 기업가 그리고 국회의원까지 지낸 김지태는 1958년 자신의 재산과 땅 10만 평을 토대로 '부일장학회'를 세웠다. 김지태는 최초의 민간 상업방송이자 지금의 MBC 전신인 부산문화방송과 서울문화방송을 만든 장본인이기도 하다.

그런데 5·16 군사 쿠데타가 일어나고, 1962년 박정희는 중앙정보부를 통해 김지태를 부정축재처리법과 해외재산도피법 위반으로, 그리고 그의 부인 송혜영은 밀수 혐의로 체포하라는 지시를 내린다. 송혜영이 중앙정보부에 연행되자 신병 치료차 해외에 나가 있던 김지태는 급히 귀국을 하게 되는데, 송혜영의 체포는 박정희 정권을 피해 있으려던 김지태를 국내로 불러들이기 위한 인질 작전이었고 이것은 당연히 성공했다.

송혜영의 밀수 혐의는 카메라와 다이아몬드 반지였는데, 당시 정당하게 세관 통관 절차를 밟았다는 세관원의 진술이 있었지만, 어차피 송혜영에 대한 체포 자체가 불법적으로 저질러진 만큼 사실 관계는 하나도 중요하지 않았다. 결국 두 사람은 모두 재판을 받고 갇히는데, 얼마 뒤 군 검찰의 공소취하로 풀려나게 된다. 그 대가로 김지태가 박정희에게 빼앗긴 재산이 부산일보 주식 100%와 부산문화방송 주식 100%, 서울문화방송 주식 100%, 부일장학회 자산이었던 땅 10만 평이었다.

박정희는 이 모든 재산을 부일장학회로 넘겼고, 이름도 '5·16장학회'로 바꾸었다. 그리고 5·16장학회는 다시 '정수장학회'로 이름이 바뀌게 되는데, 결국 지금의 정수장학회의 모든 재산은 박정희가 김지태에게 빼앗은 장물인 셈이다. 그런데 박근혜는 정수장학회와 관련해 '만약 이것이 장물이고 여러 가지로 법에 어긋난다거나 했으면 오래전에 해결이 났을 것'이라는 말만 되풀이하고 있다. 하지만 과연 그럴까?

장물이지만 개인 재산이 되어버려 돌려주지 않아도 된다?

정수장학회의 모태였던 부일장학회의 설립자 고 김지태 씨의 유족은 2010년 6월 국가를 상대로 '주식 반환 소송'을 냈는데, 법원은 정부가 강압으로 주식을 증여받은 것은 사실이지만 주식을 반환하라고 할 수는 없다고 하면서, 그 이유가 '의사결정 여지를 완전히 박탈당한 상태가 아니었고, 주식 증여 취소 관련 기간이 소멸했기 때문'이라고 해명했다.

그런데 이것은 법리적으로 전혀 맞지 않는 이야기였다. 앞에서 말한 대로 박정희는 아무런 죄도 없는 김지태의 부인 송혜영을 체포해 인질로 잡아둔 채 김지태를 국내로 불러들였고, 김지태 역시 아무런 죄가 없는 상태에서 억울한 누명을 뒤집어쓰고 감금당한 뒤 기부를 강요받았기 때문이다. 이것은 김지태가 기부 동의서에 서명했다는 날짜가 조작된 사실만으로도 잘 알 수 있다.

원래 김지태가 기부 동의서에 서명한 날짜는 중앙정보부에 갇혀 있던 1962년 6월 20일이다. 그런데 도장을 찍은 날짜가 갑자기 6월 30일로 바뀌게 되는데, 중앙정보부에 갇혀 있던 사람에게 도장을 받게 되면 아무래도 강제로 보일 수 있으니 날짜를 조작했던 것이다. 이러한 사실은 국립과학연구소에서 밝혀진 사실이다. 그런데 법원은 이 부분을 인정하지 않았다. 여기에다 기간이 지났으니 돌려주지 않아도 된다는 논리까지 덧붙였는데, 이것은 훔치거나 강도질을 해서 취득한 재산이 시간이 오래 지나면 범죄자의 것이 된다는 이상한 논리가 아닐 수 없었다.

이에 대해 박근혜는 법적으로 떳떳하다는 모습을 보이며 나 몰라라 하고 있다. 법의 맹점을 이용한 논리에서는 그녀가 이겼을지 모르지만 한 나라의 대통령 후보로 출마할 사람의 도덕적 가치관은 분명히 아니다.

김지태에게서 빼앗은 엄청난 재산이 숨어 있던 5·16장학회는 박정희가 죽고 정권을 잡은 전두환에 의해 박근혜에게 넘어가는데, 박근혜는 1982년 박정희의 '정' 자와 육영수의 '수' 자를 합쳐 정수장학회로 이름을 바꾸었다. 그 까닭은 5·16이라는 단어가 독재자의 유산이라는 어감이 짙게 깔려 있어 더는 사람들에게 존경받을 수 없다는 판단 때문이었다.

현재 정수장학회 재산은 박정희가 김지태에게 빼앗았을 당시와 거의 차이가 없다. 다만 문화방송 주식만 30%로 줄었는데, 그 까닭은 전두환이 다시 70%를 빼앗아갔기 때문이다. 하지만 30%의 주식을 보유한 정수장학회는 여전히 MBC의 최대 주주이고, 따라서 사실상의 소유자라고 봐도 무방하다.

그리고 이러한 정수장학회의 실제 소유주와 다름없는 사람이 바로 박근혜다. 정수장학회는 박정희의 동서 조태호와 박근혜, 이후락 정보부장, 진혜숙 전 청와대 총무비서 등 대부분 박정희의 친인척으로 이사장이 임명되어 왔다. 그리고 박근혜는 정수장학회 문제가 불거지자 2005년 이사상식을 사임했는데, 박근혜의 퇴임 이후 이사장은 박정희의 의전공보관을 지낸 최필립이 맡고 있다. 그런데 최필립은 박근혜의 사조직인 미래연합 운영위원이었다.

나는 정수장학회를 장물이라고 주장하는데, 그것은 아무런 법적 근거도 없이 사람을 잡아다 감금해놓고 강제로 재산을 빼앗은 면도 있지만, 가장 중요한 이유는 그렇게 빼앗은 재산이 국가가 아닌 박정희 개인 재산으로 둔갑했기 때문이다.

국가가 개인의 재산을 불법적으로 빼앗았다고 해도 국가 기관에 재산이 압류된 상태라면 나중에라도 찾을 수가 있다. 그런데 '진실화해위원회'에서 정수장학회의 재산이 국가 기관에 의해 강제로 빼앗긴 것이었다고 결정 내렸지만, 이미 개인 재산이 되어 버려 더 이상 찾을 길이 없는 것이 현재 상황이다. 이것이 정수장학회가 안고 있는 태생적인 문제점이다.

남의 돈으로 장학금을 지급하는 이상한 장학회

그렇다면 현재의 정수장학회 정체는 무엇일까? 2011년 한 해 동안 정수장학회는 21억 원의 장학금을 전달했다. 장학회인 만큼 장학금을 지급한 것은 전혀 이상할 것이 없지만, 문제는 이 돈의 출처를 살펴보면 실소를 금할 수 없다는 것이다.

정수장학회는 해마다 25~30억 원의 장학금을 지급하고 있는데, MBC가 20억 원의 장학금을 지원하고, 부산일보가 8억 원 가량을 지원한다. 결국 정수장학회는 자신들의 돈은 한 푼도 내놓지 않고 MBC와 부산일보에서 지원받은 장학금으로 생색을 내고 있는 셈이다. 장학재단이 남의 장학금을 받아서 그대로 건네주는 일을 하고도 과연 장학재단이라 할 수 있을까? 그래도 장학재단이 아니고 무엇이냐고 할 사람이 있을 것 같아 한 가지 더 알려주도록 하겠다.

IMF 이후 재정난이 계속되자 박근혜는 2000년 정수장학회 내의 장학국을 폐지해버렸다. 장학국은 장학생 선발을 심사하는 기관으로 장학재단 내에서는 가장 중요한 기구라 할 수 있다. 그런데 장학국을 폐지하다니? 병원이 구조조정 한다면서 의사와 간호사부터 자른 격이다. 돈이 없어 장학국도 폐지하고, 직원 상여금도 1,100%에서 600%로 감축했던 박근혜는 엉뚱하게도 자신의 이사장 연봉은 상근직으로 돌려 더 많이 가져갔다. 과연 박근혜가 자신을 상근직으로 돌렸다고 해서 날마다 출근이나 했을까?

박정희는 김지태에게서 MBC(당시는 부산문화방송) 주식 100%를 빼앗았다. 그런데 앞서 언급했던 것처럼 전두환에 의해 박근혜로 넘어가는 도중에 지분 70%가 사라졌고, 현재 그 70%는 방송문화진흥회가 갖고 있다. 만약 MBC가 민영화된다면 70% 지분을 기업들이 소유해야 하는데, 수십조 원이 넘는 지분을 한 기업에서 구매하기는 어려울 것이다. 그렇다면 쪼개서 지분을 인수하는 방법밖에 없고, 그럴 경우 최대 주주는 30%를 보유한 정수장학회가 될 수밖에 없다. 앞에서 MBC가 사실상 정수장학회 소유라고 했던 것은 이를 두고 한 말이다.

그런가 하면 정수장학회 인맥은 상상을 초월한다. 현재 정수장학회 장학금을 받고 있는 재학생 모임인 '청오회'와 졸업을 하고 사회 여러 분야에서 일하고 있는 '상청회'로 움직이는 정수장학회 인맥은 수만 명이 넘는다. 그런데 여기서 짚고 넘어가야 할 것은 박근혜의 싱크탱크와 친박 계열 의원 중에서 정수장학회 출신이 다수 포함되어 있다는 사실이다. 이것은 정수장학회가 공명정대하고 순수한 마음으로 장학금을 주는 재단이 아니었다는 사실을 짐작하게 한다.

부일장학생 노무현

'음수사원(飮水思源)'이란 박정희가 정수장학회에 내린 휘호다. 물을 마신 사람은 그 물의 근원을 생각해야 한다는 뜻인데, 장물로 장학금을 받았으면 장물을 생각해야 한다는 것이었을까? 아니면 장물이라도 돈을 주었으니 박정희와 그 일가에게 고마움을 느껴야 한다는 것이었을까?

만약이라는 가정 하에 박정희가 진짜 악덕 재벌에게 돈을 빼앗아 그 돈으로 장학금을 주었다면 그나마 비판을 덜 받았을 것이다. 하지만 김지태는 사기꾼도 아니었고 자신의 정당한 노력으로 열심히 사업해서 지금의 정수장학회보다 더 많은 돈을 장학금으로 내놓았던 사람이다.

김지태가 세운 부일장학회는 1958년 설립되어 1962년 박정희에게 빼앗기기 전까지 모두 1만 2천364명에게 당시 돈으로 17억 7천만 원이라는 엄청난 돈을 장학금으로 지급했다. 지금 정수장학회가 한 해 평균 700여 명 학생들에게 30억 원 안팎의 장학금을 주는 것과 비교하면(그것도 장학회 돈이 아니라 MBC와 부산일보의 돈으로) 얼마나 많은 학생에게 장학금을 지급했는지 알 수 있다.

한 가지 재미있는 사실은 노무현 대통령도 부일장학회 장학금을 받았다는 사실이다. 그런데 박근혜 지지자들은 박정희가 부일장학회를 빼앗은 것을 정당화하기 위해 김지태를 부정축재를 일삼은 악덕 기업인으로 모는 것도 모자라 그를 친일파로 둔갑시키고는 부일장학금을 받은 노무현 대통령까지 친일 장학금을 받았다고 몰아붙이기도 했다.

이들이 김지태를 친일파로 몰아간 근거는, 김지태가 동양척식주식회사에 입사해 땅을 불하받은 과거 때문이다. 하지만 김지태가 동양척식주식회사에 입사한 것은 그의 나이 20살 때였고, 땅을 불하받은 1932년은 그가 입사하고 10년이 넘은 시점이었다. 게다가 불하받은 땅은 10년 분할상환 조건이 딸린 것이었다. 친일 행적의 대가로 받은 것이라고 하기에는 너무나 미약한 수준이었다.

친일 인물들을 비판하는 것은 당연하지만 일개 사원의 친일까지 비판하지는 않는다. 먹고살기 위해 어쩔 수 없이 친일 행위를 했던 것과 자신의 권력을 위해 적극적이고 능동적으로 친일 행적을 일삼았던 것은 분명히 다르기 때문이다.

민약 김지태의 행위가 비난받아야 할 정도의 친일 행각이었다면, 박정희가 만주군관학교에 가기 위해 혈서를 쓰고, 일본을 위해 목숨을 바치겠다고 선언한 뒤 실제로 항일 유격대를 토벌한 행위는 도대체 어떻게 이해해야 할까?

독립군을 토벌했던 **만주군 소대장 출신 박정희**

대구사범학교를 졸업하고 문경보통학교 교사로 근무하던 중 박정희는 성공이 보장된 일본 육군사관학교에 입학하고 싶었으나 나이 제한에 걸려 만주군관학교에 대신 지원하게 되는데, '진충보국 멸사봉공盡忠報國 滅私奉公'(충성을 다해 일본에 보답하고, 나를 죽여 일본 제국을 받들겠습니다)이라는 혈서를 보내 만주일보에 대서특필이 된 뒤에 입학한다.

박정희가 만주군관학교에 간 가장 큰 이유는 바로 '긴 칼 차고 싶어서'였다. 우리는 아직도 어른들이 아이들에게, 뭔가 잘못하면 '칼 찬 순사가 잡으러 온다'고 했던 이야기를 기억한다. 긴 칼은 우리 민족을 핍박하고 억압하고 수탈하는 일본의 무력 통치를 상징하는 것이었는데, 박정희는 그 권력을 누리고 싶어 혈서까지 쓰면서 만주군관학교에 입학한 것이다.

만주군관학교를 우수한 성적으로 마친 박정희는 예비 졸업식에서 "대동아 공영권을 이룩하기 위한 성전(聖戰)에서 나는 목숨을 바쳐 사쿠라와 같이 훌륭하게 죽겠습니다"라는 졸업생 대표 연설을 했다. 그리고 일본 육사에 편입하는 특혜를 받았다.

대동아 공영권과 성전은 오로지 일본의 광기 어린 전쟁이었고, 그 전쟁으로 조선은 수탈과 강제징용을 당하고 수많은 조선 처녀들이 위안부란 이름으로 끌려가야 했다. 박정희는 이런 전쟁을 위해 사쿠라와 같이 훌륭하게 죽겠다고 맹세했던 것이다.

일본 육사를 졸업한 뒤 만주군 소대장이 된 박정희의 주요 근무지는 독립군의 이동 지역과 항일 투쟁의 격전지였던 만주 열하 지역이었다. 박정희의 항일 토벌 경력을 짐작케 하는 근무지가 아닐 수 없다. 특히 박정희는 '만주 간도 특설대'라는 특수부대에서 혁혁한 공로를 인정받아 일본군에게서 최상의 칭찬을 받는데, 바로 '상승의 조선인 부대'라는 칭호였다.

물론 박정희의 공식적인 독립군 토벌 기록은 없다. 그러나 항일 투쟁 지역에서 그가 조선인이었기에 독립군을 토벌하지 않았다고는 생각할 수 없다. 왜냐하면 그 당시 만주 지역의 무장 항일 단체는 조선혁명군(朝鮮革命軍)과 한국독립군(韓國獨立軍), 중국구국군(中國救國軍), 동북항일연군(東北抗日聯軍) 등이었는데, 일본군에 대항하는 적을 섬멸하는 임무를 띤 만주군 소대장이 독립군과 싸우지 않았다는 주장은 전혀 근거도 없고, 역사적으로도 해명될 수 없는 말이기 때문이다.

박정희의 친일을 옹호하는 세력들은 박정희가 일본의 지배하에 교육을 받는 상황에서 어쩔 수 없이 만주군 소위로 임관했다는 이야기를 한다. 과연 그럴까? 비슷한 시기에 태어난 장준하는 학도병 징집으로 일본군에 끌려간 뒤 탈출하여 3개월 동안 무려 2천400킬로미터를 걸어 충칭의 광복군에 합류했다. 그리고 광복군의 국내 진공 작전을 위해 몸을 바쳤다.

"내가 형제와 골육을 위하는 일이라면 비록 저주를 받아 그리스도로부터 버림을 받는다 하여도 이는 원하는 바이라."는 말과 함께 민족을 위해 자신의 목숨을 바치겠다고 한 장준하와, "대동아 공영권을 이룩하기 위한 성전(聖戰)에서 나는 목숨을 바쳐 사쿠라와 같이 훌륭하게 죽겠습니다."라고 한 박정희를 비교하면 시대적 상황이 그러했으니 어쩔 수 없었던 것 아니냐는 말은 결코 변명거리가 되지 못한다.

박정희는 김지태에게 친일파와 악덕 기업가라는 누명을 씌웠지만 사실 김지태는 민족주의적이고(장학사업을 한 것을 보면 알 수 있을 것이다) 올바른 가치관을 갖고 있는 정의로운 사람이었다. 실제로 이승만이 재선을 위해 김지태에게 정치 자금 3억 원을 요구했을 때 김지태는 단칼에 거절했다. 그러자 이승만은 김지태와 그가 운영하던 부산방적의 임직원을 연행했고, 김지태는 이에 맞서 부산일보 사장실에 마이크를 설치하고 3·15 부정 선거 속보를 보도했다.

박정희가 부일장학회와 김지태의 재산을 빼앗은 진짜 이유는 김지태가 가진 언론에 대한 올바른 생각을 막고 언론 장악을 위해서였다. MBC의 전신인 부산문화방송과 서울문화방송을 김지태가 세운 까닭이 분명히 있었다.

오빠 전두환에게 **300억 받았던 박근혜**

박근혜의 꺼풀을 한 겹 더 벗겨보자. 그러기 위해서는 전두환을 살펴보아야 한다. 박정희와 전두환은 대한민국 현대사에서 빼놓을 수 없는 인물들이다. 박정희 독재 시절 전두환은 '박정희의 양아들'이라는 소리를 들었다. 전두환이 박정희의 유신 말기 권력을 유지하는 3개의 핵심 세력(대통령 경호실:차지철, 중앙정보부:김재규, 보안사령부:전두환) 가운데 하나가 되기까지 그의 행적은 오로지 박정희를 향한 충성심으로 도배되어 있었기 때문이다.

전두환이 박정희의 사랑을 받기 위해 노력했던 일 가운데 가장 큰 일이 육사 생도들을 선동해 일으킨 '5·16 쿠데타 지지 시위'였다. 박정희의 군사 쿠데타가 일어난 지 이틀 뒤인 5월 18일 오전 9시, 쿠데타를 지지하는 육사 생도들의 가두행진이 벌어졌다. 동대문을 거쳐 시청 앞 광장에 이른 이 가두행진은 박정희의 쿠데타 성공에 크게 기여했다. 가두행진 자체가 하나의 작은 쿠데타였기 때문이다. 어떻게 이런 일이 벌어질 수 있었을까?

이틀 전으로 돌아가 보자. 쿠데타 당일인 16일 아침, 김종필은 이상훈(당시 육군본부 정보참모부 대위)에게 육사로 가서 혁명의 당위성을 설명하고 육사 생도들을 선동해 쿠데타 지지 시위를 하게 하라는 지시를 내린다. 바로 그때 전두환이 정보참모부로 왔다. 당시 전두환도 대위였는데, 서울대 학군단 교관으로 나가 있었다. 이상훈과 전두환은 같은 육사 11기였고, 전두환은 11기에서 가장 영향력 있는 리더였다. 그리하여 전두환과 이상훈은 육사로 달려가 생도들을 대상으로 선동 작업을 펼쳤다.

반면 당시 육사 교장이던 강영훈 중장은 쿠데타에 반대했다. 그리하여 육사 생도들을 강당에 모아놓고 "선배들이 정치에 가담하고 있는 중인데 그런 것을 쳐다보지 말고 공부에 진력해서 국가의 간성이 돼야 한다."고 말했다. 하지만 전두환을 중심으로 한 11기 장교들은 강영훈에게 생도들의 지지 시위가 필요하다고 주장했고, 육군 본부에서도 이를 요청하는 연락이 왔다. 강영훈은 생도 동원을 막기 위해 직접 육군 본부로 갔다. 하지만 이미 쿠데타 군에 의해 장악돼 있었고, 다음날 다시 찾아갔을 때는 감금당하고 만다. 그래도 강영훈은 참모총장의 명령 없이는 육사 생도들의 가두행진을 허락할 수 없다고 버텼다. 그러나 육사 생도들은 이미 강영훈의 통제 아래 있지 않았다. 전두환을 비롯한 선배 장교들의 선동에 더 큰 영향을 받았던 것이다. 결국 800여 명의 생도들은 동대문 - 남대문 - 반도호텔 - 시청에 이르는 시위행진을 벌인 뒤 시청에서 '혁명 축하식'을 열었고, 박정희 일행은 사열을 받았다.

육사 생도들의 지지 시위는 쿠데타 성공에 큰 영향을 미쳤다. 당시 주한 미8군 사령관이었던 매그루더 대장은 박정희의 불법 쿠데타를 강력히 반대했다. "박정희의 폭거를 용납할 수 없다."는 표현까지 썼던 그는, 몇몇 장교들이 국민이 선택한 문민정부를 무너뜨리는 쿠데타를 보고 있지만 않을 것이라고 강조했다. 그리하여 쿠데타 군을 진압하기 위한 한국군의 움직임이 보였을 때 이를 지지한다는 뜻을 내비쳤다. 그런데 육사 생도들의 지지 시위가 벌어지자 마음을 바꾸고 말았다. 이미 대세가 기울어졌다고 판단했던 것이다. 결국 박정희는 육사 생도들의 지지 시위로 말미암아 유혈 충돌 없이 5·16 쿠데타를 성공적으로 마무리할 수 있었다.

이처럼 박정희에게 엄청난 선물을 안겨준 육사 생도 쿠데타 지지 시위를 주도했던 인물이 전두환이었기에 박정희에게 전두환은 사랑스러울 수밖에 없는 존재였다. 박정희는 이후 전두환을 더욱 총애했고, 전두환은 특전사령관을 비롯해 청와대 외곽 경비를 담당하는 30 경비단장, 청와대 경호실, 보안사령관까지 오를 수 있었다. 그리고 1970년대 전두환의 '하나회'가 군내 불법 사조직으로 반란 등의 혐의로 대거 숙청을 당할 때도 전두환과 하나회를 살려줬던 사람이 박정희였다.

한편, 박정희와 전두환은 정치적 양아들의 수준을 뛰어넘어 완벽한 군사 쿠데타의 스승과 제자처럼 판박이였던 자들이다. 전두환이 12·12 사태를 통해 만들었던 '국보위(국가보위비상대책위)'는 박정희의 '국가재건최고회의'를 본떠 만든 것이었고, '부정축재자 구속'은 '권력형 축재일소 정화 작업'으로, 그리고 '사이비 언론기관 정비'와 '언론기관 통폐합'은 명칭만 다를 뿐 똑같은 정권 장악의 한 방법이었다. 특히 박정희가 군사 쿠데타를 통해 장악한 정권을 연장하기 위해 중앙정보부의 공작으로 공화당을 창당한 것과, 전두환이 보안사를 이용해 민주정의당을 창당한 것을 보면 전두환은 철저하게 스승 박정희의 교범대로 정권을 장악했다.

박정희와 전두환의 이런 관계로 전두환은 박정희의 최측근이었고,

이 때문에 박근혜에게 있어 전두환은 청와대에 드나들던 다른 사람들과는 차원이 달랐다.

청와대 금고에서 발견된 현금

전두환의 5공화국이 끝나고 난 뒤 5공 비리에 대한 검찰의 수사가 시작되었다. 이때 우리는 놀라운 사실을 알게 된다. 10·26(1979년 10월 26일 중앙정보부 부장 김재규가 박선호, 박흥주 등과 함께 대통령 박정희, 경호실장 차지철을 살해한 사건) 당시 청와대 금고에서 발견된 현금 9억 6천만 원 가운데 6억 1천만 원이 전두환에 의해 박근혜에게 전달되었다는 사실이다.

어떤 사람은 아버지가 억울하게 죽었으니 그 정도 돈은 챙겨줘야 하지 않느냐고 하겠지만, 대한민국이 무슨 아프리카 추장이 세운 부족국가인가? 어떻게 국민이 낸 세금을 전두환이 마음대로 독재자의 딸에게 줄 수 있단 말인가?

당시 박근혜가 받았던 6억 1천만 원을 지금 돈으로 환산하면 무려 300억 원에 달한다. 그리고 앞서 이야기한 것처럼 전두환은 박정희가 부일장학회를 강제로 뺏어 만든 5·16장학회도 박근혜에게 물려주었다. 이렇게 엄청난 돈과 평생 먹고 살 수 있는 사유재산을 박근혜에게 선뜻 주었던 전두환. 과연 이 둘은 어떤 관계였을까? 이 두 사람의 관계를 짐작하게 해주는 일화가 있다.

다시 뒤로 돌아가보자. 정권을 장악한 전두환의 신군부는 김종필을 부정축재 혐의로 연행했다. 김종필이 연행된 다음날 김종필의 부인 박영옥은 박근혜를 찾아가 김종필의 구명을 부탁했다. 이유는 박근혜가 전두환을 오빠라고 부를 정도로 친하다는 소문이 있었기 때문이다.

사실 박영옥과 박근혜는 그리 사이가 좋지 않았다. 박영옥은 박정희의 조카였지만 5·16 쿠데타 직후에 일어난 '4대 의혹 사건' 이후 김종필을 견제하기 위한 정치적 암투 때문에 박정희는 김종필을 외유하게 했고, 이런 이유로 사촌이었던 박영옥과 박근혜의 관계도 좋지 않았던 것이다.

여기서 4대 의혹 사건이란, 5·16 군사 쿠데타 세력이 공화당 창당 자금을 마련하기 위해 꾸민 사건으로 워커힐 사건, 증권 파동, 새나라 자동차, 파친코 사건을 말한다.

먼저 워커힐 사건은 중앙정보부가 외화를 획득한다는 명분으로 광나루 일대의 18만 평에 워커힐을 건설하면서 그 가운데 상당 액수를 횡령한 사건을 말한다. 증권 파동은 1962년 증권회사를 세운 중앙정보부가 대한증권거래소를 장악해 주가조작을 하고, 이를 통해 엄청난 부당이득을 챙긴 사건이다. 새나라 자동차 사건은 중앙정보부가 일본에서 승용차를 불법으로 들여온 뒤 이것을 원래 가격의 2배 이상으로 팔면서 거액의 폭리를 취한 사건이다. 그리고 파친코 사건은 국내에서 법적으로 금지되어 있는 파친코 기계를 재일교포의 재산 반입처럼 세관을 속여 100대가 수입되도록 허용하고, 서울 시내 33곳에 게임장 개설을 승인하려 했던 사건이다.

이 4대 의혹 사건에 모두 김종필이 연루되어 있었고 이 때문에 김종필도 연행되어야 했지만, 박정희의 조카였던 박영옥이 양주를 먹고 박정희를 찾아가 "삼촌, 나부터 잡아 가두시지요!"라고 발악해 김종필은 풀려나게 된다.

아무튼 얼굴도 보기 싫은 사이였지만 박영옥은 당시 신군부의 권력자 전두환에게 구명운동을 펼치기 위해 박근혜를 찾아갔던 것이다.

박근혜의 정치적 기반은 **구국여성봉사단**

어떤 사람들은 박근혜의 정치적 역량이 그저 그녀의 성품과 박정희의 딸이라는 프리미엄에서 비롯되었다고 보지만 실제로 그녀의 정치적 지지 기반이 어디서부터 시작되었는지 안다면 쉽게 박근혜라는 인물론 하나로 끝낼 수는 없다는 것을 알게 된다.

박근혜의 정치적 지지 기반의 원조는 '구국여성봉사단'이다. 1970년대 말 구국여성봉사단은 회원 수만 1백만 명에 육박할 정도로 거대한 전국 조직이었다. 이때 봉사단을 이끌었던 사람이 최태민과 박근혜였다. 최태민은 1975년 4월 29일 박근혜의 후원으로 '대한구국선교회'를 조직해 총재가 되었고, 박근혜는 명예총재가 되었다. 그리고 1976년 12월에는 '구국여성봉사단'으로, 1979년 5월에는 '새마음봉사단'으로 이름을 바꾸었다.

당시 새마음봉사단이 얼마나 대단했느냐 하면, 김우중 대우 회장, 이명박 현대건설 사장 등 전경련 이사 대부분이 새마음봉사단 운영위원이었다. 전국적인 조직망에 전경련 이사가 운영위원이었다면 그 조직이 자금과 인력 동원에서 얼마나 큰 정치적 영향력을 발휘할 수 있었을지는 쉽게 짐작할 수 있다. 이렇게 막강한 조직력을 신군부에서 가만 놔둘 리 없었다. 그래서 1980년대 초, 보안사는 새마음봉사단을 해체해버렸다(박정희에게 정적을 제거하는 방법을 배웠던 전두환에게는 아무리 주군의 딸이라도 자신에게 위협이 되는 존재는 거세의 대상이었고, 이 때문에 박근혜는 5공 시절 많은 압박을 받았다는 속내를 비치기도 했다. 그러나 박근혜는 나중에 전두환 세력을 자기 품으로 안는 넓은 아량을 베풀기도 했다).

박근혜는 이런 신군부의 압력에도 1982년 육영재단 이사장에 취임하고, 1989년에는 육영수 여사를 추모하는 단체를 표방하는 '근화봉사단'을 조직했다. 근화봉사단은 회원만 20만 명이었으며, 전국 시, 도는 물론 군 단위까지 지부가 있었는데, 당시 연말 회원 수 목표가 50만 명이나 될 정도로 거대 조직이었다.

알다시피 이런 조직력은 어떤 선거에서도 유리하게 작용해 실제 득표율로 이어지도록 하는 힘이 있다. 특히 이런 조직은 일반 서민층이 지도층으로 활동하는 것이 아니라 어느 정도 재력이 있는 가정의 부인들이 조직의 우두머리 역할을 했기 때문에 보수 세력이라 부를 수 있는 계층이 정치적 영향력을 하부 조직까지 발휘하게 하는 원동력으로 작용했다.

이처럼 박근혜는 조직력을 갖춘 거대 봉사단을 운영했을 뿐만 아니라, 여기에다 박정희의 이름을 내걸고 유신 세력들을 모으기도 했다. 실제로 신군부에 의해 뿔뿔이 흩어졌던 박정희 추종자들은 박정희의 적자를 내세우며 박근혜 밑으로 모여들었는데, 선거 때만 되면 박근혜와 함께 찍은 사진을 내걸거나, 박근혜와 관련된 경력을 후보자 경력에 넣는 세력들이 바로 그들이다. 이러한 세력들은 특히 대구 경북과 경남 지역을 중심으로 뚜렷한 모양새를 보이며 형성되어 있는데, 이것은 박근혜에 대한 지지 세력의 뿌리가 엄청나다는 것을 증명해주는 것이다.

2012년 대선을 앞두고 박근혜의 대선 사조직인 '희망포럼'이 발족한 것만 봐도 잘 알 수 있다. 강창희 전 최고위원을 비롯해 새누리당 친박 의원들이 참여해 발족한 '국민희망포럼'은 제주도를 제외한 전국 15개 시 · 도에 조직을 구성하고 있다. 이 조직은 단순히 지역 인사들의 조직이 아니라 박근혜의 측근들이 주도해 움직이는 조직이다. '서울 희망포럼'은 친박 중심의 이성헌 의원이 참여하고, 청와대 정무수석비서관을 지낸 강인섭 전 의원과 윤한도 전 의원이 이사를 맡고 있다. 충청권은 대표적인 친박 인사인 김학원 전 최고위원을 중심으로, 고문 김용환 전 재무부 장관, 상임 공동대표로 새누리당 김호연 의원이 참여하고 있다.

이처럼 박근혜를 지지하는 세력들은 단순한 정치인 팬클럽 차원에서 조직된 것이 아니라 철저하게 정권 장악을 염두에 두고 움직이는 세력화된 정치 조직이다. 그리고 이 조직이 2012년 대선에서 큰 역할을 할 것이란 사실은 어렵지 않게 내다볼 수 있다. 그런데 문제는 이러한 지지 세력이 단순히 지금의 박근혜에 뿌리를 두고 있는 것이 아니라 박정희의 유신체제 때부터 만들어져 지금까지 계속 이어지고 있는 철저한 유신의 찌꺼기이자 고도의 정치적 유산이라는 사실이다.

박근혜를 두고 독재자의 딸이라고 공격하는 것은 초딩들의 싸움에서 너 잘났다고 하는 수준이다. 박근혜와 싸워 이기려면 그녀가 가진 정치적 배경과 지지 세력의 거대함을 알아야 한다. 그녀가 왜 전두환으로부터 지금 돈 300억 원에 달하는 돈을 받고, 당대 최고의 권력자였던 김종필의 아내마저 박근혜를 찾아가 남편의 구명을 부탁해야 했는지 생각해보아야 한다. 현대건설 사장이었던 이명박이 운영위원으로 있던 거대 조직 한마음봉사단과, 전국적인 조직력을 갖추었던 근화봉사단, 그리고 막대한 재산을 보유한 정수장학회와 육영재단을 거느렸던 박근혜의 실체를 알아야 한다.

박근혜라는 인물을 정확히 알면, 우리의 비뚤어진 현대사를 제대로 읽고 앞으로 우리가 무엇을 걱정하고 두려워해야 하는지 알 수 있다. 박근혜는 단순히 독재자의 딸이 아니라 역사의 중요한 순간마다 거대한 정치 세력을 조직해 이끌었던 인물이고, 국민을 기만하는 공작정치를 아주 가까이에서 보고 배운 인물이다. 그리고 중요한 것은 이 모든 것들이 여전히 현재 진행형이라는 사실이다.

여왕의 부활

박근혜는 육영수 여사가 죽은 뒤 영부인 역할을 하며 청와대에서 살았다. 박근혜가 아버지의 서슬 퍼런 독재의 유산으로 지금껏 화려한 인생을 누리고 있다는 사실은 그녀가 결코 서민적이거나 국민을 위하는 정치인이 아니라는 증거다. 그녀는 군사 쿠데타를 일으켜 권력을 쟁취하고, 타인의 재산을 함부로 빼앗아 자신의 개인 재산으로 만들어버린 아버지의 유산을 그대로 이어받은 사람이다.

박근혜가 아버지가 남에게서 빼앗은 재산을 가지고 살아온 것 자체도 문제지만, 그 돈과 아버지를 따르던 세력 그리고 그녀에게 빌붙어 권력을 추구하는 사람들과 야합해 지금도 여전히 여왕처럼 행세하고 있다는 것은 너무나 분통 터지고 화나는 일이 아닐 수 없다.

지금 박근혜는 2012년 대선 주자로 온갖 여론조사에서 1위를 달리고 있다. 중요한 사안에 대해서는 침묵을 지키며 어떻게 하든 대통령이 되어 다시 청와대로 가려는 모습에 그녀의 행보는 나날이 교만해지고 있다.

여왕을 알현하는 신하처럼, 황우여 원내 대표

국회의원 황우여가 새누리당의 전신인 한나라당 원내 대표로 있을 때 박근혜와 만난 적이 있다. 그런데 그들의 만남은 흡사 첩보전과 같은 비밀 회담처럼 이루어졌다. 박근혜와 황우여는 처음 강남으로 장소를 잡았다는데, 갑자기 보좌진과 대변인도 모르는 곳으로 회담 장소가 바뀌었다. 그러자 당황한 황우여는 국회 본청 원내 대표실에 있다가 여의도 주변으로 자리를 옮겨 박근혜의 연락만 기다리고 있었다. 그러다가 연락을 받고 '쪼르르' 달려갔다. 정말 어처구니없는 일이 아닐 수 없었다.

당시 박근혜와 황우여의 만남은 당헌 개정 움직임에 대해 논의하는 자리였다. 문제는 황우여는 당시 한나라당 원내 대표였고 박근혜는 일개 의원이었다는 사실이다. 그런데 소속 정당 의원을 만나려고 당 원내 대표가 전화만 기다리며, 장소를 몰라 꼼짝도 못하고 있다가 부르니 쪼르르 달려갔던 것이다. 코미디도 이런 코미디가 있을까? 황우여는 그 회동에서 당헌 개정 움직임에 대한 박근혜의 생각을 들었다고 하는데, 이것은 마치 신하가 여왕을 만나 자신의 업무를 보고하고 지시를 받거나 의견을 물었던 모습과 비슷하다.

당시 한나라당은 172명의 의원을 보유한 거대 정당이었다. 그 거대 정당의 원내 대표가 일개 신하처럼 박근혜에게 달려가 의견을 묻는 모양새가 과연 정당정치가 제도화된 나라에서 있을 수 있는 일일까? 대한민국 최대 정당의 권력이 박근혜 일개 개인에게 있는 듯한 모습을 보면서 그들에게 있어 박근혜는 여왕 같은 존재가 아닐까 하는 생각이 들었다.

박비어천가를 불러라

더 기막힌 사건도 있었다. 2011년 12월 15일 200번째 한나라당 의원총회가 열렸을 때다. 박근혜가 의총 회장에 들어서자 한나라당 의원들은 그녀를 향해 몰려들었고, 그녀의 등장을 너도나도 반겼다. 그러고는 서로 자신들의 충심(?)을 표현하기 바빴다.

박근혜가 자리에 앉자마자 사회자였던 국회의원 이화수는 "오늘이 200번째 의총인데, 누구라고 말 안 하겠지만 간만에 참석하시는 분도 있다."라며 박근혜의 의총 참석을 열렬히 반겼다. 한마디로 이날 의총에 아주 귀한 분이 오셨다고 사회자부터 대놓고 치켜세웠던 것이다. 친박계 의원 윤상현은 발언 내내 '존경하고 사랑하는 박근혜 전 대표'를 강조했으며, 정해걸은 '박근혜 전 대표가 얼마나 공정하고 사심 없고 애국심이 있는 분인지'를 주장하기 바빴다. 박근혜와 007 작전 같은 만남을 가졌던 황우여 원내 대표도 "특별히 박근혜 전 대표님과 쇄신파 의원님들의 모임도 국민들에게는 아름답게 보이고, 또 오래간만에 정치권으로서는 기쁜 소식을 전해드린 것으로 보도가 되어서 감사하다."라는 이상한 논리를 펼쳤다. 황 대표의 발언을 보자면, 박근혜의 의총 참석은 매우 아름답고 정치권에는 아주 행복한 소식이라는 뜻인데, 도대체 어떤 국민이 그들의 모임을 기뻐하고 아름답게 보았을지 모르겠다.

더 웃긴 것은 박근혜가 국회의원으로서 의총에 참석한 것이 2년 7개월 만이라는 사실이었다. 정당 소속의 국회의원이, 자기 정당 국회의원들의 의견을 듣기도 하고 자신의 의견을 발표하기도 하는 의총에 2년 7개월 동안 참석하지 않았다는 사실만 해도 기가 막힐 노릇인데, 박근혜는 오히려 '2년 7개월 만이라도 나와 주셔서 감사하다'는 눈길을 받고 있었다. 만약 다른 국회의원이 2년 7개월 동안 의총에 참석하지 않았으면 욕을 먹는 것은 물론이고 모두들 탈당하라고 아우성이었을 것이다. 이 역시 정당정치가 제도화된 나라에서는 있을 수 없는 일이었다.

침묵의 여왕 박근혜

앞서 잠시 언급한 것처럼 박근혜는 국민을 위한 정책과 이슈가 되는 여러 가지 문제에 대해서는 지독히도 침묵하면서 자신에게 유리한 것에 대해서는 적극적으로 나서는 사람으로 유명하다.

언젠가 박근혜가 문재인을 향해 정치철학이 없다고 공격한 적이 있다. 그때 근거로 내세운 것이 문재인의 말 바꾸기였다. 물론 전혀 근거 없는 공격이었는데, 문제는 박근혜는 말 바꾸기보다 더 무서운 '말 안 하기'의 달인이라는 사실이다.

박근혜는 사회적 이슈에 대해 아예 말을 하지 않는 경우가 허다하다. 사회적으로 큰 소동을 일으키며 온 국민의 눈과 귀를 빼앗고 있는 사건에 대해서도 침묵으로 일관하는 경우가 많다. 이것은 어떠한 공격의 빌미도 주지 않겠다는 뜻인데, 말을 하게 되면 그 말에 대해 각기 다른 지지층의 비판을 받을 수 있기 때문이다. 정치인으로서 지혜로운 처세술이라 할 수 있을지는 모르지만 정치에 대한 자신만의 철학이 없다는 뜻이기도 하다.

그렇다고 박근혜가 전혀 말을 하지 않는 것은 아니다. 다만 측근을 이용해 자신의 생각을 드러낼 뿐이다. 누군가를 공격하고 싶으면 측근이 슬쩍 대신 말을 하고, 반대로 누군가 박근혜를 공격하면 측근이 대신 나서서 몸으로 막는 식이다. 사소한 공격이나 비판, 비난은 물론이고 커다란 국정 현안에 대해서도 박근혜는 늘 이런 식이다.

그렇다 보니 측근을 통한 어떤 발표가 반응이 좋으면 순전히 자신의 공으로 돌리고, 반대로 반응이 좋지 않으면 말을 한 측근이 전적으로 뒤집어쓰는 식이다. 이런 처세는 자신을 잘 보호할 수 있고 웬만해서는 공격당하지 않는다는 장점이 있지만, 소신을 갖고 한 나라를 이끌어나갈 대통령이 될 수 있는가, 하는 점에 있어서는 강한 의문이 들게 하기에 충분하다.

아무도 믿지 않는 박근혜식 사람 다루기

박근혜의 정치철학을 알아보기 위해서는 그녀가 측근을 어떻게 다루는가를 봐야 하는데, 박근혜의 사람 다루기 원칙 가운데 가장 큰 것이 '2인자를 두지 않는다'는 것이다. 박근혜 측의 대변인이라고 부를 만한 사람은 많지만 딱히 박근혜의 2인자라고 부를 만한 사람은 사실 없다. 그 이유는 어느 한 사람이 나서는가 싶으면 또 다른 사람이 나서기 때문이다. 이것은 한 사람에게 권한을 몰아주기 싫어하는 박근혜의 성향 때문이다.

사실 박근혜의 이런 용병술은 박정희와 밀접한 관계가 있다. 박정희는 자신의 측근들을 내부적으로 경쟁시키면서 자신의 위치를 지켜나갔다. 이런 모습을 보며 자란 때문인지 박근혜도 자신의 사람들을 서로 경쟁시켜 자신의 입으로, 박근혜의 행동대장 역할을 스스로 하게 만들었다. 여기에다 아버지 박정희가 자신의 최측근에 의해 죽었기 때문에 최측근이라고 해도 절대 믿지 않는다. 그런 탓에 박근혜계 사람들은 늘 전전긍긍할 수밖에 없다. 언제 내쳐질지 아무도 모르기 때문이다.

박근혜의 사람 다루기 실체를 가장 잘 보여준 사건이 국회의원 김무성 사건이다. 김무성은 오랫동안 친박계의 좌장으로 여겨졌다. 그런데 김무성이 세종시 이전 중재안을 내놓았을 당시 박근혜는 '한마디로 가치가 없는 이야기'라고 일축했다. 그러고는 "(김무성을)친박계의 좌장으로 여겨오지 않았느냐?"는 질문에 "친박에는 좌장이 없다."고 딱 잘라 말했다. 이 말은 자신은 절대로 2인자를 용납하지 않고, 친박계에는 2인자 자리가 없다는 박근혜식 정치철학을 말하는 것이었다. 이것은 박근혜가 퍼스트레이디 역할을 하면서 권력의 중심부에 있었기 때문에 자연스레 몸에 밴 것인지 모른다.

유신정권 아버지, 그 뒤를 잇는 딸

이런 그녀가 지금 대한민국 대통령이 되려고 하고 있다. 새누리당 비상대책위원장으로 지난 4·11 총선을 승리로 이끈 박근혜는 이미 새누리당을 완전히 장악했다. 그리고 지금 그녀는 아무런 걸림돌 없이 대권을 향해 거칠게 나아가고 있다. 국민을 위한 정책과 현안 문제에 대해서는 지독히도 침묵하면서 대권에 도움이 되는 일에는 적극적으로 나서는 그녀의 머릿속에는 대통령이 되려는 치밀한 전략과 야심밖에 없다.

박정희는 탱크를 앞세워 대통령이 된 인물이다. 국가를 위한다는 거짓말로 쿠데타를 일으키고 유신 독재로 대한민국의 민주화를 막은 사람이다. 밖에서는 막걸리를 마시며 서민인 것처럼 행세했던 박정희가 즐겨 마셨던 술은 시바스 리갈이었고 좋아하던 노래는 일본 엔까였다. 일본군 장교 복장을 하고 만주군 장교 시절을 회상하며 살았던 박정희가 진정 국민을 위한 대통령이었다고 할 수는 없을 것이다.

그런 아버지 곁에서 박근혜가 보고 배운 것은 무엇일까? 박근혜는 독재자 박정희의 권력과 재산을 그대로 물려받은 딸이다. 그녀가 지금 대권을 향해 나갈 수 있게 된 것을 진정 그녀 스스로 해냈다고 할 수는 없다. 박근혜가 진정 국민을 위한다면 독재자 아버지에게서 받은 모든 재산을 국가에 헌납하고, 법적인 절차에 따라 먼저 처벌을 받아야 한다. 그리고 국민 앞에 진심으로 용서를 구해야 한다. 그렇게 할 때 진정 자신의 힘으로 대권을 향해 나아갈 수 있는 힘을 갖게 될 것이다.

지금 국민들이 생각하는 박근혜에 대한 이미지는 육영수 여사가 죽고 영부인 역할을 하던 그녀의 모습을 동정어린 시각으로 미화했던 방송 조작에 그 뿌리가 있다. 당시 방송들은 박근혜를 지극한 효녀로 묘사했고, 육영수 여사를 대신해 대한민국을 보듬는 것처럼 아름답게 포장했다. 그때의 강렬했던 조작된 이미지에 지금까지 대한민국 국민들이 속고 있는 것이다.

조작된 이미지와 아버지의 독재 유산으로 지금까지 살아온 박근혜가 대통령이 된다면 그 아버지의 사상과 생각을 그대로 실천할 위험성이 크다. 그것은 대한민국을 그녀의 왕국으로 만드는 것이 될 것이다. 박근혜를 따르는 무리들이 그녀를 마치 여왕처럼 받드는 모습을 보면 이것이 마냥 말장난으로 끝나고 말 것 같지는 않다. 이것은 박정희의 정치적 유산으로 독재 권력을 휘둘렀던 전두환이 지금 어떻게 사는지를 보면 잘 알 수 있다.

대한민국을 조롱한 **전두환과 그의 패밀리들**

전두환은 재임 중 기업들로부터 거액의 뇌물을 받은 혐의로 1997년 대법원에서 유죄가 확정돼 2천205억 원의 추징금을 선고받았다. 하지만 전 재산이 29만 원밖에 없다면서 버텨 현재 미납 추징금만 1천673억 원이다. 그런데 이런 상황에서 전두환의 아들 전재용이 땅을 거래하면서 수백억 원의 수익을 올린 이상한 거래가 발견됐다.

전두환의 처남 이창석은 2006년 12월 자신의 명의로 있던 경기도 오산시 양산동의 야산 95만m²(여의도의 3분의 1 크기) 가운데 절반가량을 건설업자 박씨에게 500억 원에 팔았다. 그리고 나머지 절반은 조카이자 전두환의 아들인 전재용에게 고작 28억 원에 넘겼다. 똑같은 야산을 똑같은 규모로 파는데 한 사람에게는 500억에 팔고, 자기 조카에게는 28억 원이라는 말도 안 되는 가격에 판 것이다. 아무리 조카라고 해도 1~2억도 아니고 무려 470억 원을 깎아준다는 것이 가능할까? 이렇게 보기 드물게 착한(?) 삼촌 덕에 전재용은 28억 원에 산 땅을 같은 건설업자 박씨에게 400억 원에 팔았다. 결국 이창석이 조카에게 판 땅은 모두 건설업자 박씨에게 넘어간 셈이다.

이 수상한 거래를 두고 많은 사람들은 그 땅이 전두환이 숨겨놓은 비자금이라고 생각할 수밖에 없었다. 왜냐하면 굳이 한 사람에게 넘길 땅을 조카를 거쳐 팔 이유가 없고, 조카라 해도 무려 400억 원의 땅을 단돈 28억 원에 넘기는 삼촌은 없기 때문이다. 사실 예전부터 이창석은 전두환의 비자금 관리인으로 의심받아 왔고, 그의 부인 홍정녀는 '오공녀' 또는 '공아줌마'로 불리며 전두환 비자금과 관련한 의혹에 연루된 적이 있다. 실제로 홍정녀는 5공 비자금 관련 채권을 명동 사채시장에서 현금으로 바꾸기도 했다.

이처럼 전두환의 가족들은 나날이 재산이 늘어나고 있지만 국세청에서는 전두환의 비자금을 찾을 수 없다는 말만 되풀이하고 있다. 전두환 아들의 이러한 수상한 땅 거래도 지난 2006년도에 발생했는데, 최근에서야 밝혀졌다. 그런데도 국세청은 관련 자료를 공개하지 않고 있다.

전두환 가족이 운영하는 이상한 회사들

2011년 말 골프 회원권 거래시장에 서원밸리 회원권 142개가 한꺼번에 나왔다. 수도권에서 알아주는 서원밸리 골프장의 회원권이 모두 460개니 전체 회원권의 3분의 1가량이 나온 것이다. 이렇게 한꺼번에 엄청난 양의 골프 회원권을 거래시장에 낸 회사는 SWC라는 법인이었는데, 이 회사의 대표는 역시 전두환의 처남인 이창석이고, 감사는 이씨의 부인 홍정녀, 이사는 전두환의 차남 전재용과 전재용의 부인 탤런트 박상아였다.

355억 원이나 되는 골프장 회원권은 외국인 상대 분양 몫이었는데, 이것이 전두환 가족이 소유한 회사의 소유로 인정받았고 그래서 매물로 나왔던 것이다. 그리고 이창석과 전재용은 삼원코리아라는 음향기기업체의 공동대표이기도 한데, 재미있는 것은 SWC와 삼원코리아 주소지가 동일하다는 사실이다. 이처럼 전두환 가족이 가진 어마어마한 재산과 그 재산 형성 과정을 보면 이상한 점이 한두 가지가 아니다. 그런데도 추징금을 받아내야 하는 국세청은 아무것도 하지 않고 있다.

2004년 전재용은 자신이 관리하던 채권 170억 원 중에서 73억 5천만 원이 전두환의 비자금이라는 사실이 드러나 구속된 바 있다. 그러나 전재용은 이 돈을 외할아버지인 이규동에게서 받은 돈이라며 무죄를 주장했는데, 죽은 이규동과 관련한 재산은 지금도 계속 나오고 있는 중이다.

경기도 연천군에 있는 1만 7천 평 규모의 허브 빌리지 농원도 전두환 가족의 소유다. 이곳은 전두환의 큰아들 전재국이 2006년 건설한 종합 생태공원이다. 이 땅은 전재국과 부인 그리고 큰딸이 사들였는데, 스무 살짜리 딸이 1만 7천 평짜리 금싸라기 땅의 소유주가 된 것이다.

도대체 무슨 돈으로 전재국의 가족은 수백억 원의 땅을 구입할 수 있었을까? 이들의 주장에 따르면 외증조부로부터 물려받은 유산이라고 하는데, 하지만 이들의 외증조부는 1997년 죽을 때까지 13평 아파트 세입자로 살았던 사람이다. 13평 서민 아파트, 그것도 세입자로 살았던 외증조부가 무슨 돈이 있었기에 수백억 원의 유산을 외손주들에게 물려주었는지는 아무도 알려주지 않고 있다.

그들만의 정의

전두환과 그의 부인 이순자가 뇌물과 추징금, 그리고 범죄에 대해 어떤 생각을 가지고 있는가 하는 것은 다음의 기사를 보면 잘 알 수 있다.

> 전두환 전 대통령은 아직 내지 않은 추징금을 어떻게 할 것인지 묻는 취재진의 질문에 "아는 것이 없다."고만 답한 뒤 자리를 떴다. 하지만 이 여사는 맺힌 응어리가 있었던 듯 기자들을 향해 "정치자금을 뇌물죄로 한 것이기 때문에 그 돈을 우리가 낼 수 없어요."라고 했다. "큰아들 전재용 씨 등 가족들은 돈이 많지 않으

냐, 그 돈으로 해결하면 되는 것 아니냐?"는 질문이 이어지자, 이 여사는 불편한 표정을 지으면서 "대한민국에서는 각자가 하는 것이고, 연좌제도 아닌데 그건 아니죠."라고 일축했다. 이어 "각하 것은 성의껏 다 냈어요. 그것은 알고 계세요."라면서 다소 성난 듯한 반응을 보였다.

- 서울신문 2012년 4월 11일

정치자금을 뇌물죄로 규정했기 때문에 억울하다는 이순자. 그렇다면 전두환은 이런 검은돈을 어떻게 생각했을까?

"돈을 받은 것은 사실이다. 내가 돈을 받지 않으니 기업인들이 되레 불안을 느꼈다. 기업인들은 내게 정치자금을 냄으로써 정치 안정에 기여하는 보람을 느꼈을 것이다."

- 1996년 2월 26일 비자금 사건 첫 공판에서

전두환은 기업인들이 낸 돈은 왕에게 자신의 목숨을 구걸하는 장사치들이 낸 돈이기 때문에 받는 것이 오히려 성은을 보여주는 행위라 생각했다. 그런데 어느 기업인이 정치자금을 내면서 '정치 안정'에 기여한다고 생각했을까? 그들이 정치자금(이라고 쓰고 뇌물이라고 읽음)을 낸 이유는 세무조사를 비롯해 권력자의 칼날을 피하기 위함이었고, 자신이 낸 만큼의 특혜를 받기 위해서였다. 전두환이 받은 수천억 원의 정치자금은 대한민국 정치 안정을 위해 낸 것이 아니라 전두환

일가가 평생 돈 걱정 없이 편안하게 살 수 있도록 기업들이 뇌물로 준 것이다.

그런데도 관련 기관에서는 남은 추징금을 받아내려는 적극적인 의지가 없어 보인다. 이런 식으로 시간이 흐르다가 2013년이 지나면 더 이상 전두환에게 추징금을 받아낼 수도 없게 된다. 아마 전두환과 그의 가족들은 2013년 10월로 끝나는 '추징금 시효 만료'가 빨리 와 그동안 숨겨놓았던 비자금을 꺼내 눈치 보지 않고 펑펑 쓰며 호화롭게 살기만을 바라고 있을지도 모른다.

최근에는 전 재산 29만 원뿐이라던 전두환은 육사 발전기금으로 1천만 원 이상을 낸 것이 드러났고, 그의 손녀는 억대의 호화 결혼식을 올리는 등 이미 그 누구의 눈치도 보지 않고 돈을 펑펑 쓰고 있다.

2012년 12월 정권이 바뀌어 2013년 10월로 되어 있는 추징금 시효 만료를 연장하거나, 권력자의 비리 재산은 가족에까지 책임을 물어 추징하는 법률안이 만들어지는 것만이 전두환으로부터 추징금을 받아낼 수 있는 유일한 방법이라 할 수 있다. 그렇게 될 때만이 전두환식의 정의사회 구현이 아니라, 대한민국 국민 모두가 바라는 정의로운 사회가 될 것이다.

국민 세금으로 범죄자 전두환을 **경호하는 정신 나간 경찰**

전 재산이 29만 원밖에 없다고 해놓고도 그 자신과 자식들은 보란 듯이 돈을 펑펑 써대는 것만 해도 열이 받는데, 국민 세금으로 전두환의 집을 철통같이 지켜주고 있는 경찰들을 보면 더욱 열 받고 만다.

지난 2012년 1월 15일 MBC 이상호 기자가 전두환의 사저 앞에서 인터뷰를 진행하다가 경찰에 체포되는 사건이 벌어졌다. 이상호 기자는 스마트 기기와 인터넷을 통해 방송하는 MBC 팟캐스트 손바닥 TV에서 「이상호의 손바닥 뉴스」를 진행하고 있는데, 프로그램 중에 전두환 전 대통령에게 고문 피해자들에 대한 사과와 면담을 요구하는 부분을 촬영하던 중이었다. 그 와중에 전두환 사저를 경호하던 경찰들은 일명 '공무집행 방해죄'로 이상호 기자를 체포했다.

이상호 기자 체포 사건과 관련한 문제는 제쳐두고 내가 문제 삼고 싶은 것은 전두환 사저 경호 자체에 관한 것이다. 현재 경찰은 전두환의 사저를 철통같이 지키고 있고 이 때문에 이상호 기자 체포 같은 어처구니없는 사건이 벌어지고 말았는데, 중요한 것은 전두환 사저 경호에 대한 법적 기준이 아무것도 없다는 사실이다.

우선 전두환은 12·12 쿠데타와 5·18 광주민주화 사건으로 무기형을 받았기 때문에, 금고 이상의 형이 확정된 경우 법의 적용이 정지되는 조건에 포함되어 전직 대통령 예우에 관한 법률에 해당되지 않는다.

백번 양보해 전직 대통령 예우에 관한 법률에 따라 경호를 한다고 해도 '대통령 등의 경호에 관한 법률'에서는 퇴임 후 10년으로 규정하고 있다. 따라서 전두환은 1988년에 퇴임했으니 23년이 넘었고, 이 법률 규정에 따라서도 경호를 받을 수 없는 사람이다.

그렇다면 경찰은 무슨 근거로 전두환을 경호하고 있는 것일까? 경찰이 내세우는 법은 '경찰관 직무 집행법'이 유일하다. 이 법 2조에 나오는 경찰관 직무 범위에 경비, 요인 경호 및 대간첩작전 수행이라는 항목이 있는데 이 법에 근거해 경호를 하고 있다고 주장하고 있다. 그런데 웃기는 것은, 경찰청 내부 경호 규칙에만 있는 요인 경호는 기밀사항이라며 왜 퇴임한 대통령을 경호하고 있는지 경찰은 정확히 밝히지 않고 있다.

이처럼 불법적인 전두환 사저 경호에 쓰이는 돈은 얼마나 될까? 한 해 평균 8억 5천만 원이다. 경찰청 자료에 따르면 2006년부터 2010년까지 전두환 사저 경호에만 들어간 비용이 대략 34억 원이다. 1천672억 원의 추징금을 내야 할 범죄자를 경찰이 해마다 8억 원이라는 국민의 세금을 들여 지켜주고 있는 이 상황을 우리는 어떻게 이해해야 할까?

범죄자를 국립묘지에? 그 다음은 전두환?

대한민국 법을 우습게 생각하고 대한민국 국민들도 아주 우습게 생각하는 전두환이 지난 2011년 6월 25일 부인 이순자와 함께 한 인물의 빈소를 찾아 조문을 했다. 도대체 죽은 사람이 누구였기에 불편한 몸을 이끌고 조문을 갔을까?

죽은 사람은 안현태 전 청와대 경호실장이었다. 그런데 안현태의 죽음과 관련해 한동안 시끄러웠던 적이 있다. 전두환이 대통령이었던 시절 자신을 경호했던 사람의 조문을 가는 것은 전혀 문제가 될 것이 없는데 안현태의 죽음이 문제가 된 까닭은, 유족들이 안현태의 국립묘지 안장을 요청했고, 보훈처가 서면 심의를 통해 안장 여부를 결정할 것이라고 발표했기 때문이다. 이에 대해 사회의 양심 세력들이 안현태의 국립묘지 안장을 반대하면서 한동안 소동이 일어났던 것이다.

전두환이 12·12 쿠데타를 성공할 수 있었던 것은 하나회라는 군내 사조직이 있었기 때문이다. 하나회는 건전한 군대 연구모임이 아닌, 정규 육사 출신이 비정규 육사 출신을 몰아내기 위해 조직된 정치군인 집단이었고, 이들은 12·12 쿠데타를 통해 대한민국을 장악했다.

안현태도 하나회 출신으로 1980년 신군부 반란에 참여했던 육사 17기였다. 그는 당시 수도경비사령부 30경비단장이자 육사 16기 선배인 장세동을 따라 쿠데타에 가담했고, 장세동이 갔던 길을 그대로 이어받아 출세의 길을 걸었다. 그리고 전두환 대통령 시절 경호실 차장으로 승진했다. 이어 육군 소장으로 제대한 뒤에는 막강한 권력 기관인 국가안전기획부 부장으로 임명되었고, 나중에는 청와대 경호실장이 되어 전두환이 퇴임할 때까지 권력 요직에서 승승장구했다. 이처럼 자신의 정치적 야욕을 위해 군의 질서를 무너뜨리고 쿠데타를 일으켜

온 나라를 탱크로 짓밟고, 무고한 광주 시민을 총칼로 죽였던 사람이 정치군인 안현태였다.

여기에다 안현태가 국립묘지에 묻히면 절대 안 되는 이유는 또 있었는데, 그가 전두환의 천문학적인 비자금 조성을 주도했던 인물이었기 때문이다. 전두환의 비자금 규모는 총 7천억 원에 달하는 것으로 파악되었는데, 그 비자금을 조성하기 위해 안현태는 기업인을 조사하고 협박하는 등 청와대 경호실장이 아니라 비자금 조성 관리실장의 역할을 수행했다. 안현태가 죽었을 때 왜 전두환이 빈소까지 찾아갔는지 짐작이 가지 않는가? 전두환의 7천억 원 비자금 가운데 1천400억 원의 돈이 어디로 갔는지 아직까지 찾지 못하고 있다. 은행 잔고 29만 원밖에 없다는 말로 국민을 조롱했던 전두환이 수시로 해외여행을 즐기고, 골프를 치며, 자녀들은 수백억 원대의 자산가로 살 수 있도록 그 모든 상황을 꾸몄던 핵심 주범이 바로 안현태인 것이다.

반란을 일으켜 정권을 장악하고, 정의와 진실을 요구하는 국민을 죽이더니 나랏돈을 자신의 용돈처럼 생각하고 호의호식했던 그 중심에 안현태가 있었는데, 이런 인물을 단지 육군 소장으로 제대했다는 이유로 국립묘지에 안장시키겠다는 것은 너무나 어처구니없는 일이 아닐 수 없다.

원래 국립묘지는 범법 사실이 있는 사람은 안장될 수 없는 곳이다. 그래서 범법 기록이 있을 경우 보훈처 심의위원회의 심의를 거쳐야 한다. 안현태도 비자금 조성으로 구속되었던 적이 있기 때문에 보훈처의 심의를 받았다. 그런데 3차례의 심의 과정에서 2차례는 심의를 보류하더니 마지막에 가서 서면으로 심사한다는 내용이 심의위원들에게 통보되는 해괴한 일이 벌어졌다. 이에 반발한 민간 심의위원들이 사퇴하는 등 시끄러웠지만, 심의위원 15명 가운데 정부쪽 8명이 찬성표를 던졌기 때문에 결국 안현태는 국립묘지에 묻히고 말았다.

안현태의 국립묘지 안장이 사회적인 문제로 불거지자 정부쪽 심의위원들은 말도 안 되는 주장으로 안현태의 국립묘지 안장을 변호했다.

'5·18 사건에서 안씨는 주범이 아닌 종범이었다'

'안씨는 이미 특별복권 됐고, 국가보안법을 위반했던 김대중 전 대통령도 사면된 뒤 국립묘지에 안장되지 않았느냐'

12·12 쿠데타 주역 세력인 장세동을 따라 출세를 하고, 수천억 원의 비자금을 조성했던 악랄한 범법자를, 독재에 맞서 민주화 운동을 하다가 사형 선고까지 받았던 김대중 대통령과 비교하고 있는 것이 이명박 정부의 역사의식이라 할 수 있다. 이런 논리라면 아마 전두환도 사면 복권되었다는 이유로 국립묘지에 안장될 것이다.

박정희 이후 우리 사회는 오랫동안 엄청난 피의 대가를 치르며 군사독재 정권과 싸웠다. 그리고 마침내 김대중의 국민의정부 등장으로 그 질긴 고리를 끊어내는 듯했다. 그리고 노무현의 참여정부 시절에는 그 고리가 완전히 끊어진 것으로도 생각했다. 하지만 그것이 아니었다는 사실이 이명박 정권 아래서 너무나 분명히 드러났다.

게다가 전두환과 박근혜의 모습에서 우리 사회는 언제든지 50년 전으로 되돌아갈 수 있다는 사실을 알게 되었다. 독재 정권에 기생해 친일과 부정부패를 마음대로 저질렀던 세력들은 이명박 정권을 통해 완벽히 되살아났고, 이제 박근혜를 통해 더욱 공고해지려는 계략을 꾸미고 있다. 이것을 막지 못한다면 우리는 마치 타임머신을 탄 것처럼 1970년대 박정희의 총칼 아래로 다시 돌아가고 말 것이다.

대한민국을 사유화한

이명박 대통령과 그의 패밀리들

이명박 대통령 패밀리

2011년 11월 14일, 안철수 차세대융합기술연구원장은 안철수연구소 임직원들에게 보내는 이메일을 통해 자신이 보유한 안철수연구소 주식 지분의 절반을 사회에 환원하겠다고 밝혔다. 안철수 원장이 보유한 연구소의 지분은 37.1%(372만 주)인데, 당시 주식 가격 기준으로 따지면 대략 3천28억 원이었다. 이 가운데 절반이면 1천500억 원 규모다. 안철수 원장은 이 지분이 "저소득층 자녀들의 교육을 위해 쓰였으면 하는 바람을 갖고 있다."는 말과 함께, 사회공헌 방식은 조금 더 논의한 뒤 구체화할 것이라고 했다.

안철수 원장의 재산 사회환원에 대해 정치적 포석이 아니냐는 의혹도 있었지만 안철수 원장의 재산 사회환원은 지금까지 그가 살아온 삶을 되돌아보면 단순한 정치적 행보는 아니라고 나는 믿고 있다.

그렇다면 국가와 공적 영역의 고민 못지않게 우리 자신들도 각각의 자리에서 무엇을 할 것인가를 고민하는 것이 중요하지 않을까 싶습니다. 특히 사회에서 상대적으로 더 많은 혜택을 받은 입장에서, 앞장서서 공동체를 위해 공헌하는 이른바 '노블리스 오블리제'가 필요한 때가 아닌가 생각됩니다.

- 안철수 원장의 이메일 중에서

그런데 나는 이 글을 읽으면서 누군가가 오버랩되었다.

이 대통령의 재산 기부는 어제 입적한 법정 스님의 '무소유 정신'에서 영향을 받았다.

- 연합뉴스

오른손이 하는 일을 왼손이 모르게 해야 한다는 개인 철학이 있었다. 최고 지도자가 재임 중에 재산 대부분을 사회에 기부한 것은 세계 정치사에 유례없는 일이다.

- 청와대 대변인

이명박은 2007년 대선 직전에 BBK 의혹, 다스, 도곡동 땅 의혹을 일거에 잠재우는 전 재산 사회환원을 선언했다. 이 발언으로 보수 세력과 노령층의 표심을 더 얻어 대통령에 당선된 이명박은, 취임하고도 오랜 세월이 지난 2009년에서야 청계재단을 설립한다고 발표했다.

돈 한푼 손해 안 보고 **전 재산 사회환원 한 묘기**

나는 2010년부터 청계재단에 관한 자료를 수집했다. 그런데 어떻게 된 것이 조사하면 할수록 이 재단에 관한 의문은 해소될 기미가 없었다. 청계재단은 이명박 대통령의 논현동 자택을 제외한 서울 서초동 영포빌딩과 대명주빌딩, 양재동 영일빌딩 등의 부동산을 출연 자산으로 설립한 재단이다. 규모는 당시 331억 원 정도로 평가되었다.

그런데 이명박 대통령의 재산으로 설립된 청계재단의 이사진을 살펴보면 너무나 황당하다. 먼저, 이사장인 송정호 전 법무장관은 이명박의 대학교 친구이자 '이명박 후원회' 회장을 지냈던 사람이다. 이사들을 살펴보면, 류우익 통일부장관은 대통령실장을 했던 이명박 대통령의 최측근 중의 한 명인데, 초기 청계재단 이사로 등재되었다가 2011년에는 이사 명단에서 빠졌다. 그리고 이재후 변호사, 이왕재 서울대 교수는 이명박 대통령과 친분이 있는 인물이고, 박미석 교수는 청와대 수석을 지냈던 인물이다. 재단의 투명성을 감시해야 할 감사로는 김창대 전 명사랑후원회 회장과, 한나라당 대선 자금을 모집했다는 혐의로 구속된 주정중 삼정컨설팅 회장이 맡고 있다.

여타의 인물보다 가장 이해가 안 되는 사람이 바로 이상주 변호사다. 그는 이명박의 사위로, 친인척을 배제하려는 사회복지사업법의 취지와 전혀 맞지 않는 인물이다. 현행 사회복지사업법 9조에 따르면 사회복지재단을 설립할 때는 '이사가 특별한 관계에 있는 자가 아님'

을 증명하는 확인서를 제출해야 한다. 그런데 이명박의 사위인 이상주 변호사는 버젓이 청계재단 이사로 등재되어 있다. 이처럼 이사장은 물론이고 청계재단을 운영하는 데 있어 객관적이고 공정하게 운영할 이사와, 이를 감시할 감사는 눈 씻고 찾아봐도 없다.

게다가 청계재단은 장학금 지급을 골자로 하는 장학재단인데도 장학사업과 관련한 전문가는 한 명도 없고, 오로지 자신의 사위와 최측근들로 이사를 모두 임명한 모습은 진짜 장학사업을 하려는 것이라기보다는 퇴임 후에 청계재단을 재산 은닉의 도구로 이용하려고 하는 것은 아닌가, 하는 의심을 불러일으키기에 충분했다.

'다스'를 움직이는 청계재단

이명박은 2007년 대선 당시, 주식회사 다스의 실소유주 의혹을 받았다. 수사 결과 다스가 이명박의 소유라는 점을 증명할 증거가 전혀 없다는 검찰의 발표가 있었지만, 2011년 청계재단 때문에 주식회사 다스는 다시 전면에 등장하게 된다.

2010년 다스의 주식 지분을 보면 1대 주주는 김재정(이명박의 처남) 48.99%(14만 6천주)이고 2대 주주는 이상은(이명박의 친형) 46.85%(13만 9천600주), 3대 주주는 김창대(이명박의 고향 친구) 4.16%(1만 2천400주)였다. 그런데 2011년 주식 지분을 보면 권영미의 지분(김재정의 사망으로 부인이 인수)이 48.99%에서 43.99%로 변동된다. 권영미의 주식 5%가 청계재단 소유로 넘어간 것이다.

청계재단이 소유한 5%의 주식이 뭐가 그리 큰 문제인가 할 수도 있겠지만, 다스의 주식 지분율을 보면 이상은이나 권영미 모두 가진 주식이 50%를 넘지 않는다. 따라서 대표이사 선임 같은 큰 결정을 앞두고 의결권을 서로 조율해야 하는데, 만약 이상은이 보유한 주식과 청계재단이 보유한 5%의 주식이 합쳐지면 51%가 넘어 주식회사 다스의 의사결정에 중대한 캐스팅보트를 행사할 수 있게 된다.

이처럼 '청계재단 → 주식회사 다스'의 연결고리가 새롭게 생성되었으니, 과연 청계재단이 이명박의 퇴임 이후 사위 이상주 변호사를 통해 어떤 변화를 보이게 될지 유심히 지켜봐야 할 대목이 아닐 수 없다.

비밀리에 운영되는 청계재단, 사회환원 한 것 맞나?

나는 2010년부터 보건복지부(사회복지법인 관련)와 교육부(장학재단)를 거쳐 서울시(재단 설립 인가)에 청계재단 관련 정보 공개를 줄기차게 요구했다. 하지만 돌아온 답변은 '정보 공개 불가'였다.

서울시 교육청의 답변에 따르면 '법인의 경영, 영업상 비밀에 관한 사항이 공개될 경우 법인 등의 정당한 이익을 현저히 해할 우려가 있다고 인정되어 비공개 결정을 내린다'고 했다. 그런데 청계재단을 통한 전 재산 사회환원은 이명박 대통령이 국민과 약속한 일이다. 그런 재단이 무슨 영업상 비밀이 있기에 정보를 공개할 수 없다고 하는 것일까? 나는 혹시 다른 재단도 이런 상황인지 살펴보았다.

2011년 10·26 재 · 보궐선거 당시 박원순 서울시장 후보의 아름다운재단은 비리의 온상으로 비추어졌다. 그러나 아름다운재단 홈페이지에 가보니 운영 원칙부터 월별 운영보고, 연차 재정 보고서, 감사 보고서를 파일로 내려받아 세밀하게 검토할 수 있도록 공개되어 있었다. 다시 청계재단 홈페이지를 가봤다.

청계재단 홈페이지에는 2010년 6월 15일 홈페이지를 오픈했다는 단 한 개의 공지사항 외에는 어떠한 공지사항이나, 재정 보고서, 운영 보고서도 없었다. 따라서 현재 청계재단의 재정 상황이나 운영, 그리고 감사 보고서를 찾아낼 방법은 없었다. 있다면 단지 보도자료로 배포되었던 장학금 지급 뉴스 말고는 아무것도 없었다.

이상한 점은 또 있었는데, 청계재단은 장학금 지급 액수는 겨우 10억 원도 안 되면서 오히려 우리은행에 건물을 대상으로 60억 원의 담보가 설정되어 있다는 사실이었다. 이 말은 청계재단이 건물을 담보로 최소 40억 원 이상의 돈을 은행에서 빌렸다는 이야기인데, 과연 이 돈이 청계재단으로 들어간 것인지, 아니면 이명박 대통령의 채무를 갚는 데 쓰였는지는 아직 명확하게 밝혀지지 않고 있다. 하지만 논현동 집을 빼고 전 재산을 사회에 환원해서 설립했다는 청계재단이 이 정도의 채무를 안고 얼마나 많은 불우학생에게 장학금을 줄 수 있을지는 정말 의문이 아닐 수 없다.

안철수 원장이 1천500억 원을 사회에 환원을 한다고 하자 많은 사람들이 의혹의 눈초리를 보냈다. 그러나 그가 정치를 한다고 해도 떳떳하게 일해서 번 돈을 자신의 신념으로 기부하는 것은 그 자체가 대단한 일로 높이 평가받아야 마땅하다. 정수장학회처럼 누군가에게 강탈하여 뺏은 재산도 아니고, 더구나 정치를 하겠다고 나선 사람 중에 1천500억을 기부하고 시작한 사람이 과연 있었는가?

청계재단은 맑은 계곡물을 뜻하지만 이명박 대통령이 자랑하는 청계천 사업의 성과를 나타내기 위한 명칭이기도 하다. 우리는 흔히 청계천이 맑고 깨끗하다고 생각하지만 사실 청계천은 녹조로 해마다 바닥을 청소하기 위해서만 수천만 원의 비용과 수백 명의 인력이 투입되고 있다. 게다가 한강물을 전기로 끌어올려 흘려보내는 시스템이기 때문에 하루 전기 사용료만 수백만 원이 들어가는 등, 한 해 평균 100억 이상의 유지비가 들어가 점점 서울시의 애물단지가 되어 가고 있다.

청계천은 맑아 보이지만 조금만 바닥을 파헤쳐보면 썩은 내가 진동하는 더러운 토사와 녹조가 가득한 썩은 하천이다. 어쩌면 이명박의 청계재단도 파면 팔수록 노블리스 오블리제가 아닌 거짓과 위선으로 뒤덮여 있는 똥계재단이 아닐까, 하는 생각이 든다.

재테크의 달인 이명박, **국민 재테크는 쪽박**

자기 돈 한푼 손해 보지 않고 일약 기부천사 대열에 들어선 이명박 대통령. 그는 CEO 출신답게 다양한 방면에서 재테크의 신기술을 보여주었다.

이명박 대통령은 지난 2011년 3월 14일 두바이 월드 트레이드 센터에서 '자이드 국제환경상'을 받았다. 이명박이 이 상을 받은 이유는 녹색성장 정책을 통해 기후 변화에 대응하는 신성장 동력을 육성하고 일자리 창출에 기여했기 때문이라는데, 참으로 듣기만 해도 웃음이 나는 수상 이유가 아닐 수 없다.

이 시상식이 있기 전 세계적으로 권위 있는 과학저널인 「사이언스」 327호에서는 4대강 사업을 '환경 복원인가, 파괴인가?'라는 특집 기사로 다루면서 '이명박 정부는 환경적인 효과를 선전하면서 4대강 사업을 녹색장막으로 포장했다'고 비판했다. 세계적인 과학저널이 환경 파괴 사업을 벌였다고 비판한 인물이 어느 순간 녹색성장을 주장하는 환경운동가로 둔갑하고, 그로 인해 상까지 받았던 것이다.

4대강 사업과 관련한 이명박의 헛발질을 여기서 다루려면 책 한 권으로도 모자라기 때문에 여기서 일일이 소개할 수는 없다. 다만 한 가지 꼭 짚고 넘어가고 싶은 것은 이명박이 받았다는 상금이다.

이명박이 자이드 국제환경상을 수상하자 국내 언론들은 상금으로 받은 50만 달러를 국제사회 환경 분야를 위해 쓸 예정이라고 대대적으로 보도했다. 이때만 해도 국민들은 대통령이 세계적인 상도 받고(뉴스에서는 환경 분야의 노벨상이라고 한껏 치켜세우며 떠들었다), 상금을 좋은 일에 쓴다고 하니 국가적인 경사로 생각했다.

그런데 어찌된 일인지 상금 50만 달러는 정부 공식 계좌가 아닌 이명박 개인 계좌로 고스란히 입금되고 말았다. 그리고 얼마 뒤, 2012년도 고위 공직자 정기 재산 변동 사항에서 이명박은 예금이 1억 2천22만 7천 원에서 6억 5천341만 6천 원으로 5억 원 이상 늘어났다고 신고했고, 그 이유가 자이드 국제환경상 상금 때문이라고 했다. 좋은 일에 쓴다고 그렇게 떠들어 놓고, 상금을 받은 지 1년이 넘도록 여전히 개인 통장에 넣어 두었던 것이다.

혹시 재테크 때문일까? 그래서 상금으로 받은 5억 5천만 원을 1년 동안 은행에 예치하면 이자로 얼마나 벌 수 있는지 계산해봤다. 농협(입금 계좌가 농협이었다)에 넣었을 경우, 1년 이자만 2천200만 원(세전)이었다. 이명박은 상금을 고스란히 자신의 은행 통장에 넣어둠으로써 최소 1천800만 원 이상의 순수익을 얻은 셈이다. 경제 대통령답게 자신의 재테크에는 화려한 능력을 발휘한 것이다.

논란이 커지자 청와대는 퇴임 후에 뜻있는 일에 쓸 예정이라고 했다. 역시 기부는 하되 언제라고 명시하지 않는, 핵심이 빠진 말을 했다. 아무튼 생색은 있는 대로 다 내고 이자는 챙겨 드시는, 대단한 재테크의 달인이 아닐 수 없었다. 물론 지금까지 지켜본 이명박의 됨됨이로 보아서는 퇴임 후 기부할 리도 없을 것이다. 기부할 뜻이 있었다면 진즉 했을 것이기 때문이다.

지하철 9호선 요금 인상의 **주범은 이명박**

자, 이렇게 재테크에 뛰어난 이명박 경제 대통령이 국민들의 재테크는 좀 도와주었을까? 도와주기는커녕 쪽박이나 차지 않게 하면 다행일 것이다.

2012년 6월 1일, 지하철 9호선 측이 요금을 한꺼번에 500원이나 인상하겠다는 발표를 해서 한동안 큰 소동이 벌어졌다. 다행히 박원순 시장이 시민들 편에 서서 지하철 9호선과 맞짱을 뜨는 바람에 500원 인상은 없었던 것이 되었지만, 지하철 9호선 요금 인상의 속사정을 들여다보면 이상한 점이 한두 가지가 아니었다. 특히 지하철 9호선이 이명박 대통령이 서울시장 재임 시절 관계했던 사업이라 의혹은 더욱 커져 갔다.

지하철 9호선은 민간 자본을 투입하여 만든 지하철로 알려져 있다. 국가와 지방자치단체가 재정이 부족해 공공시설을 건설하지 못할 경우 민간 자본이 투자한 후 운영하여 수익을 갖게 하는 방식으로, 이를 민간투자 사업, 일명 BTO(Build-Transfer-Operate)라고 한다. 그런데 민간이 사회 기반시설 건설을 주도하고 수익을 가져가려면 그만큼의 투자가 이루어져야 하는 것이 당연하다. 하지만 지하철 9호선은 민간투자 사업이라고 부르기에는 민망할 정도로 민간 자본이 적게 투입된 사업이다.

9호선의 경우 서울시가 밝힌 총공사비는 4조 6천768억 원인데, 이 가운데 민간이 투자한 금액은 1조 2천억 원에 불과하다. 따라서 민간 자본은 총사업비의 3분의 1뿐이고, 나머지 3분의 2인 3조 4천768억 원은 국가 재정과 서울시 예산으로 충당되었다. 그런데 이 사업을 '민간 투자 사업'이라고 할 수 있을까? 민간투자 사업이라기보다 '민간특혜 사업'이라고 부르는 것이 더 정확할 것이다. 지하철을 건설한 뒤 운영을 해서 수익을 가져가겠다고 해놓고, 공사비의 3분의 2를 세금으로 보충받았다면 이것이 특혜사업이 아니고 무엇이란 말인가?

자본주의 원칙에서는 적게 투자한 사람이 수익을 적게 가져가는 것이 당연하다. 그런데 어찌된 영문인지 지하철 9호선의 경우, 민간업자는 서울시보다 돈을 적게 투자해놓고도 마치 자신들이 지하철 9호선을 모두 건설한 것처럼 막무가내 식으로 운영하면서 일정 수준 이상의 이익 보장을 요구해왔다. 그 결정판이 이번에 벌어진 지하철 9호선 요금 500원 인상 소동이었다.

특혜철 지하철 9호선, 최소운영수입보장제(MRG)

대한민국은 유독 민간 자본이 투입되는 사업에 많은 특혜를 주었는데, 그중에 하나가 '최소운영수입보장제(MRG)'다. 최소운영수입보장제란 실제 운영 수입이 애초 예상한 운영 수입의 일정 한도에 미달하는 경우, 그 차액만큼을 정부가 보상해주는 것을 말한다. 이 제도는 제대로 예측을 잘하면 큰 손실이 없지만, 온갖 특혜로 얼룩진 대한민국에서는 국민의 세금을 민간 기업에 갖다 바치게 되는 몹시 나쁜 제도다. 한마디로 운영이 잘되면 민간 사업자가 그 이익을 다 가져가고, 운영이 안 돼 손해가 나면 정부가 그 손해를 보전해준다는 이야기다. 절대 실패할 수 없는 사업이니 땅 짚고 헤엄치기가 아닐 수 없다.

국토해양부에 따르면 2012년 현재, 정부와 민간 사업자가 계약해 건설한 민자 고속도로는 모두 9개 구간이며, 이 고속도로들에 대한 최소수입운영보장제에 따라 2011년 한 해에만 무려 2천812억 원의 운영 손실 보전금을 지급했다고 밝혔다. 처음부터 예측을 엉터리로 한 상태에서 무조건 도로를 건설해놓고, 손해를 봤으니 돈을 내놓으라는, 그러고는 가만히 앉아서 몇십 년 동안 돈을 받아먹는, 속칭 현대판 봉이 김선달 제도가 바로 이 최소운영수입보장제다.

이 제도가 너무나 악용될 소지가 많다 보니, 2006년 이명박이 서울시장으로 재직할 때 추진되던 강남순환 민자 도로 건설에서는 아예 이 항목이 삭제되기도 했다. 그런데 무슨 이유인지 지하철 9호선에는 이 항목이 들어 있고, 이 때문에 지금까지 지하철 9호선의 손해를(진짜 손해인지 경영 정보를 밝히지 않고 있으니 알 수도 없다) 시민의 세금으로 메워주고 있는 것이다.

이명박의 작품인 지하철 9호선, 2대 대주주는 이명박의 조카 이지형

지하철 9호선에 참여한 민간 사업자는 현대로템을 중심으로 한 컨소시엄이다. 그런데 처음부터 현대로템이었다면 의혹이 없을 수도 있는데, 사실 처음 우선 협상 대상자는 현대로템이 아니라 울트라컨소

시업이었다. 그런데 무슨 일인지 서울시가 울트라컨소시엄으로부터 사업 포기 각서를 받아냈고, 현대로템이 우선 협상 대상자로 선정되었다. 이런 일들이 현대 출신인 이명박이 서울시장으로 취임하면서 이루어졌다는 사실은 무엇을 의미할까?

이명박 대통령이 취임한 첫 해인 2008년, 지하철 9호선 주식회사의 2대 주주가 맥쿼리한국인프라투융자회사(MKIF. 이하 맥쿼리인프라펀드)로 변경됐는데, 당시 맥쿼리IMM자산운용 대표는 이상득 의원(이명박 대통령의 친형)의 아들 이지형이었다. 맥쿼리인프라펀드는 2008년 지분율이 24.53%로, 1대 주주인 현대로템의 25%와 불과 0.47%밖에 차이가 나지 않았다.

앞서 말했듯이, 지하철 9호선은 민간업자가 공사비의 3분의 1만 투자했고, 그런데도 그들은 최소운영수입보장제로 영업 손실액까지 보전받으며 지하철을 운영하고 있는 상황인데, 이처럼 절대 손해를 볼 수 없는 속칭 대박 사업에 대통령의 조카가 관련됐다는 사실을 국민들은 어떻게 받아들여야 할까? 지하철 요금이 올라가면 결과적으로 대통령 패밀리들이 더 많은 돈을 벌게 되는 이런 기막힌 구조를 말이다.

민영화를 외치는 사람들은 민영화를 하면 세금은 적게 들어가고 이익과 효용성은 클 것이라고 떠들지만, 정작 현실을 들여다보면 '투자도 세금으로, 손해도 세금으로, 요금 부담은 서민이' 하는 구조로 되기 십상인 것이 이른바 민자 사업이다.

인천공항 민영화로
이명박 패밀리는 도대체 뭘 하려고?

자신들의 재산이 도대체 얼마나 되는지 자신들도 잘 모를 것 같은 이명박과 그의 패밀리들. 그런데도 돈에 대한 그들의 욕심은 끝이 없다. 그 가운데 하나가 인천공항을 꿀꺽 삼키려는 그들의 도를 넘은 탐욕이다.

세계 여러 공항을 다녀봤지만 객관적으로 볼 때 인천공항은 좋은 공항, 편리한 공항으로 최고의 시스템과 운영 노하우를 가진 국제공항이다. 그런데 이 좋은 공항을 이명박은 민간에게 팔아먹을 궁리를 오랫동안 해왔고, 지금도 물밑 작업을 계속하고 있다.

대한민국이 세계적으로 선점하고 있는 제품이나 기술력이 많지만 전체적인 국가 산업을 이끄는 하나의 도구로 나는 인천공항의 높은 국제 경쟁력을 꼽는다. 그 이유는 인천공항은 현시점에서 완벽한 시스템과 인프라 그리고 서비스 운영 노하우를 탑재한 도구이기 때문이다.

인천공항은 국제공항협의회(ACI)가 실시한 2010년도 세계 공항 서비스평가(ASQ) 중대형 규모에서 1위를 차지했다. 게다가 2005년부터 현재까지 무려 7년 연속 1위 자리를 유지하고 있다. 이러한 인천공항은 2005년부터 해마다 영업 이익도 높아만 가고 있는 알짜 공기업 중의 하나로, 2007년 2천70억 원이었던 영업 이익은 2010년에는 3천241억 원으로 늘어났다. 인천공항이 해마다 큰 폭의 흑자를 기록할 수 있는 가장 큰 요인은 국가 주도적인 사업인데도 불구하고 운영을 민간 기업처럼 하는 직원들의 땀과 수고 때문이다.

무엇보다 인천공항은 점차적으로 고속 성장을 하고 있어 앞으로도 전망이 아주 밝다는 사실이다. 이미 중국 관광객들을 비롯한 동남아시아의 허브 공항으로 충분히 자리를 잡았고, 서울 도심권과 연계된 고속철을 통한 교통망, 그리고 지속적인 화물 운송 서비스를 비롯한 다양한 인프라로 더욱 더 많은 성장을 기록할 수 있는 잠재력을 가진 공항이기 때문이다. 게다가 인천공항은 이용객들도 대부분 만족하고 있어, 공항 자체의 인프라와 경쟁력은 한국이 보유한 국가 경쟁력 도구 가운데 가장 우선적이라고 할 수 있다.

국제 경쟁력 강화를 위해 인천공항을 판다?

사정이 이런데도 이명박은 인천공항의 국제 경쟁력 강화를 위해 민영화를 하겠다는 논리를 자꾸만 내세우고 있다. 그런데 이 논리에는 너무나 많은 허점들이 숨어 있다.

국제 경쟁력을 높이기 위해 민영화를 한다?

공항을 이용해 국가 경쟁력을 높이려면 이용객 대부분이 관광을 위해 입국해야 한다. 공항만 구경하려고 인천공항까지 비싼 돈을 들여 올 사람은 아무도 없기 때문이다. 이처럼 국가 경쟁력의 중요한 핵심은 관광 인프라인데, 대한민국 관광 사업은 현재 최하위 수준이다.

교통편만 좋다고 관광을 올까? 홍콩이 연간 이용객 4천만 명으로 1위이지만 한국과 홍콩은 관광 자체로는 비교될 수도 없다. 그런데도 지금 인천공항은 관광객이 아닌 자체 인프라로 매출을 늘리고 있으며, 영업 이익까지 내고 있다. 그러므로 현시점에서 인천공항의 국제 경쟁력을 한 단계 더 높이려면 인천공항을 민간에 팔 것이 아니라 대한민국의 관광 인프라를 더 확충해야 한다.

민영화를 하면 이익이 좋아질 수 있다?

공항을 이용하는 모든 항공사는 시설 사용료를 낸다. 착륙료, 조명료, 주기료(주차비), 브릿지 이용료 등이 그것이다. 주요 항공사와 비교해보면, 일본 간사이공항에 비행기가 착륙하려면 451만 원을 지불해야 한다. 그런데 인천공항은 140만 원만 지불하면 된다. 똑같은 기종의 비행기가 일본에 가면 비용이 더 드는 것이다. 그렇다면 항공사 입장에서는 갈아타는 비행기를 간사이공항으로 하는 것보다 인천공항으로 하는 것이 더 이익이다.

이처럼 인천공항은 시설 사용료가 외국 공항 대비 70% 정도로 저렴해 많은 항공사들로부터 좋은 반응을 받고 있다. 이렇게 저렴할 수 있는 이유는 바로 국민의 세금으로 인천공항이 건설되었기 때문이다. 하지만 민영화를 하게 되면 지금과 같은 상황은 절대로 유지될 수 없다. 민간 기업은 이익이 가장 최우선이기 때문이다. 따라서 민영화가 되면 공항 시설 사용료는 당연히 올라갈 것이고, 그렇다면 지금처럼 많은 항공사들이 인천공항을 이용하지도 않을 것이다. 이처럼 누구나 알 수 있는 가장 쉽고 간단한 경제 원리를 이명박 정부는 애써 부정하고 외면하고 있다.

민영화되면 투자가 활발하게 이루어질 수 있다?

현재 인천공항은 공항 주변을 중심으로 투자 유치를 계속하고 있다. 수상 레저 시설과 위락 시설, 그리고 숙박시설 등 수조 원에 달하는 사업을 펼치며 그 규모를 넓혀 나가고 있다. 바람직한 투자 유치 방법이라 할 수 있다.

인천공항을 중심으로 대규모 관광 시설이 개발되면 공항은 자연스럽게 앉아서 돈을 벌 수 있다. 굳이 인천공항의 지분을 매각하지 않아도 해마다 수익이 증가하고, 이 수익으로 활주로를 비롯한 공항 자체 시설도 넓힐 수 있다. 그런데 민영화가 되면 인천공항의 지분을 매입하기 위해 돈을 투자했던 회사가 또다시 공항 시설에 투자를 할까? 그런 일은 결코 없을 것이다. 그들은 최대한 빠른 시간 안에 투자 금액을 회수하기 원할 것이고, 그렇게 하기 위해서는 수익을 더 높여야 하는데, 가장 손쉽게 할 수 있는 것이 공항 시설 사용료 인상이다. 그렇게 되면 당장의 이익은 얻을 수 있겠지만 궁극적으로 인천공항의 경쟁력은 약화되고 말 것이다. 결국 피해는 누가 보게 될까? 당연히 국민들이다.

영국과 호주 공항도 민영화가 이루어지자 가장 먼저 여객 이용료와 주차장, 셔틀버스 이용료가 인상됐다. 민간 기업 입장에서는 투자 대비 수익을 많이 얻기 위해 가장 쉽게 할 수 있는 방법이 요금 인상이기 때문이다. 그 후에 벌어진 일은 누구나 알 수 있듯이 공항 사용 실적은 떨어졌고, 공항 서비스는 엉망이 되었으며, 관광 수입까지도 위협을 받고 말았다. 이처럼 외국의 실패 사례들이 뻔히 있는데도 인천공항 민영화를 강행하려는 이명박 정부의 계획은 도저히 이해할 수 없다. 다른 목적이 있는 것은 아닌가, 하고 의심할 수밖에 없는 이유다.

인천공항을 민간에 팔려는 이명박 정부의 배경을 살펴보면 대한민국 정부가 과연 제대로 기능하고 있는지 의심스러울 지경이다. 인천공항을 인수하려고 노리고 있는 기업은 '맥쿼리'라는, 전 세계 공항에 투자하는 금융 그룹이다. 인천공항을 인수할 만한 대규모 항공 그룹이 세계적으로 별로 없기 때문에 인천공항이 민영화되면 거의 맥쿼리에 넘어갈 확률이 높다. 그런데 인천공항 매각 사업에 매달리고 있는 인물들 중에는 맥쿼리와 관련된 사람들이 많이 포진해 있다. 맥쿼리 그룹이 인천공항 지분을 매입하려는 과정을 살펴보자.

14개 공기업 평가에서 인천공항 12위, 그래서 매각한다?

이명박 정부는 인천공항의 지분을 매각하는 논의가 나온 배경에 대해 공기업 평가에서 인천공항이 거의 꼴찌에 해당하는 12위를 했기 때문이라고 밝혔다. 그런데 이 평가를 누가 했는지 확인해보면 실소를 금할 수 없다.

인천공항이 14개 공기업 중에서 12번째로 경쟁력이 떨어진다고 평가한 사람은 현오석 '공공기관 경영실적 평가단' 단장이다. 현오석 단장은 정부 산하 공기업선진화추진위원회와 국제개발협력위원회 위원으로 활동하고 있는데, 문제는 국제개발협력위원회에서 같은 위원으로 활동하고 있는 사람 중에 '송경순'이란 인물이 있다는 사실이다.

LECG(컨설팅업체) 한국 대표인 송경순이 누구냐 하면, 이명박이 서울시장으로 있을 당시 여의도 국제금융센터 건립을 위해 보험그룹 AIG의 외자를 유치하려 애썼는데, 그때 AIG 쪽과 협상을 주도한 사람이다. 그만큼 이명박과 가까운 인물이라는 이야기다. 더구나 송경순은 맥쿼리인프라펀드의 감독이사이기도 하다. 맥쿼리 그룹 계열인 맥쿼리인프라펀드는 주로 공항, 항만, 도로 같은 사회 간접자본에 투자해 수익을 올리는 금융자본으로, 인천공항 고속도로에도 투자한 회사다. 한마디로 인천공항 민영화를 바라는 기업과 직접적인 이해관계에 있는 사람이다.

한편, 맥쿼리인프라펀드의 또 다른 감독이사인 조대연도 현오석과 경기고 65회 동창이다. 결국 공기업 민영화를 추진하는 핵심 인물인 현오석과, 인천공항에 눈독을 들이고 있는 맥쿼리인프라펀드의 감독이사 2명이 모두 가까운 사이인 셈이다.

여기에다 현오석은 맥쿼리가 적극적으로 투자하고 있는 인천경제자유구역과 관련된 '경제자유구역위원회'의 위원이기도 하다. 이쯤 되면 세계 1등 공항이라고 그렇게 자랑하던 인천공항이 하루아침에 14개 공기업 중에서 12번째로 엉망이라는 평가를 받은 이유가 무엇인지 짐작이 갈 만하지 않은가?

인천공항 민영화의 최종 수혜자는 이명박 패밀리

인천공항을 인수하려는 맥쿼리 그룹의 펀드를 운용하는 회사는 골드만삭스다. 골드만삭스는 이지형이 대표로 있던 맥쿼리IMM자산운용을 인수했다. 그리고 이지형은 골드만삭스 자산운용 대표이기도 하다. 그런데 이지형이 누군가? 이명박의 조카이자, 현 정부 최대 실세인 이상득의 아들이다. 카다피를 비롯한 독재 국가에서 흔히 볼 수 있는 전형적인 친인척 부정부패가 지금 대한민국에서 벌어지고 있는 것이다.

인천공항은 해마다 정부에 1천억 원 이상을 가져다주는 알짜 기업이다. 그런데 인천공항이 민간에 넘어가면 그 돈이 세금으로 들어올까? 그럴 것이라고 생각하는 사람은 순진한 사람이다.

항공사들에게는 인천공항이 이용료가 저렴해 매력적이지만 개인이 인천공항을 통해 출입국을 할 때는 무척 비싼 이용료를 내야 한다. 그 이유는 인천공항 이용료 1만 7천 원에는 문화체육관광부 출국 납부금 1만 원과 국제 빈곤퇴치기여금 1천 원이 포함되어 있기 때문이다. 이 중에서 문화체육관광부 출국 납부금 1만 원은 세금이다. 이 돈이 모여 정부로 들어간다.

그런데 맥쿼리가 인천공항을 인수하면 그 돈이 감액될 것이다. 맥쿼리는 이윤 추구를 가장 우선시하는 민간 기업임으로 정부에 세금을 낮춰 달라고 끊임없이 요청할 것이기 때문이다. 그렇다면 그들은 왜 세금을 낮춰 달라고 요구할까? 그 이유는 공항 이용료를 높이기 위해

서다. 이용료를 높이면 이용객들의 불만도 높아지기 마련인데, 그 불만을 잠재우기 위해 세금을 낮춰 달라고 요구하게 되는 것이다. 이용료가 높아져도 세금이 줄어들면 이용객이 부담하는 돈은 비슷해진다. 결국 황금알을 낳는 고정적인 세금 수입은 줄고, 그만큼 민간 기업은 배부르게 되는 이상한 현상이 벌어지는 것이다.

나는 인천공항 지분 매각이 이명박 패밀리의 비자금을 위한 절차라고 보고 있다. 세계적으로 봐도 부패한 나라의 경우 국유 재산이나 공기업 지분 매각에는 늘 정치권이 동원되었고, 이는 대통령을 비롯한 정치인들의 비자금 조성에 가장 효과적인 방법이었기 때문이다. 그 근거로 삼는 가장 큰 이유 중의 하나가 법을 개정해서라도 인천공항을 팔고 말겠다는 이명박 정부의 무리한 움직임이 전혀 타당성이 없어 보이기 때문이다.

만약 인천공항의 지분 매각이 정당하다면 법 개정을 서두를 것이 아니라 공청회와 청문회를 통해 철저한 검증이 먼저 필요할 것이다. 그리고 국민을 설득하는 절차를 취하는 것이 올바른 정부의 상식적인 일처리 방법일 것이다. 하지만 이명박 정부는 당위성이 없는 사업을 강행하려다 보니 이런 절차는 무시한 채 법을 바꿔서라도 추진할 꼼수만 생각하고 있다. 왜 지분을 매각하려는지 정확한 자료도 공개하지 않은 채 말이다.

대통령 패밀리들만을 위한 **노블리스 오블리제**

아버지 이명박이 국민들은 안중에 없고 오로지 자신과 자신의 패밀리들을 위해 동분서주 날뛰고 있을 때, 그의 패밀리들은 무엇을 하고 있었을까?

우선 아들부터 살펴보자. 아들 이시형이 언론에 처음 등장한 것은 2002년 6월, 대한민국이 월드컵 4강이라는 쾌거를 이루고 히딩크 열광에 싸여 있을 때다. 당시 텔레비전만 틀면 히딩크가 나오고, 시내 전광판이고 옥외 광고판이고 지나는 버스 꽁무니고 온통 히딩크 얼굴로 도배되다시피 할 때였다. 그리고 그 즈음 이명박 당시 서울시장은 히딩크에게 명예 서울시민증을 수여했다.

히딩크가 명예 서울시민증을 받던 그날, 시청 바깥에서는 수많은 사람들이(특히 아이들이) 먼발치에서라도 히딩크를 보기 위해 아침부터 몰려들어 북새통을 이루고 있었다. 그 과정에서 질서 유지를 위해 시청 직원들에게 수없이 핀잔을 받고 물리적인 제지도 당해야 했다. 물론 아이들을 데리고 온 부모들도 비슷한 수모를 고스란히 당해야 했다.

그런데 수여식이 열린 바로 그 자리, 4급 이상 공무원과 취재진만 들어갈 수 있었던 그 자리에 아들 이시형은(이명박 사위도 있었다) 당당하게 들어가 있었다. 그것도 반바지에 슬리퍼를 신은 채. 더구나 살짝 들어가 멀리서 히딩크를 본 것만도 아니고 대놓고 무대 위로 올라가 히딩크와 사진까지 찍었다.

이시형이 그렇게 할 수 있었던 것은 오직 그가 서울시장 이명박의 아들이었기 때문이다. 다른 이유는 있을 수 없었다. 그는 4급 이상 공무원도, 취재진도 아니었기 때문이다. 결국 서울시장이라는 아버지의 권력을 나누어 가진 셈인데, 그렇다면 그는 아버지의 책임도 나누어 가졌을까?

일반인이기 때문에 재산 공개를 하지 않은 대통령 아들

아버지 이명박이 대통령이 되고 난 뒤 미혼인 이시형은 아버지를 따라 청와대에 들어가 살았다. 미혼이니 청와대에 들어가 살 수도 있을 것이다. 그런데 이명박은 공직자 윤리 규정에 따라 2009년 재산 내역을 공개했는데, 그때 아들 이시형의 재산은 공개하지 않았다. '독립생계 유지자'라는 것이 이유였다(참고로 이시형은 이명박이 대통령에 취임하고 난 직후 전 재산이 3천656만 2천 원이라고 공개한 적이 있다). 어찌하여 '함께' 살면서도 '독립생계 유지자'가 되었는지 이해할 수 없지만 아무튼 그런 이유로 재산을 공개하지 않았다. 2010년과 2011년에도 이명박은 법에 따라 재산 변동 내역을 신고했는데, 역시 아들은 하지 않았다. 이유는 똑같았다.

물론 아들은 공직자가 아니기 때문에 사생활 보호 차원에서 공개를 거부할 수도 있다. 하지만 대통령쯤 되면 직계가족 역시 엄청난 권력의 혜택을 누릴 수 있고, 그래서 책임도 나눈다는 차원에서 공개하는 것이 국민 정서에 맞다. 실제로 노무현은 그렇게 했다. 대통령 재임 시절은 물론이고 퇴임 후에도 본인은 물론이고 하지 않아도 될 아들의 재산까지 공개했다.

그렇다면 직계 가족의 재산을 공개하지 않는 것이 무슨 문제가 될 수 있는 것일까? 물론 문제가 될 수 있다. 재산을 은닉하는 도구로 이용할 수 있기 때문이다.

대통령 아들과 청와대가 공동으로 땅을 사다

2011년 11월, 대한민국은 이명박 대통령 아들의 내곡동 땅 구입 문제로 시끄러웠다. 한 시사 주간지가 보도한 내용에 따르면, 서울 서초구 내곡동 20-17번지 외 3필지 528평의 등기부 등본을 확인해보니 대통령 경호실과 이명박의 아들 이시형의 공동소유로 되어 있었던 것이다. 어떻게 이런 일이 벌어진 것일까?

이 땅에 대한 감정평가 결과 이시형의 명의로 되어 있는 땅은 17억 원이었고, 청와대 경호실 지분은 25억으로 밝혀졌다. 그런데 실제로 전체 땅을 사는 데 들어간 돈은 54억이었다. 그렇다면 감정가 비율대로 한다면 이시형은 22억을, 경호실은 32억을 부담해야 하는 것이 맞다. 하지만 이시형은 11억 2천만 원만 부담했고, 나머지 42억 8천만 원은 청와대 경호실이 냈다. 약 10억의 돈을 국가가 개인에게 대신 내준 것이다.

과연 이런 일이 벌어져도 되는 것일까? 이것은 배임과 횡령 혐의를 받을 수 있는 사안인데, 실제로 민주통합당은 내곡동 땅 구입과 관련해 이명박 대통령 부부를 고발했다. 고발장에 나온 특정경제범죄 가중처벌 등에 관한 법률(배임)에 따른 처벌 규정을 보면, 이명박 대통령

부부는 5억 원 이상 50억 원 미만인 경우에 해당돼 3년 이상의 유기징역에 처해질 수 있는 사안이었다.

기사가 나가자 청와대는 이명박 대통령의 퇴임 후 사저 부지라고 해명했다. 그러고는 시세 상승을 우려해 아들 명의로 땅을 샀다고 했다. 그런데 청와대의 이런 해명은 그 자체로 너무나 어처구니없는 일이었다. 한 나라의 대통령이 퇴임 후 자신이 살 집의 땅을 다른 사람(비록 아들이지만) 이름으로 샀다? 이것은 부동산실거래법을 대놓고 어긴 것이다. 부동산실거래법을 위반한 이명박은 부동산 가격에 따른 과징금을 내야 한다. 현행법상 부동산 평가액 기준으로 5억~30억 원 이하는 10%의 과징금을 부과하기 때문에 최소 1억 원 이상의 과징금을 물어야 한다.

이명박 아들은 무슨 돈으로 땅을 샀을까?

이 말고도 문제는 한두 가지가 아니었다. 2008년 전 재산이 약 3천 600만 원이라고 했던 이시형이 어떻게 11억 2천만 원이란 돈이 있어 청와대와 공동으로 땅을 샀는가, 하는 점이다.

이시형은 매형 조현범이 부사장으로 있던 한국타이어에 인턴사원으로 입사한 뒤 3개월 만에 정규직으로 올라갔고, 이후 이시형의 외삼촌(이명박의 처남) 김재정과 큰아버지 이상은이 설립한 '다스'에 입사했다. 이시형은 그 뒤 계속되는 특혜 채용 파문을 일으켰는데, 내곡동 사저 땅 구입 문제가 벌어졌을 당시에는 다스 해외영업팀 차장으로 일하고 있었다. 그의 직책이 차장이라고 해도 평범한 월급쟁이로서는 서초동 노른자 땅을 구입할 여력은 없었을 것이다.

그러자 청와대는 내곡동 사저 구입 자금 중 6억 원은 대통령 부인 김윤옥의 소유인 논현동 대지를 담보로 이시형이 농협에서 대출을 받았고, 나머지 5억 2천만 원은 친척들에게 빌렸다고 해명했다. 돈은 그렇게 조달했다고 치자. 하지만 이자율을 연 5%만 잡아도 1년 이자만 6천만 원이다. 한 달이면 500만 원이다. 그런데 이시형의 연봉은 4천만 원대로 알려져 있다. 그의 월급만으로는 이자를 감당할 수 없는 수준이다. 그렇다면 누군가 대신 이자를 납부한다는 뜻인데, 만약 이명박이 대신 납부한다면 이것은 편법 증여에 해당한다.

아무튼 이 모든 것을 그러려니 하고 넘어간다고 해도 가장 납득할 수 없는 문제는 내곡동 사저 구매를 왜 이시형 개인 명의가 아닌 청와대 경호실과 함께 공동으로 구입했는가, 하는 것이다. 역대 대통령들의 경호 시설들을 살펴보면 사저 옆의 부지나 주택을 경호실이 별도로 매입하는 것이 관행이었다. 노태우의 경호 시설은 사저 옆 자신 소유 공터에 임시 건물을 지어 대체했으며, 김영삼은 사저 옆 민가 두 채를 매입해 경호 시설로 사용하고 있다.

청와대는 3필지인 내곡동 사저가 복잡한 상황이라 나중에 토지분할과 명의 변경을 할 것이라고 했지만 이런 절차상의 문제에서조차 편법을 사용하는 모습을 구태여 한 나라의 대통령인 이명박이 해야 하는 이유가 있었는지 몹시 궁금할 뿐이다.

그 많은 불법에 대해 모두 혐의 없음을 내린 백방준 검사

자, 주제를 다시 앞으로 돌려보자. 내곡동 사저 문제는 앞에서 이야기한 것처럼 부동산실거래법 위반부터 배임, 횡령, 편법 증여에 이르기까지 드러난 것만 해도 위법 사항이 한두 가지가 아니다. 그렇다면 대한민국 검찰은 어떻게 해야 할까? 당연히 수사를 해야 하고 당사자들을 불러 조사해야 할 것이다. 그런데 대한민국 검찰은 그렇게 했을까?

내곡동 사저 부지 매입 관련 의혹을 수사하던 서울중앙지검 형사 1부(부장검사 백방준)는 이명박의 장남 이시형에 대한 서면조사를 진행했다고 밝혔다. 부지 매입을 주도한 것으로 알려진 김인종 전 청와대 경호처장을 비롯해 관련 당사자들이 모두 소환되어 조사를 받았는데, 정작 가장 중요한 인물인 이시형은 서면조사로 끝냈던 것이다. 그것도 단 한 차례.

멀리 갈 것도 없다. 노무현 대통령은 전직 대통령이었는데도 봉하마을에서 대검찰청으로 소환돼 검찰 간부들이 모두 동원된 상태에서 치욕스런 수사를 받았다. 그에 반해 이시형은 대한민국 어느 공직에 있는 사람도 아니고, 있은 적도 없다. 그런데 많은 국민들의 눈과 귀가 쏠린 엄청난 비리 사건의 핵심 인물이었는데 불구하고 단 한 차례의 서면조사로 끝났다.

앞서 이야기했듯이 이시형은 일반인이라는 이유로 대통령 친인척 재산 공개 때 한 번도 응하지 않았던 사람이다. 그렇다면 일반인으로

서의 의무도 다해야 이치에 맞을 것이다. 그런데 자신에게 유리한 사안에 대해서는 일반인임을 내세우고, 자신에게 불리한 사안에 대해서는 대통령의 아들임을 내세워 빠져나간다면, 도대체 이 나라가 법으로 다스리고 있는 나라라고 할 수 있을까?

그렇다면 도곡동 땅 매입 비리의 최종 결과는 어떻게 되었을까? 2012년 6월 11일, 담당 검사 백방준은 그 모든 의혹에 대해 모두 혐의 없다고 결론 내리고 수사를 마무리했다.

대통령 전용기를 아버지 전용기로 착각한 딸

슬리퍼 신고 히딩크 옆에서 웃을 때부터 공과 사를 구별 못했던 이명박의 아들은 그렇다고 치고, 딸은 어떨까? 아들처럼 노골적으로 법을 위반하지는 않았지만 공과 사, 나랏돈과 개인 돈을 구별하지 못하는 것은 오십보백보였다.

이명박 대통령의 딸 이주연도 이명박 정부의 아무런 공식 직함이 없는 일반인이다. 그런데도 마치 공직자처럼 행세했는데, 가장 많이 구설수에 오른 것이 대통령의 해외 순방 동행 사건이었다.

가족이 대통령인 아버지를 따라다니는 것이 뭐가 문제냐고 할지 모르지만, 전용기를 타고 함께 다니는 것은 국민의 세금이 사용되기 때문에 문제가 있다. 그런데도 대통령 공식 순방에 이명박은 딸을 여러 번 데리고 다녔다. 이에 대해 언론의 비난이 일자 청와대는 민간외교 차원이라고 해명했는데, 딸과 함께 간 어린 손녀는 민간외교에서 무슨 역할을 했는지 궁금하다. 참고로 김대중과 노무현의 경우 해외 순방 때 영부인 외에 가족을 데리고 간 적이 단 한 번도 없다.

그래도 논란이 가라앉지 않자 이번에는 이명박 대통령과 김윤옥 여사의 코디를 조언해주기 위해 동행한 거라고 해명했다. 그러면서 따로 전담 코디를 두지 않는 청와대의 검소함을 강조했다. 만약 그것이 사실이라면 초등학생 외손녀는 대통령 부부의 코디와 무슨 관계가 있었던 것일까? 이번에도 역시 국민들이 수긍하지 않자 매번 동행 때마다 자비를 들여 갔다고 엉뚱한 변명을 했다. 대통령 전용기도 따로 항공권 구매가 되는가 보다.

아무튼 공과 사를 구별 못하고 국민 세금으로 가족 여행하는 데는 상습적인 것이 이명박 패밀리다. 2004년 이명박이 서울시장으로 있을 때 프랑스와 미국 순방을 가면서 부인을 데리고 갔다. 그렇다면 부인은 자비를 들여 갔을까? 아니다. 부인을 취재기자 명단에 올려 국민 세금으로 데리고 갔다. 그런데 더 웃긴 것은 당시 취재기자 한 명당 서울시가 보조한 경비가 4백여만 원이었는데 시장 부인의 경비는 1천 2백만 원으로 책정했다는 것. 이것은 장관급 수준이었는데, 서울시장이 장관급이다 보니 그 부인도 장관 대우를 받아야 한다고 생각했던 모양이다. 아무튼 한 시민단체가 밝힌 자료에 따르면 당시 이명박이 부인 김윤옥을 4년 동안 6차례나 해외 순방에 데려갔고, 이 때문에 낭비된 국민 세금이 4천300여만 원이라고 밝히기도 했다.

김윤옥 여사의 **계속되는 헛발질**

내친김에 대통령 부인 김윤옥 여사의 헛발질을 좀 더 살펴보기로 하자. 김윤옥은 영부인 자격으로 『김윤옥의 한식이야기』란 요리책을 펴내고 '한식세계화 추진단', '한식재단' 등을 만들어 다양한 한식 알리기 사업을 펼쳤다. 그 가운데 하나가 미국 뉴욕에 한식당을 개설하는 프로젝트였고, 김윤옥이 이를 주도적으로 진행했다.

이 프로젝트를 진행한 한식재단(명예 이사장 김윤옥)은 '뉴욕 플래그쉽 한식당 개설 운영사업 민간사업자 공모사업'을 벌였다. 뉴욕에 한식당을 개설하는 데 필요한 재원을 150억 원으로 계산하고, 50억 원은 국비로 지원하는 대신 나머지 100억 원을 투자할 민간 사업자를 모집했던 것이다. 그런데 참여하겠다는 기업이 한 곳도 없어 결국 수포로 돌아가고 말았다.

사실 이 사업은 처음부터 문제와 논란이 많았다. '뉴욕 플래그쉽 한식당' 사업은 미국 뉴요커에게 한식의 우수성을 널리 알리고 한식당의 품격을 높여 보겠다고 시작한 사업이다. 그런데 이 사업은 당시 뉴욕 요식업계에 있던 사람이라면 누구나 예견할 수 있었던 속칭 쪽박 사업이었다. 그 이유는 그동안 뉴욕에 많은 한식당이 진출했지만 장벽도 높았고 계속해서 실패를 맛봤기 때문이다. 그런데도 한식재단은 무리하게 사업을 추진했고, 결국 신청자가 없어 수포로 돌아가버린 것이다.

이 사업은 사업 타당성 말고도 시작부터 말썽이 많았다. 국민의 세금을 불투명한 사업에 투자할 필요가 있느냐 하는 논란부터, 왜 대통령 부인이 나서서 진행해야 하는가에 대한 논란도 제기되었다. 그러나 이런 논란에도 불구하고 국회 농림수산식품위원회는 관련 예산 50억 원을 배정했다. 그런데 예산이 배분되긴 했지만 어디까지나 이 사업은 '보류 사업'이었다. 예산은 배정하되 사업 진행은 당분간 보류하기로 했던 것이다. 그런데 한식재단은 멋대로 공모를 했고, 아무도 신청하지 않아 스스로 창피를 당하는 수모를 겪고 말았던 것이다.

아무튼 문제는 50억 원의 국민 세금이 지출되는 거대 사업이었지만, 식당 매입부터 운영, 관리 등 모든 것을 민간 사업자가 하도록 되어 있었기 때문에(정부와 민간의 공동추진은 말뿐이고) 사업이 추진되었다고 해도 추후에 많은 문제가 발생할 소지가 다분했다는 것이다. 이처럼 '사모님 예산', '청와대 눈치 보기' 등 말도 많고 잡음도 많았던 뉴욕 한식당 사업은 정확한 시장조사와 검증도 거치지 않고 전시 행정 위주로 시작하면서 날치기로 돈을 받아내고 강행했던 전형적인 영부인 생색내기 홍보 사업이었다.

참여정부 정책은 무조건 버려라?

이 사업을 보면서 나는 대한민국 관료사회의 문제점과 노무현 대통령이 왜 한나라당이 집권하면 '생각만 해도 끔찍하다'고 했는지 이해가 되었다.

이번 사건만 놓고 보면 마치 이전 정부는 한식과 관련한 세계화 사업을 전혀 하지 않은 것처럼 보인다. 하지만 사실은 그렇지 않다. 2005년 참여정부는 '한브랜드 사업'이란 이름으로 한국의 전통 음식, 한복, 한글, 한지, 한국 음악 등 한국 문화 브랜드를 육성하고 지원하는 전략을 세웠다. 이를 통해 한국의 문화를 해외에 널리 알리겠다는 것이 목적이었다. 그리하여 박람회도 개최하고, 종합적이면서 장기적인 발전 계획을 세웠는데, 2007년에는 '한스타일'이라는 브랜드명으로 새롭게 태어나면서 지속적으로 사업을 전개하면 한국의 다양한 문화를 세계적인 브랜드로 성장시킬 수 있을 것으로 전망되었다.

그런데 정권이 바뀌고 노무현 색깔 지우기에 혈안이 되어 있던 이명박 정권에 의해 이 사업은 빛을 잃기 시작했다. 그러고는 2008년 3월, '한식세계화'라는 개별 사업 이야기가 나오더니 2009년에는 '한식세계화추진단'이 발족되면서 김윤옥 여사가 명예위원장으로 활약하기 시작했다. 그리고 2010년에는 한식재단이 또 설립되었다.

한식재단 초대 이사장에는 광우병 파동으로 곤욕을 치렀던 전 농림수산식품부 장관 정운천이 임명되고, 김윤옥은 명예 이사장으로 등극했는데, 기존의 '한스타일'에서 굳이 '한식'만 따로 떼어낸 까닭도 이해할 수 없었지만, '한식세계화추진단', '한식재단' 같은 기구와 조직을 자고 일어나면 만드는 모습도 참으로 이해할 수 없었다.

한식을 포함해 한국 문화 전반을 세계에 널리 알리기 위해 '한스타일'이라는 브랜드로 장기적인 육성 계획까지 이미 세워놓은 마당에 무엇이 모자라서 수백억 원의 예산까지 투입해가며 비슷한 사업을 추진했는지 지금도 이해가 가지 않는다.

한편 김윤옥 여사는 앞서 이야기했듯이 국비 9천950만 원을 들여 『김윤옥의 한식이야기』라는 요리책을 발간하기도 했는데, 이 책에는 이명박 대통령도 자랑하는 '김윤옥표 닭강정'을 비롯해 김윤옥 여사가 손주들에게 즐겨 해주는 음식들이 나온다. 이들 음식을 소개하면서 김윤옥 여사는 '한식은 자연과 어울리고 몸에 이로운 음식'임을 강조했다.

그렇다면 손주들을 위해 늘 몸에 이로운 한식을 준비한다던 김윤옥 여사가 초파일을 맞이해 청와대를 방문한 동자승들에게는 어떤 음식을 내놓았을까? 보통의 엄마들도 웬만해서는 마시지 못하게 하는 색소덩어리 음료수와 과자였다. 이 이야기는 권양숙 여사의 동자승 대접 사진과 비교되면서 지금도 인터넷에서 돌아다니고 있다.

김윤옥의 비뚤어진 박물관 만찬

아무튼 김윤옥 여사는 먹는 것과 관련해 사고를 많이 쳤는데, 박물관 만찬 사건도 그 가운데 하나다.

2012년 3월 26일과 27일 이틀에 걸쳐 서울에서는 핵안보정상회의가 열렸다. 세계 정상들이 모여 핵안보에 대해 회의를 하는 동안 김윤옥은 정상들의 배우자들을 초청해 만찬과 문화행사를 벌였다. 그런데 하필 만찬을 벌인 곳이 국립중앙박물관 기획전시실이었다.

당시 기획전시실에는 국보급의 귀중한 유물이 전시되어 있었기 때문에 일반 관람객들은 음료수조차 가지고 들어갈 수 없었다. 그런데 김윤옥은 삼한시대부터 조선시대까지의 각종 금 장신구와 청자, 분청사기, 백자 같은 귀중한 유물이 전시되어 있는 곳에서 만찬을 열어 버젓이 수프와 등심구이를 제공했다.

어떤 사람들은 참여정부 시절 경복궁 만찬 사건도 있었는데 왜 김윤옥 여사의 박물관 만찬만 비판하느냐고 할 수 있을 것이다. 그런데 경복궁 만찬과 중앙박물관 기획전시실 만찬은 성격부터가 달랐다.

2004년 경복궁에서 열렸던 국제검사협회 만찬 장소는 경회루 앞 잔디밭이었지 유물이 전시된 곳이 아니었다. 그리고 경복궁 경회루는 평소에는 출입금지 구역이지만 제한적 개방의 일환으로 1년에 8번 정도 외국 사절에 한해 개방하기로 되어 있었다. 즉, 엄격한 절차와 관리 하에 개방이 가능했던 곳이고, 사실 경회루란 곳 자체가 원래 만찬을 하던 장소다.

당시 유홍준 문화재청장은 만찬 허용에 대해 여론의 비판을 엄청나게 받았다. 그런데 어떤 면에서는 그의 생각이 옳았다. 굳이 문화재를 꼭꼭 숨겨둘 필요는 없고, 문화재 마케팅 차원에서도 외국인들에게 개방하는 것이 좋기 때문이다. 그러나 개방할 수 있는 곳과 만찬이 열릴 수 있는 곳은 엄격히 구분되어야 했다.

논란이 거세지자 중앙박물관과 핵안보정상회의 기획단 측은 '이번 정상회의가 1박 2일로 짧아 만찬을 하면서 한국 문화의 대표적인 유물들을 소개하려다 보니 박물관에서 하게 되었고, 전시실의 경우 별도의 대관 규정이 없어 관례에 따른 것'이라고 밝혔다. 관례라고 했는데, 그렇다면 다른 나라 박물관들은 어떻게 할까?

사실 박물관 만찬 자체는 비판할 것이 못 된다. 우리나라뿐 아니라 세계 여러 곳에서, 특히 프랑스의 경우 문화재 마케팅 차원에서 박물관 만찬이나 파티를 많이 열기 때문이다. 그런데 같은 박물관 만찬이라도 여는 장소는 다르다. 외국의 경우 대부분 박물관 1층 로비에 만찬 테이블을 놓는데, 만찬 시작 전에 유물을 둘러보고 다시 로비로 와 음식을 먹는 구조다. 시간이 없는 경우 로비나 연회장 옆에 특별전시실을 만들어 만찬에 참석한 사람들에게 관람을 할 수 있도록 하기도 한다. 또 어떤 박물관 만찬을 보면 벽에 그림이 걸려 있기도 하는데, 그런 경우는 만찬 행사를 위해 특별히 제작된 그림이거나, 유물적 가치가 높은 명화가 아닌 현대 작가 또는 비슷한 시대의 그림인 경우가 대부분이다.

이처럼 외국의 경우 박물관에서 만찬을 해도 김윤옥 여사의 박물관 만찬처럼 국보급 유물이 전시된 곳에서 밥을 먹는 경우는 결코 없다. 이유는 너무나 간단하다. 만찬 준비를 하는 과정에서, 또 만찬 도중과 만찬 후 청소를 하는 과정에서 유물이 손상될 위험이 있기 때문이다.

더 황당했던 것은, 시간이 없는 정상 부인들을 위해 밥을 먹는 자리에서 유물을 둘러볼 수 있도록 박물관 만찬을 기획했다는 주최 측이, 엉뚱하게도 시간을 많이 잡아먹는 음악회 프로그램을 만찬 중간에 넣어 놓았다는 사실이다. 그것도 한국의 전통음악도 아닌 서양 음악회 시간을 말이다. 행사를 준비한 주최 측의 문화에 대한 인식 수준이 어느 정도인지 단적으로 보여주는 사례가 아닐 수 없다.

대한민국의 소중한 유물을 통해 우리나라의 찬란한 문화유산을 보여주고 싶었다면 국보급 유물을 더 소중히 다루는 모습부터 보여주었어야 했을 것이다. 각국 정상들의 부인쯤 되면 한 나라의 문화유산에 대한 안목이나 개념을 가지고 있을 가능성이 높다. 그 사람들 눈에 국보급 유물 전시관에서 만찬을 열어 밥을 먹게 한 대한민국이 어떻게 비쳐졌을까? 생각만 해도 얼굴이 화끈거리지 않을 수 없다.

이명박은 재임 중에 유난히 각종 정상회의를 많이 개최했고, 그때마다 대한민국의 국격이 높아졌다고 주장했다. 하지만 국격은 우리 조상들의 고귀한 손길이 깃든 문화재를 밥 먹는 자리에 갖다놓고 구경시켜 준다고 올라가지 않는다. 오히려 우리의 문화유산을 소중히 다루는 모습을 통해 우리 문화재의 가치도, 대한민국의 품격도 올라가지 않을까?

아무튼 결론은 '부전자전, 부창부수'다!

세금이 아깝다,

국민 모독 3종 세트

강용석
전여옥
김문수

정치판 화성인 바이러스
강용석

강용석 전 한나라당 의원은 지난 18대 국회에서 이슈의 중심에 섰던 인물 중 하나다. 그가 언론의 집중적인 조명을 받게 된 것은 성희롱 사건 때문이었다.

강용석은 지난 2010년 7월 16일 서울 마포구 홍익대 인근 고깃집에서 제2회 국회의장배 전국 대학생 토론대회에 참석한 남녀 대학생 20여 명과 저녁 식사를 하는 자리에서 일반인도 하기 어려운 성희롱적인 발언을 했다. 자칭 토론의 패널 구성에서 주목받는 방법을 알려주겠다면서 그가 한 말은 이렇다.

> "사실 심사위원들은 (토론)내용을 잘 안 듣는다. 참가자들의 얼굴을 본다. 토론할 때 패널을 구성하는 방법을 조언해주겠다. 못생긴 애 둘, 예쁜 애 하나로 이뤄진 구성이 최고다. 그래야 시선이 집중된다."

그는 여기서 그치지 않았다. 한 여자 대학생이 장래희망이 아나운서라고 이야기하자 그는 "다 줄 생각을 해야 하는데 그래도 아나운서 할 수 있겠냐?", "○○여대 이상은 자존심 때문에 그렇게 못 하더라." 고 했다. 또 청와대를 방문했던 한 여학생을 보면서는 "그때 대통령이 너만 쳐다보더라. 남자는 다 똑같다. 예쁜 여자만 좋아한다. 옆에 사모님(김윤옥 여사)만 없었으면 네 (휴대전화)번호도 따갔을 것"이라고 했다.

이 같은 사실은 중앙일보 보도로 언론에 알려지게 되었는데, 처음 이 기사가 나가자 강용석은 홈페이지와 블로그를 통해 자신은 결코 그런 말을 한 적이 없다고 강력하게 부인했다. 중앙일보 기사는 허위 왜곡보도이며 자신의 정치 생명을 걸고 사실을 끝까지 밝힐 것이라고 했다. 나아가 모든 법적 조치를 취할 것이라고 했다. 실제로 강용석은 기사를 작성했던 중앙일보 기자를 허위사실 유포에 따른 명예훼손 혐의로 고발했다.

강용석이 당시 홈페이지와 블로그에 게재한 글만 보면, 마치 중앙일보가 술자리에서 '카더라 통신'을 듣고 강용석을 죽이려는 음모를 꾸민 것처럼 보였다. 강용석은 기자회견을 자처했고 여전히 결백하다고 주장했다. 이런 강용석의 모습을 보면서 나는 부정과 불법이 밝혀지면 일단 오리발부터 내밀고 보는 정치인들의 비뚤어진 속성을 보는 것 같아 속이 영 불편했다.

예를 들어 김태호 전 총리 후보도 인사청문회에서 부인의 관용차 사용과 가사도우미 의혹에 대해 강력하게 부인하면서 결백을 주장했지만, 운행일지와 관련자들의 증언으로 궁지에 몰리자 결국 후보직을 사퇴했다. 신재민 전 문화체육관광부 차관도 SLS 그룹 이국철 회장에게 기자 시절부터 매달 수천만 원에서 억대까지 금품을 받았다는 주장에 대해 '엉터리 같은 애기'라며 부인하다가 검찰에 의해 기소되었고, 장광근 의원은 수천만 원의 불법 정치자금 혐의로 기소되었지만 "해당 계좌가 있는 줄도 몰랐다.", "그때는 국회의원이 아니었으니 정치자금이 아니었다."며 끝까지 부인했다. 하지만 결국 벌금 700만 원 유죄 판결을 받았다.

강용석은 아무 이해관계가 없는 수십 명의 대학생이 버젓이 보는 자리에서 성희롱 발언을 해놓고는 하지 않았다고 주장했다. 그렇다면 이해관계가 있는 사람들과 은밀히 만나는 정치인들은 얼마나 많은 부정한 일을 저지르고도 깨끗하다고 주장할까? 그들에게는 진실이 중요한 것이 아니라, 일단 오리발을 내밀고 자신은 결백하다고 주장하는 것이 정치인의 당연한 절차라고 믿는 모양이다.

강용석의 성희롱 파문 이후 아나운서들은 강용석 발언에 대해 강하게 반발하며 의원직 사퇴를 요구하는 것은 물론, 강용석을 상대로 집단소송을 제기했다. 그리고 새누리당으로 이름을 바꾼 당시 한나라당은 7월 20일 주성영 윤리위원회 부위원장의 긴급 브리핑을 통해 강용석을 제명하기로 결정했다고 밝히면서 그 전에 강용석에게 자진 탈당을 요구했다. 그리고 2010년 9월 2일, 한나라당 의원 총회는 만장일

치로 강용석의 제명을 확정했고, 강용석은 무소속 국회의원이 되고 말았다.

한편, 아나운서들로부터 명예훼손 혐의로 고소당한 강용석은 2011년 5월 25일 징역 6월에 집행유예 1년을 선고받아 형이 확정되면 의원직을 상실하게 될 처지에 놓였다. 물론 강용석은 항소했다. 하지만 항소심에서도 원심대로 유죄 선고를 받았다. 그러자 강용석은 대법원에 상고하면서 의원직을 계속 유지해나갔다.

한나라당은 성나라당

2011년 8월 31일 강용석 의원 제명안이 국회 본회의에 상정되었다. 하지만 재석 의원 259명 중 찬성 111명, 반대 134명, 기권 6명, 무효 8명으로 결국 부결되고 말았다. 강용석에 대한 국회 제명안 부결은 이해할 수 없는 부분이 많았다. 사회적 관심과 파문이 예상되는 중대한 사안임에도 국회가 안건 처리를 비공개로 진행한 사실 자체가 문제였다. 무엇이 두려웠기에 방청객을 내쫓고 카메라도 꺼버린 상태에서 진행했던 것일까?

국회의원들이 강용석을 구제한 이유는, 강용석을 제명하면 자신들 중에서 살아남을 자가 없기 때문이었다. 실제로 김형오 전 국회의장은 "이 정도 일로 제명한다면 우리 중에 누가 남을 수 있겠느냐?"라고 솔직하게 말하며 강용석을 적극 보호하고 나섰다. 사실 김형오의 말대로 만약 강용석의 제명안이 통과된다면 진짜 한나라당 국회의원 대다수가 제명될 것이 뻔했다. 그 이유는 다음과 같다.

2006년 2월 24일 최연희 의원은 기자들과 한나라당 당직자들이 함께 모여 술을 마시던 자리에서 박근혜 의원이 자리에서 일어나자마자 동아일보 여기자를 성추행했다. 이것이 문제가 되자 그는 나중에 "음식점 여주인으로 착각했다."고 말했는데, 그의 사고방식에서는 음식점 여주인은 성추행해도 된다고 생각하는 모양이었다. 아무튼 그의 변명을 듣노라면 자신이 성추행했던 사람이 여기자였기에 문제가 되었을 뿐이라는 억울함이 잔뜩 묻어 있었다. 이런 전력을 가졌는데도 최연희는 한나라당을 탈당한 뒤 무소속으로 출마해 동해시·삼척 19대 국회의원에 당선되었다.

역시 한나라당 국회의원인 김충환, 강재섭, 이재웅은, 마치 자신들이 성행위에 대한 우월 인자를 지닌 남성으로서 모든 여성들이 자기들만 바라보고 산다는 착각 속에 빠진 인물들이다. 먼저 김충환의 경우, 지난 2004년 성매매와 성매매 알선 행위를 금지하는 성매매 특별법이 시행되자, "18세부터 30세까지의 대한민국 결혼 적령기 성인 남성들은 무려 12년 동안이나 성 욕구를 풀 길이 없어졌다."며 "이로 인해 또 다른 사회 문제가 야기될 수 있기 때문에 대책을 세워야 한다."고 우려를 제기했다. 김충환의 논리대로라면 성행위를 하지 못하는 남성은 범죄를 일으킬 위험이 있다는 뜻이고, 여성은 오로지 남성의 성적 욕구를 충족시켜주기 위해 있는 존재라는 뜻이 되고 만다.

강재섭 전 한나라 당 대표는 지난 2007년 한나라당 기자 간담회 자리에서 문화일보에서 연재되고 있던 성인 만화에 빗대어 성적인 발언을 해 물의를 일으켰다. 그때 상황을 재구성해보면 이렇다.

강재섭 : 문화일보(기자) 어딨어? 요새 조철봉(만화 '강안남자'의 주인공)이는 왜 그렇게 안 해? 옛날에는 하루에 세 번씩도 하더니 요새는 '오늘은 한 번 하나?'하고 신문 펼쳐보면 한 번도 안 하데. 요즘은 철봉이 아니라 낙지가 됐어.

기자들 : 대표님, 여기자들도 있는데….

강재섭 : 아무리 그래도 그렇지 한 번은 해줘야지, 한번은.

기자들 : 대표님, 여기까지….(이후 화제 돌려서 다른 이야기를 하면서 식사 진행)

- 한겨레신문 2007년 1월 5일

그리고 이재웅 의원은 2006년 한나라당 당직자들과 기자들이 모여 식사하는 자리에서 경북 청송감호소 재소자 방문 계획을 말하는 와중에 '보호감호법 폐지에 문제가 있다'고 지적하면서 자신의 양손으로 여성 재소자들이 창살 밖으로 가슴을 내미는 시늉을 하며 "창틀에 기대서 남성이 지나가면 한 번 줄까, 한 번 줄까 하더라."는 말을 하는 등 성적 발언으로 물의를 일으켰다.

그런가 하면 정몽준 의원은 2008년 총선 유세 도중 자신을 인터뷰하러 온 여기자의 볼을 쓰다듬는 추행을 저질렀다. 그러고는 문제가 되자 "인파가 많아 본의 아니게 그랬다."고 변명했지만 동영상을 확인한 결과 의도적인 것으로 드러났다. 그러자 이번에는 "피곤해서 그랬다."는 어처구니없는 변명을 했다. 피곤한 남자들은 모두 여자의 볼을 쓰다듬어도 된다는 말일까?

'따먹 문수'라는 별명이 붙은 김문수 경기도지사는 춘향전을 두고 "변 사또가 춘향이 따먹으려는 것 아니냐?"고 말해 물의를 일으켰다. 김문수는 예전에도 공개된 장소에서 소녀시대를 보고 '쭉쭉빵빵'이라고 이야기한 적이 있는데, 김문수에게 여성은 오로지 외모와 성적인 표현의 수단으로밖에 인식되지 않는 존재인 셈이었다.

'보온 상수'를 비롯한 각종 신조어 제조기 안상수 의원은 어린 여성 걸그룹을 한 번 보더니, 혼자 상상의 나래를 펼쳐 룸살롱 여성으로 만들고는 "자연산이 더 좋다."라는 망언을 내뱉었다.

한나라당 지도부의 성추행 발언의 백미는 뭐니뭐니해도 이명박이다. 2008년 당시 대선 후보였던 이명박은 중앙일간지 편집국장들과 함께 술을 마시는 자리에서 인생의 지혜를 설파한다며 "현지에서 오래 근무한 선배는 마사지걸들이 있는 곳을 갈 경우 가장 얼굴이 덜 예쁜 여자를 고르더라. 예쁜 여자는 이미 많은 손님들을 받았겠지만 예쁘지 않은 여자들은 자신을 선택해준 게 고마워 성심성의껏 서비스를 하게 된다."고 말했다.

친구들과 엉큼한 장소에서 술을 진탕 먹고 해도 뻘쭘할 이야기를 교회 장로라는 사람이 중앙 일간지 편집국장 10여 명과 가진 술자리에서, 그것도 인생의 지혜라며 한 말이었으니 그가 평소 여성을 어떻게 생각하는지 알 만했다. 그런데 이 발언이 문제가 되자 그는 해명을 했는데, 그것이 더 가관이었다.

"모든 사람들에게 골고루 기회가 주어져서 모두가 자기 일에 최선을 다할 수 있게 해야 한다는 취지였을 뿐, 일부 매체에서 암시하는 특정 직종을 언급한 것이 아닙니다."

이렇듯 성(性)나라당이 되어 버린 한나라당에서는, 김형오 전 국회의장이 강용석의 국회의원 제명 부결을 위해 '누구든지 죄 없는 사람부터 돌을 던져라'라는 성경 구절까지 인용하면서 보호하려 했는데, 한나라당 태생 자체가 강용석에게 돌을 던질 수가 없다는 의미에서는 아주 옳은 소리를 했는지도 모른다. 그들 자체가 돌을 던지기는커녕 돌에 맞아 죽을 짓을 했던 집단이니 말이다.

'동일 전과범'이라는 범죄 용어가 있다. 사실 교도소에 들어가면 동일 전과범들끼리 범죄 수법을 배워 출소 후 다시 범죄를 저지르는 일이 다반사다. 그래서 교도소를 '학교'라고 하는지도 모른다. 한나라당(지금의 새누리당) 국회의원들의 성희롱, 성추행 관련 기사를 접하다 보면, 한나라당에 들어가면 동일 범죄 전과범들이 너무 많아서 성희롱, 성추행, 여성 비하 발언에 대한 노하우를 전수받고 시도 때도 없이 행동으로 실천하게 되는가 보다, 라는 생각이 들어 분노보다 서글픈 생각이 들 때가 많다. 게다가 강용석 제명안을 부결시킨 전례까지 있으니 앞으로 얼마나 더 많은 국회의원들이 날뛸지 벌써부터 걱정이다.

강용석, 박원순 저격수로 나서다

이슈를 몰고 다니던 강용석은 국회의원 제명안이 부결되자 한동안 잠잠하더니, 10·26 재·보궐 선거가 시작되자 박원순 저격수로 나섰다. 그는 박원순 후보의 학력과 아름다운재단을 물고 늘어지면서 나경원 서울시장 후보를 뒤에서 열심히 도왔다.

그는 연일 박원순 후보에 대해 네거티브 공격을 하면서 마치 자신이 진실을 규명하는 양심적인 사람인 것처럼 행동했다. 그런데 과연 그는 무엇 때문에 그리고 어떤 근거와 방법으로 박원순 저격수를 자처했을까?(그런데 '저격수'란 말은 강용석에게 너무 과한 표현이다. 저격수는 단 한 방에 목표물을 맞히는 사람을 말하지만 강용석은 무차별로 쏘아대고도 한 발도 맞추지 못했다. 따라서 저격수가 아니라 '난사수'라 해야 할 것이다)

먼저 강용석은 박원순 후보의 하버드 대학과 스탠퍼드 대학 객원연구원 경력이 허위라고 주장하며 의혹을 제기했다. 그러면서 박원순이라는 이름을 찾을 수 없다는 하버드 대학의 이메일을 공개했다. 어떻게 된 것일까?

강용석은 하버드 대학에 이메일을 보내 박원순이 그곳 로스쿨에서 객원연구원으로 학위를 받았는지 물었다. 그러자 하버드 대학은 박원순이 학위를 받지 않았다고 답변하면서, 그러나 그가 객원연구원으로 있었는지는 자료가 분명치 않기 때문에 확실히 이야기할 수 없다는 답변을 보내왔다.

그러자 강용석은 이 이메일을 언론에 공개하면서, 박원순의 하버드 대학 로스쿨 객원연구원 경력은 허위라고 주장했다. 그런데 여기에는 두 가지 문제점이 있었다. 첫째, 그는 하버드 대학으로부터 답신 이메일을 받기도 전에 이미 자신의 블로그에 박원순의 하버드 대학 객원연구원 경력이 허위라는 내용의 글을 올렸다는 사실이다. 이것은 진실은 하나도 중요하지 않고 오로지 흠집을 내겠다는 것 말고 다른 목적이 없다는 것을 스스로 보여준 것이나 마찬가지다.

다른 한 가지 문제는, 박원순은 하버드 대학 로스쿨에 '객원연구원으로 있었다'고 했지 학위를 받았다는 말을 한 적이 없다. 따라서 하버드대에서는 당연히 학위 사실이 없다고 회신을 했을 것이다. 결국 강용석은 전혀 엉뚱한 질문을 해놓고는 그 대답을 근거로 경력 허위라고 떠들었던 것이다. 마치 삼겹살집에 가서 등심 있냐고 물어놓고는 '그 집에는 고기가 없다고 하더라'고 떠드는 것과 똑같은 짓이었다.

그런데 이 사실이 알려지고 난 몇 시간 뒤 스탠퍼드 대학에서 박원순 측에 보낸 이메일이 인터넷에 공개되었는데, 그의 객원연구원 경력에 아무 문제가 없다는 내용이었다. 스탠퍼드 대학에서는 박원순 후보가 스탠퍼드 대학 프리만 스팡슬리 국제학 연구소(Freeman Spogli Institute for International Studies) 아시아태평양연구소(APARC : Asia Pacific Research Center)에서 객원연구원 활동을 했다고 분명히 밝혔다. 동시에 박원순의 이력에 아무 문제가 없다는 충분한 이야기도 해주었다.

통상적으로 이런 이메일을 받으면 객원연구원이었다는 경력을 인정하는 것이 상식적인 사람의 모습일 것이다. 그런데 강용석은 황당한 주장을 다시 펼쳤다. "스탠퍼드 대학의 회신은 스탠퍼드 대학의 입장이지 국내 입장은 아니다."라는 주장이었다. 그러고는 "이런 가치판단을 왜 그 연구소의 비서가 해야 하는 거죠? 우리나라의 유권자와 검찰, 법원이 해야지."라는 해괴한 논리를 펼쳤다. 그러고는 국내에서 별도로 검증해야 한다고 주장했다.

경력 검정이 무슨 사상이나 성향 검증도 아니고, 해당 기관의 검증을 못 믿겠으니 국내에서 다시 검증해야 한다? 도대체 스탠퍼드 대학의 경력을 스탠퍼드 대학이 증명해준 것을 믿지 못한다면 국내에서 누가 무엇을 어떻게 검증한단 말일까? 이것은 마치 강용석이 남자라는 사실은 본인의 생각일 뿐, 대한민국에서는 별도의 검증이 필요하다고 주장하는 것과 비슷하다고 할 수 있다.

그러더니 이번에는 자신이 하버드 대학 출신이라 하버드 대학 이메일만 믿겠다는 말도 안 되는 논리를 펼치기도 했다. 그러자 박원순 측은 하버드 대학에서 보낸 이메일도 인터넷에 공개했다. 박원순이 하버드 대학 로스쿨 객원연구원으로 있었다는 내용의 이메일이었다.

무조건 흠집부터 내고 보려는 무책임한 돌 던지기

강용석이 박원순 후보를 그렇게 공격하면서 나경원을 측면 지원했지만 결국 박원순이 서울시장에 당선되었다. 그렇지만 그에게 있어 박원순에 대한 공격은 어차피 자신의 존재감을 내세우기 위한 공격이었기 때문에 시장이 된 박원순에 대한 공격은 계속되었다. 대표적인 것이 박원순 아들의 병역 의혹 제기였다.

박원순 시장의 아들은 대학을 졸업하고 대학원 진학을 준비하던 중 지난 2011년 8월 공군에 지원해 훈련소에 입소했다. 그런데 사흘만에 귀가 조치되고 말았다. 이에 대해 박원순 당시 서울시장 후보는 고교 시절 축구 시합에서 부상당한 후유증 때문이라고 해명하면서, 대학병원에서 통원 치료를 받은 뒤 10월 말 재검을 받고 다시 입대할 것이라고 밝혔다. 그러던 중 서울시장 선거가 끝났고, 박원순 시장의 아들은 11월 25일 재입영 통지를 받았다. 하지만 12월 9일 '수핵탈출증(허리 디스크)'으로 병사용 진단서를 발급받고, 재검을 통해 현역 복무 대신 4급 공익근무요원 판정을 받았다.

그러자 강용석은 박원순 시장의 아들이 병무청에 제출한 자기공명영상(MRI) 사진이 다른 사람의 것과 바뀐 것이라는 의혹을 제기했다. 박원순 쪽에서 제출한 MRI 사진은 등쪽 피하지방이 3센티미터가 넘어 고도 비만 환자의 MRI 사진으로, 마른 체형인 박원순 아들의 것이 아니라는 주장이었다. 이 같은 의혹 제기에 대해 박원순 측은 대응할 가치가 없다며 간단히 묵살했다.

그러자 강용석은 자신의 블로그를 통해 박원순의 아들이 신체 건강하다는 것을 증명하는 동영상과 사진을 공모하고 나섰고, 박원순의 아들이 허리를 펴고 걸어 다니거나 지하철 계단을 오르내리거나 하는 모습의 동영상이나 사진을 찍어 보내주면 현상금 100만 원을 주겠다는 광고까지 했다. 그리고 지난 2012년 2월 6일 그는 박원순의 아들이 계단을 내려가는 모습을 담은 동영상을 공개하면서 공격의 끈을 늦추지 않았다.

논란이 좀체 가라앉지 않자 2월 15일 병무청 관계자가 직접 해명에 나서서 "박씨(박원순의 아들)가 제출한 MRI 사진과는 별도로 병무청에서 CT(컴퓨터 단층 촬영)를 했다. 영상외과와 신경외과 전문의가 CT에서 나타난 골격과 골밀도, 디스크 정도를 확인한 결과, MRI 사진이 박씨의 것이 확실하다는 판정을 내렸다."고 밝혔다. 각 지방 병무청에서는 재검 대상자가 제출한 MRI 사진 자료와 병무청에서 찍은 CT를 비교·대조해서 확인하는데, 이를 통해 박원순의 아들 본인의 것임을 확인했다는 것이었다.

그런데 이번에는 연세대 의대 한석주 교수가 감사원 사이트의 자유토론방에 글을 올려 박원순 아들의 병역 의혹에 대한 감사를 촉구하고 나섰다. 한석주 교수는 박원순 아들이 제출한 MRI 사진은 등의 피하지방 두께로 보아 상당한 비만체 사진이라고 전제한 뒤, 박원순의 아들과 같은 체격에서는 나오기 불가능하다면서 MRI 사진이 바꿔치기 된 것이 확실하다고 주장했다. 한석주 교수는 성폭행 피해를 당한 나영이에게 인공항문을 달아줘 화제가 되었던 의사다.

그런가 하면 대한비만학회 이사인 충남대 가정의학과 김성수 교수도 MRI 사진이 바꿔치기 된 것 같다고 주장하고 나섰다. 김성수 교수는 박원순 아들의 비만도는 정상인데, 이런 경우 등쪽의 피하지방 두

께가 3센티미터 이상 되는 경우는 거의 없다고 말하면서, 그런데도 병무청에서 직접 촬영한 CT와 박원순 아들이 제출한 MRI 사진이 같다면 병무청에 제출한 MRI 사진이 본인의 것이 아니거나, 박원순의 아들이 복부와 등에만 피하지방이 비정상적으로 많이 축적되어 있는 특이 체질이라는 이야기인데, 자신의 소견으로는 MRI 사진이 바뀌었을 가능성이 있으니 감사가 필요하다고 했던 것이다.

강용석의 의혹 제기에 대해 대응할 가치가 없다며 무대응으로 일관하던 박원순 측은 마침내 공개적으로 아들의 신체검사를 다시 했다. 그것도 MRI 사진 바꿔치기 의혹을 제기했던 한석주 교수가 일하고 있는 연세대 세브란스 병원에서 했다. 그리고 세브란스 병원은 2월 22일 MRI 촬영 결과 조작이나 바꿔치기가 없었다는 결론을 내렸다. 검사를 맡았던 의료진은, 박원순 아들의 경우 등쪽에 지방층이 두껍게 나왔고 요추 4번과 5번 디스크가 튀어나온 것을 확인했다면서, 박원순의 아들이 고도 비만은 아니지만 등쪽에 유난히 지방층이 두꺼운 특이 체질로 보인다고 설명했다.

한편 강용석은 박원순의 아들에 대해 병역 의혹을 제기할 때부터 공개 신체검사를 주장했는데, 만약 다시 4급 공익근무요원 판정을 받는다면 자신이 의원직을 사퇴하겠다고 했다. 그리하여 공개 신체검사 결과가 발표된 직후, 강용석은 박원순 측에게 공개적으로 사과하고 의원직 사퇴를 발표했다.

그렇다면 강용석은 의원직을 사퇴했을까? 물론 하지 못했다. 어처구니없게도 이번에는 의원 사퇴를 받아줄 사람이 없었기 때문이다. 국회법상 국회의원의 사퇴는 회기 중에는 본회의의 동의가 있어야 하고, 폐회 중에는 국회의장의 허가가 있어야 하는데, 당시 돈 봉투 파문으로 박희태 국회의장이 의장직 사퇴를 밝힌 터라 의원직 사퇴서를 처리해줄 당사자가 없었던 것이다. 그리고 본회의 의사 일정은 여야 간 선거구 확정 대립으로 지연되면서 공전하고 있던 터라 언제 열릴지 아무도 모르는 상황이었고, 2월 임시국회가 마무리되면 총선 정국이 되어 사실상 18대 국회는 끝나고 말 상황이었다.

결국 강용석은 본인의 의사와 상관없이 18대 국회 종료까지 법적으로 의원직을 유지할 수 있었고, 그 전에 이미 19대 총선 출마를 선언했던 그로서는 따지고 보면 그의 튀는 행동 모두가 진실 여부와 관계없이 결과적으로 자신의 선거운동의 일환이었던 셈이다.

아무것도 하지 않는 국회의원, 세비가 아깝다

1969년 서울에서 태어난 강용석은 경기고 재학 중이던 1987년 MBC 장학퀴즈에 출연해 장원을 해 대학 등록금을 지원받기도 했다. 그리고 서울대 법대 재학 중에 사법시험에 합격하고, 하버드 법대에서도 공부한 이력이 있다. 한마디로 잘 나가는 엘리트였다.

하지만 그의 어린 시절은 불우했다. 서울 마포구 대흥동에서 태어난 그는 공동 화장실을 사용해야 할 정도로 가난한 집안에서 자랐고,

1997년 공군 법무관으로 제대한 뒤 판사가 되고 싶었지만 당시 아버지가 교도소에 수감되어 있는 관계로 판사 임용을 받지 못할 정도로 집안 환경이 불우했다.

이처럼 가난하고 불우한 환경에서 자랐지만 강용석은 열심히 노력해서 성공했고, 그 점을 높이 산 국민들은 그를 국회로 보내 나라를 위한 일을 해 달라고 부탁했다. 그런데 지금까지 살펴본 것처럼 그가 한 '짓들'이란 많이 배우지 못한 사람들도 하지 않을 비상식적인 일들이었다. 이런 사람을 국회에 앉혀놓고 나라에서는 국민들의 세금으로 엄청난 돈을 지급했다.

국회의원의 세비(월급)	보좌관 연봉
세 비 : 940만원	4급 보좌관 2명 : 6천400만원
활 동 지 원 비 : 670만원	5급 비서관 1명 : 5천300만원
차 량 유 지 비 : 125만원	6급 비 서 1명 : 3천600만원
통 신 요 금 : 91만원	7급 비 서 1명 : 3천100만원
사무실운영비 : 50만원	9급 비 서 1명 : 2천400만원
사무실용품비 : 25만원	
입법정책개발비 : 233만원	
기타의정활동비 : 148만원	

(2010년 말 기준)

출석률 26%인 국회의원

국회의원은 법을 제정하는 임무가 가장 크다. 그런데 4년 동안 강용석이 한 일이라고는 법안 4건을 발의한(대표 발의) 것이 전부인데,

그것도 3건은 임기 만료로 폐기됐다. 이것이 수억 원의 국민 세금을 받아 쓰면서 지금까지 국회의원 강용석이 한 일이다. 참고로 18대 국회에서 초선의 이명수 자유선진당 의원은 354건의 법안을 발의해 1위를 했다(나는 '대표 발의'만 국회의원의 입법 활동으로 규정하는 입장이다. 국회의원들 간의 '품앗이 이름 넣기'로 전락한 공동 발의는 진정한 국회의원의 입법 활동이 아니다).

어쩌면 그는 이렇게 변명할지도 모르겠다. 법안 발의는 절차가 복잡하고, 정당과 여러 사람들의 이해관계가 복잡하게 얽혀 있어 쉽지 않다고. 서울대 법대와 하버드 법대를 나오고, 현재 변호사로 활동하는 법 전문가가 법안 발의가 어렵다고 한다면 도대체 어떤 국회의원이 입법 활동을 해야 한단 말일까?

백번 양보해 법안 발의는 그래서 못했다고 하자. 그렇다면 가장 기본적인 본회의 출석률을 따져보자. 국회 본회의는 중요한 안건을 처리하는 국회 활동의 핵심이다. 그런데 당선 초기인 2008년에는 93.3%의 출석률을 보이더니 2011년에는 41회 중 결석만 30회, 출석률은 26.83%였다. 학교라면 벌써 퇴학당했을 수준이다. 또 백번 양보해 2011년은 성희롱 파문 때문에 의정활동을 못해서 그렇다고 하자. 그렇다면 2010년은 어떨까? 49회 중 결석이 18회로 출석률은 57.14%다. 혹시 상임위원회 활동으로 출장을 갔는가 확인해봤지만 2010년에는 청가(請暇)만 3회였고 출장은 단 한 건도 없었다.

강용석은 개그콘서트의 사마귀 유치원에서 최효종이 국회의원을 모욕했다고 형사 고소했던 적이 있다. 그런데 어떻게 대한민국은 법안 발의도 제대로 못하고, 국회 본회의 출석도 잘 하지 않는 국회의원을 버젓이 국회에 출입시키고, 국민의 세금으로 월급까지 꼬박꼬박 지급하고 있는지 모르겠다. 정작 국회의원으로서 할 일은 안 하고 세금만 꼬박꼬박 챙겨가는 그의 모습이야말로 진짜 국민을 모독한 것이 아닐까?

이름만 들어도 기분이 나빠지는 **분노 유발자 전여옥**

한때 '박근혜의 무수리'라고 불렸던 전여옥 전 한나라당(지금의 새누리당) 의원은 '박근혜의 복심(腹心)'이자 '박근혜의 입'으로 한나라당에서 막강한 지위와 권력을 누렸던 인물이다. 그런데 어느 날, 전여옥은 "당에 대한 헌신과 애정, 나라에 대한 그분의 사랑을 존경한다."고 했던 박근혜를 공격하기 시작했다.

"박 위원장의 패션(Fashion)에는 패션(Passion)이 없다."

"보좌관이 박근혜 위원장이 쓸 샴푸를 사야 하는데 단종이 돼 아무리 찾아도 못 찾은 일이 있었다. 왜 최근에 나온 제품들을 안 쓰고 옛날 제품을 쓰는지 모르겠다."

"하루는 어머니들과의 대화를 위해서 패스트푸드점을 찾았는데 박 위원장이 햄버거를 먹지 않고 있기에 왜 먹지 않느냐고 물었더니 대답이 없더라. 보좌관이 포크와 나이프를 들고 오니 그제야 먹었다."

"클럽에 갈 때도 왕관을 쓰고 갈 것 같다."

사실 전여옥이 박근혜를 공격하기 시작한 것은 2007년 한나라당 대통령 후보였던 이명박을 지지하던 시절이 아니다. 훨씬 이전부터다. 2002년 대선 당시 정몽준이 이끌던 '국민승리21'에 있을 때 전여옥은 박근혜를 향해 '영남 공주', '아버지 박정희의 정치적 유산 상속자'라고 맹공격을 퍼부었다. 그리고 2004년 총선을 앞두고는 당시 최병렬 대표의 제의로 한나라당에 입당하면서 '박정희 대통령의 딸이 한나라당 대표가 된다면 화약을 지고 불 속에 뛰어드는 격'이라며 박정희와 박근혜를 싸잡아 비난했다.

이랬던 그녀가 한나라당 대변인이 되면서 '박근혜의 복심(腹心)'으로 불리며 박근혜를 향해 '나라를 위해 모든 것을 건 사심 없는 정치인'이라 찬양하며, "박근혜의 당에 대한 헌신과 애정, 나라 사랑을 존경한다."며 극찬을 늘어놓았다. 그러고는 자신이 한나라당 안에서 박근혜의 속마음을 가장 잘 읽는 인물이자, 박근혜의 핵심 의원임을 자처했다.

그랬던 그녀가 2007년 대선에서는 돌연 박근혜와 경쟁하던 이명박을 지지하고 나섰다. 그러고는 이번에는 이명박을 소리 높여 찬양했다.

"꿈을 눈앞의 현실로 만든 최초의 정치인"

"배고픔에 소리 죽여 울어보고, 없는 설움과 아픔을 겪은 사람"

"이 절망의 시대에 샐러리맨의 신화에 기름을 부어 대한민국의 신화를 활활 타오르게 할 인물"

정몽준 → 박근혜 → 이명박 → 국민생각(2012년 4·11 총선 후 없어져버린 정당)을 차례로 찬양하는 모습을 보면서 나는 그녀가 도대체 어떤 인물인지 종잡을 수가 없었다.

잘 나가는 권력자에게 편승하는 박쥐 같은 정치인

전여옥의 정치적 변신의 가장 큰 특징은 앞으로 잘 나갈 것 같은 정치권력에 재빠르게 편승하는 모습이었다. 아무리 욕을 하고 비난했던 사람이라도 그가 권력의 중심부에 들어설 것 같으면 잽싸게 그 사람에게 몸을 던졌다. 그리고 권력의 단맛을 충분히 빨아먹었다.

어떤 정당의 권력 구도를 알고 싶으면 전당대회를 잘 들여다보면 된다. 그리고 정당의 권력 구도는 전당대회를 통해 바뀐다. 당 대표와 최고위원을 뽑는 전당대회에서 입김과 영향력이 센 사람이 어떤 발언을 하느냐에 따라 희비가 엇갈리는데, 이 때문에 정치인들은 권력의 중심에 서 있는 사람에게 줄을 대거나 잘 보이려는 노력을 많이 하게 된다.

전여옥은 2006년 한나라당 전당대회에서 태풍의 눈으로 많은 사람들에게 각별한 관심을 받았다. 이런 그녀의 배경에는 박근혜가 있었고, 최고위원으로 뽑힌 이유도 박근혜가 전여옥을 밀어줬기 때문이다. 늘 경박한 발언으로 문제를 일으켰던 전여옥을 감싸주었던 사람도 박근혜였다. '김대중 대통령 치매 노인' 발언과 '고졸 대통령 노무현' 막말 사건이 일어났을 때도 박근혜가 앞에 나서서 공개 사과를 했을 정도다.

하지만 박근혜의 이런 배려는 전여옥의 권력을 향한 욕망 앞에서는 일고의 가치도 없는 것이었다. 그녀는 정치권력의 속성이 움직일 때마다 의리는 쓰레기통에 처박아버리고 권력을 향해 헐레벌떡 뛰어갔을 뿐이다. 2007년 대선을 앞두고 이명박이 유리할 것처럼 보이자 돌연 박근혜를 버린 것도 이런 이유 때문이다. 그 후 전여옥은 친이계로서 한나라당 안에서 박근혜의 저격수가 되었다.

전여옥은 박근혜를 공격하는 정당성을 자기가 박근혜를 잘 알기 때문이라는 복선을 늘 깔고 갔다. 즉 자기만큼 박근혜를 아는 사람이 없고, 자기가 바라본 박근혜의 실체가 이러하니 자신의 말은 정확하며 진실이라고 수상했다.

"박근혜 후보, 내가 당에 들어와 지난 3년 동안 지켜봐왔다. 가까이서 2년을 지켜보았다. 그래서 나는 잘 알고 있다. 대통령감은 아니라는 것을. 나라를 위해서 그녀가 과연 대통령직을 제대로 수행할 수 있을까? 그에 대한 나의 답은 이미 정해졌다. 아니다.

No였다."

"박근혜의 권력의지는 대단했다. 나는 그녀를 관찰하면서 아, 저렇게까지 대통령이 되고 싶을까 싶었다. 그녀에게 있어서 권력이란 매우 자연스럽고 몸에 맞는 맞춤옷 같은 것이라는 것, 그리고 더 나아가 그녀에게는 생활필수품이라는 것을 말이다."

-『i전여옥』 중에서

그러나 전여옥이 보는 것은 진실도, 진정한 판단도 아니었다. 정치적 욕망에 사로잡힌 비뚤어진 눈으로 모든 사물을 자기 멋대로 해석하여 자기에게 유리한 쪽으로 만들어갈 뿐이었다. 그리고 그것을 철저히 자신을 위해 써먹는 잔기술에 그녀는 능했다. 흔히 보수가 진보세력을 욕할 때 써먹는 '반대를 위한 반대'를 위한 논법으로 그녀는 모든 것을 꿰맞출 뿐이었다.

공천 탈락 3일 만에 '국민생각'에 입당

전여옥은 2012년 4·11 총선에서 새누리당(이전의 한나라당)의 공천을 받지 못했다. 박근혜를 공격해 친이계의 사랑을 받았던 그녀가 친이계에서 버림받자 더 이상 갈 곳이 없었다. 결국 그녀가 생각한 것은 새로운 백마 탄 왕자였고, 그것은 새롭게 탄생한 '국민생각'이었다. 그녀는 망설임 없이 국민생각에 입당했다. 공천에 탈락한 지 겨우 3일 만이었다. 자신이 속해 있던 정당을 어떻게 생각하고 있었는지를 너무나 잘 보여주는 처신이 아닐 수 없었다. 그리고 입당 3일 만에 최고위원 겸 대변인으로 임명됐다.

전여옥은 자신이 국민생각에 입당하게 된 배경이 무너진 보수를 재건하기 위해서이고, 새누리당에 대한 의리보다 애국심 때문이라고 밝혔다. 그러나 상식적인 잣대로 보면 그녀가 대한민국을 지키려는 모습은 위험하기 짝이 없다. 그녀가 가진 생각은 권력을 향한 비뚤어진 욕망 말고는 아무것도 아니었기 때문이다.

그녀의 이런 애국심을 보노라면 마치 서청이나 정치 깡패들이 각목 들고 정치판을 휘두르던 생각이 난다. 그들은 각목을 들었고, 전여옥은 독설을 퍼붓는 입을 가졌다는 차이뿐이랄까? 한나라당 안에서 박근혜의 힘으로 권력의 단맛을 누리던 전여옥이 2007년 대선을 앞두고 박근혜를 버리고 이명박에게 가면서 이런 말을 했다.

> "박근혜 후보와 함께 간다면 편할 수도 있었겠지만, 5년 뒤 과연 국민이 어떤 평가를 내릴까를 생각했다. 단군 이래 이렇게 많은 검증을 받고 있는 후보가 어디 있을까, 하는 생각도 했다."

전여옥에게 묻고 싶다. 이명박과 함께했던 지난 4년간 국민은 이명박 정권에 대해 어떤 평가를 하고 있는가? 왜 아직도 그 검증이 끝나지 않고 있을까?

『일본은 없다』 결국
표절로 밝혀지다

사실 전여옥은 『일본은 없다』라는 책으로 유명인이 되고 국회의원 배지까지 단 인물이다. 그런데 최근 자신의 정치 근간이라 할 수 있는 이 책이 표절이라는 대법원의 최종 판결이 내려졌다. 지난 8년 동안 국회의원으로 있으면서 절대 표절이 아니라고 주장했던 전여옥의 말은 결국 거짓으로 밝혀진 셈이다.

이번 재판을 살펴보면 너무나 황당한 부분이 많다는 것을 알 수 있다. 1993년 출판된 『일본은 없다』는 2004년에 본격적으로 표절 시비가 불거져 법정 소송으로 번졌다. 그런데 최종 판결은 무려 8년 만에 나왔다.

『일본은 없다』가 유재순 작가의 아이디어와 취재 내용을 표절한 책이라는 사실은 일본 유학생 사이에서는 이미 널리 알려져 있는 이야기였다. 그러나 국내에서는 그 사실이 숨겨져 왔고, 막상 표절에 대한 재판이 시작되자 전여옥은 갖은 구실을 붙여 재판을 방해했고, 결국 8년이란 긴 시간이 걸리게 되었다.

전여옥은 항소심에서 『일본은 없다』가 표절로 판결 난 뒤 '자신이 장차 큰일을 하기 위한 하늘의 뜻'이라고 했다. 그러나 재판 과정을 살펴보면 전여옥이 자신의 거짓을 지키기 위해 얼마나 치밀하게 노력했는지 알 수 있을 뿐이다.

· 재판 연기 – 선고일 날 변론재개 신청 판결 연기, 이상한 증인을 내세우는 등 재판을 일방적으로 연기
· 색깔론 – 좌파 언론인 「오마이뉴스」가 자신을 죽이려고 한다고 주장
· 표절과 도용 – 자신은 표절이 아닌 도용을 했다는 이상한 논리

사실 표절 시비는 작가의 명예가 달려 있는 문제이기 때문에 하루라도 빨리 판결 받는 것이 진짜 작가라면 더 유리하다. 그러나 전여옥은 끝까지 재판을 물고 늘어졌고 무려 8년 동안이나 끌었다. 그렇게 할 수 있었던 가장 큰 힘은 이 기간 동안 그녀가 국회의원 배지를 달고 있었다는 사실이었다. 권력을 이용해 끝까지 자신의 거짓말을 숨기려고 했던 그녀의 독기를 보면 무섭지 않을 수가 없다.

표절로 10억 벌고, 금배지도 단 전여옥

전여옥이 유재순 작가의 『일본은 없다』라는 책의 초고를 표절하여 번 돈은 과연 얼마나 될까? 『일본은 없다』는 100만 부가 넘게 팔렸다. 책이 백만 부가 팔리면 출판사와 작가는 속칭 대박을 떠나 부자가 된다는 것이 출판계의 정설이다. 출판계에 따르면 보통 100만 부의 책이 팔리면 작가가 받는 인세는 10억 원가량이라고 한다.

그렇다면 전여옥이 표절로 번 돈만 10억이 넘는다는 이야기가 되는데, 문제는 단순히 인세만이 아니다. 전여옥은 『일본은 없다』가 베스트셀러가 되면서 인기를 얻자 각종 방송에 나가 자신의 인지도를 높였다. 그러다가 2004년 한나라당에 입당해 비례대표로 국회의원 배

지까지 달았다. 그리고 국회의원 임기 내내 베스트셀러 작가라는 장점을 십분 발휘해 자신의 인지도를 높였고, 이를 통해 2008년에도 금배지를 달았다.

블로그와 인터넷에서 남의 글을 무단으로 퍼가도 법무법인의 고소장을 받고 적게는 수십만 원에서 많게는 수백만 원의 합의금이나 벌금을 내야 하는 세상이다. 그런데 남이 힘들게 취재한 자료와 글을 그대로 표절해 10억 원이라는 엄청난 돈과 금배지라는 권력을 손에 쥔 전여옥에게 어떤 징계가 이루어지고 있을까?

전여옥의 법적 패소는 '전여옥'이 오마이뉴스와 유재순 작가를 상대로 냈던 명예훼손에 대한 5억 원 손해배상 재판에 진 것이지 전여옥이 손해배상을 해야 하는 것은 아니다. 나중에 유재순 작가가 손해배상 소송을 제기해야 전여옥이 손해를 보게 된다.

오로지 선거만을 위해 살았던 전여옥의 정치활동

전여옥은 지난 4·11 총선에서 국민생각 비례대표 1번으로 출마했다. 하지만 국민생각은 정당 지지율 0.73%로 정당 취소라는 수모를 당했다. 보수를 위해 새누리당을 뛰쳐나갔던 전여옥 의원에게 '국민생각'은 다시 한 번 그녀에게 금배지를 달게 해줄 왕자님처럼 보였지만 결국 그녀의 꿈은 좌절됐다.

그런데 정당이 취소되었다고, 두 번이나 국회의원을 했던 그녀가 선거가 끝나고 난 뒤 보여준 모습은 진짜 정치를 위해 정치에 입문했다는 그녀의 말이 거짓이었다는 사실을 그대로 보여주었다.

전여옥은 현역 의원 시절 자신의 블로그를 보도자료 배포보다 더 많이 활용했던 사람이다. 장문의 글, 반박글, 상대방 공격글 등을 늘 블로그에 게재하고 그것을 통해 언론의 주목을 받았다. 그런데 선거가 끝나자마자 블로그를 폐쇄해버렸다. 매번 독설과 망언을 쏟아부었던 트위터도 4·11 총선 이후 아무런 멘션도, 트윗도 올라오지 않고 있다.

정치인이 선거에서 패배했다고 그토록 잘 이용해 먹던 SNS 활동을 멈춘 것을 보면, 그녀에게 SNS는 사람들과 소통하기 위한 것이 아니라 단순히 선거운동을 위한 도구 그 이상도, 그 이하도 아니었다는 사실을 확인시켜준 셈이다.

전여옥은 선거가 끝난 뒤 자신을 지켜줄 권력의 끈이 모두 떨어지자 블로그를 폐쇄하고 사라졌다. 그러나 전여옥이 정치판에 다시 나오지 않을 것 같은가? 아니다. 언젠가는 또다시 얼굴을 내밀고 갖은 이유를 들이대며 정치판에 나올 것이다. 그것이 국민을 위한 정치가 아니라 정치를 위한 정치, 권력을 위한 정치를 하는 정치인들의 속성이다. 그러므로 전여옥 같은 정치인이 다시는 정치판에 발을 들여놓지 못하도록 우리는 두 눈을 부릅뜨고 감시해야 할 것이다.

노동운동가들의 뺨을 때린 **변절의 대부 김문수**

김문수 경기도지사가 지난 4월 22일 기자회견을 열고 새누리당 대선 후보 경선에 출마한다고 밝혔다. 김문수는 국회 정론관에서 "오늘 이 자리에서 19대 대통령 선거에 출마하겠다는 결심을 밝힌다."고 말한 뒤, "저 김문수는 자금, 인력, 조직이 없고 대세론도 없다. 그래서 계란으로 바위 치기라고 만류하는 분도 많았다."면서 "제가 과연 이 시대가 요구하는 대통령의 자격을 갖고 있는지 번민도 했지만 국민 여러분과 함께 대한민국을 더욱 위대하게 바꾸어나가는 그 길에 나서기로 결단했다."며 대선 출마를 공식 선언했다.

김문수의 사상적 변절에 대한 글은 이동형 작가의 『와주테이의 박쥐들』이라는 책에 잘 나와 있다. 이동형 작가는 정치판에서 사라져야 할 우리 시대의 대표적인 변절자로 김문수를 꼽았다.

서울대 재학 시절 선배였던 고 김근태 열린우리당 의장과 함께 구로공단에 위장 취업하면서 노동운동을 시작했던 김문수는 전두환 정권에 의해 구속돼 2년 6개월 동안 옥살이까지 했던 노동운동가다. 그러던 그는, 1990년 이재오(현 새누리당 국회의원)와 민중 중심의 좌파 정당을 지향한 민중당을 창당하고 함께 선거에 출마했으나 패배한다. 그즈음, 김영삼은 3당 합당을 통해 노태우, 김종필과 한패가 되어 민주자유당을 창당한 뒤 대통령 후보가 되어 1993년 대통령에 당선된다. 그리고 이듬해 김문수를 정치권으로 불러들였고, 김문수는 "혁명의 시대는 갔다."는 말을 남기고 민주자유당에 입당했다. 민주자유당은 얼마 뒤 신한국당으로 이름을 바꾸었고, 김문수는 신한국당 공천을 받아 부천 소사구에 출마해 당선되었다.

'노동자의 대부'라 불렸던 김문수는, 그러나 국회의원이 된 뒤 1996년 신한국당이 '노동관계법 개정안'을 날치기할 때 아무런 양심의 가책도 없이 거수기가 되어 당당히 찬성표를 던졌다.

자서전인 『김문수의 청』에서 그는 "그래 혁명을 통해서만 만인이 평등하고 행복한 세상을 만들 수 있는 건 아니지. 정치를 통해 이 땅에서 소외된 사람들을 위해 일하면 되는 거야."라고 했다. 그리고 정치권에 입문하면서, 그것도 노동자들을 탄압하던 정당에 가입하면서 그는, 호랑이를 잡으러 호랑이 굴에 들어간다고 말했다. 전두환, 노태우가 만들어 놓은 호랑이 굴에 들어가 그들의 목을 물어뜯겠다고 했다. 김문수와 함께 노동운동을 했던 사람들은 그의 고뇌를 잘 알고 있었기에 걱정은 했지만 그의 길을 막지는 않았다.

노동자들은 그가 호랑이 굴에서 어떻게 호랑이의 목을 물어뜯을지 눈여겨보기 시작했다. 그런데 어찌된 일인지 그는 노동자들을 향해 무식한 집단이라고 몰아세우고, 오히려 부패한 기업가들을 두둔하기 시작했다. 경영권에 참여해 기업의 투명성을 확보해야 한다는 노동자들을 향해서는 버르장머리 없는 놈들이라고 소리치기 시작했다. 그때까지만 해도 함께 노동운동을 했던 사람들은 그것이 김문수의 전술이라고 생각했다. 김문수가 노동자들까지 완전히 속이고 신한국당에 뿌리를 내려, 그 안을 완전히 뒤흔들어 놓기 위한 작전이라고 생각했다.

하지만 변절의 순간부터 김문수는 기회주의자로 탈바꿈해 철저히 권력자의 모습으로 살기로 결심한 인물이었다. 한때 소외된 사람들을 위해, 노동자들을 위한 정치를 하겠다고 했던 김문수는 왜 그렇게 변했을까?

"무(無)노조라고 해서 무조건 나쁜 것은 아니다."

"광교 신도시를 짓는데 수원 삼성연구원 1만 6천 명에게 우선 혜택을 주려고 한다."

"이건희 회장은 누가 뭐래도 대한민국 경제를 이끌어가는 요인이다."

"대기업들이 사업을 확장하고 있기 때문에 그나마 외국기업들의 한국 투자가 이어지고 있다."

이동형의 『와주테이의 박쥐들』에서 발췌한 내용이다. 노동운동을 하고 그 때문에 옥살이를 했던 노동운동가가 한 말이라고는 도저히 믿을 수 없는 내용들이다. 하지만 이 말은 틀림없이 김문수가 한 말이다. 김문수는 노동자를 위해 정치에 입문한 것이 아니라 자신의 성공을 위해 정치에 입문했고, 자신의 권력을 유지하기 위해 친 재벌, 친기업, 친 삼성을 입에 달고 사는 정치인이 되었던 것이다.

김문수, 남자의 변신은 자유?

김문수는 유난히 이명박을 비판하는 발언을 많이 했던 사람이다. 그런데 원래 김문수는 친이계로 이명박을 주군처럼 따르던 인물이었다. 그러던 그가 왜 이명박을 비판하기 시작했을까? 이유는 단 한 가지, 이명박과 친이계가 자신을 내치고 김태호를 강력하게 띄워주었기 때문이다.

사실 김문수는 친이계에서 박근혜 대항마처럼 생각해오던 패였다. 그런데 친이계가 김태호를 전면에 내세우자 물밑에서 대선 작업을 해오던 김문수는 버림받은 듯한 느낌을 지울 수가 없었다. 이러한 느낌은 김태호가 총리 후보가 되자 극에 달하게 된다. 그것은 곧바로 김태호의 2012년 대선 출마를 뜻하는 것이었고, 동시에 김문수의 몰락을 의미하는 것이었기 때문이다. 김문수는 이명박에 대한 배신감으로 이른바 멘붕(멘탈 붕괴) 상태에 빠지면서 차마 입에 담을 수 없는 말로 김태호와 이명박을 비난하기 시작했다.

김문수가 청와대와 이명박을 비난하고 다니자 비상이 걸린 것은 당시 한나라당이었다. 늘 언론의 주목을 받고 다니던 김문수는 원래 4대강 사업을 지지하는 등 이명박 정권의 한 축을 이루는 정치인이었다. 그랬던 그가 이명박과 청와대를 비난하고 다녔으니 이명박 정부로서는 난감하기 짝이 없었던 것이다.

그런데 김태호가 청문회를 통과하지 못하고 총리 후보에서 낙마하자, 김문수는 언제 그랬냐는 듯이 다시 이명박을 찬양하기 시작했다.

이번에는 너무 도가 지나쳐 마치 북한의 김일성 찬양처럼 느껴질 정도였다. '대한민국 건국의 재조명'이라는 강연에서 김문수는 이명박을 두고 이렇게 말했다.

"이승만, 박정희, 세종대왕, 정조대왕을 다 합친 것보다 훨씬 더 많은, 반만 년 역사에서 최고의 역량을 가졌다."

노동자의 대부로 살았던 김문수의 과거와 비교하면 너무도 철저하게 자신의 정치적 지지 세력을 바꾸어버린 김문수. 그는 박정희에 대한 사람들의 관심이 박근혜에 대한 지지로 나타나자 노동자를 탄압하고 국민을 무력으로 다스렸던 독재자에 대해서도 거침없이 찬양을 했다. 그 자신이 그들에 의해 핍박당했던 것도 잊고 말이다.

"이승만 대통령이 자유민주주의 국가를 건국한 덕분에 대한민국이 이만큼이나 성공적인 발전을 할 수 있었다고 생각합니다. 이것은 오롯이 이승만의 공이라고 봅니다. 그런 면에서는 상당한 탁견이 있는 분이라고 생각합니다."

"이승만과 박정희는 대한민국 역사상 가장 비약적인 성장을 이룬 시대를 이끌어온 주역."

"박정희 대통령을 가장 위대한 대통령으로 존경하게 되었다."

1970년대에 노동운동을 했던 사람이라면 절대 할 수 없는 말이지만 그는 대놓고 했다. 게다가 뉴라이트의 대부인 안병직 교수의 제자답게 그는 친일파에 대한 개념도 없고, 독재와 반민주주의에 대한 문제의식도 없이 친일사상을 가진 뉴라이트 단체와 이승만, 박정희로 이어지는 보수 세력을 향해 두 손 들고 찬양하기를 주저하지 않았다. 이것은 수구 보수 세력을 자신을 지지하는 정치적 토대로 삼아 대통령이 되겠다는 야심을 가졌기에 가능한 일이었다.

권위주의의 극단을 보여준 **남양주 소방서 사건**

사상적 변절을 하고, 호랑이를 잡기 위해 호랑이 굴로 들어간다고 했던 김문수. 그렇다면 그는 도지사로서 경기도를 잘 이끌기는 했을까?

김문수가 2006년 취임한 이후로 경기도의 재정 자립도는 해마다 떨어졌다. 2010년의 재정 자립도가 59.3%로 서울시 재정 자립도 92.0%와 비교하면 반 토막 수준이었다. 이렇게 경기도의 재정 자립도가 떨어진 이유가 무엇일까?

그것은 김문수가 이명박 정권의 부자감세 정책을 찬양하며 부동산 취등록세 인하에 주도적 역할을 했기 때문이다. 지방세의 대부분은 부동산 취등록세인데, 경기도지사가 스스로 경기도의 재정 자립도를 무너뜨리는 정책을 펼쳤던 것이다. 여기에 4대강 사업을 적극 옹호한 탓에 복지 분야 재원이 고스란히 지방자치단체로 이관되는 사태까지 초래하고 말았다.

백번 양보해 전반적인 경기 침체 때문에 재정 자립도가 떨어졌다고 하자. 그렇다면 경기도민을 행복하게는 해주었을까?

지난 2011년 12월 경기도 남양주 소방서의 소방관 2명이 각각 포천과 가평 소방서로 징계성 전보 조치를 당하는 일이 벌어졌다. 사건의 발단은 이렇다. 김문수 지사가 경기도 남양주의 한 노인요양원을 방문했다가 암 환자 이송 체계 등을 문의하려고 119에 전화를 걸었다. 그런데 당시 전화를 받은 상황실 근무자는 김문수 지사가 자신의 이름과 직책을 말했는데도 장난 전화로 오인하고 끊고 말았다.

김문수는 자신의 직책을 말했는데도 제대로 대접하지 않은 소방관이 괘씸했는지, 이 사실을 경기도 소방재난본부에 알렸고, 소방재난본부는 23일자로 당시 상황실 근무자를 인사 조치했던 것이다. 게다가 별도의 징계를 검토 중에 있다고 밝혔다. 그렇다면 김문수와 소방관 사이에서 어떤 전화 통화가 오갔을까? 좀 길지만 정확한 상황을 영원히 남긴다는 뜻에서 전문을 다 실었다.

소방관 : 네, 남양주 소방서입니다.

김문수 : 여보세요? 나는 도지사 김문수입니다.

소방관 : 여보세요?

김문수 : 여보세요?

소방관 : 네, 소방서입니다. 말씀하세요.

김문수 : 어, 도지사 김문수입니다. 여보세요?

소방관 : 예예.

김문수 : 경기도지사 김문수입니다.

소방관 : 예예, 무슨 일 때문이에요?

김문수 : 거 119 우리 남양주 소방서 맞아요?

소방관 : 네, 맞습니다.

김문수 : 이름이 누구요?

소방관 : 무슨 일 때문에 전화하신 건데요?

김문수 : 어, 내가 도지사인데 거 이름이 누구요, 지금 전화 받는 사람이?

소방관 : …

김문수 : 여보세요?

소방관 : 네네.

김문수 : 이름이 누구냐고?

소방관 : 여보세요?

김문수 : 지금 전화 받는 사람 이름이 누구요?

소방관 : 무슨 일 때문에 전화하셨어요?

김문수 : 이름이 누구냐는데 왜 말을 안 해.

소방관 : 무슨 일 때문에 전화하셨는지 말씀을 먼저 해주세요.

김문수 : 어, 아니 지금 내가 도지사라는데 지금 그게 안 들려요?

소방관 : 무슨 일 때문에 전화하셨는데요, 소방서에? 119에 지금 긴급전화로 전화를 하셨잖아요.

김문수 : 그래, 119했어. 그래, 어.

소방관 : 그러면 무슨 일 때문에 전화를 하셨는지 얘길 하셔야죠.

김문수 : 아니, 도지사가 누구냐고 이름을 묻는데 답을 안 해?

소방관 : 여기에다가 전화를 그렇게 하시면, 일반전화로 하셔야지 긴급전화로 그렇게 얘길하시면 안 되죠.

김문수 : 어…

소방관 : 여보세요?

김문수 : 누구냐고 이름을 말해봐, 일단.

소방관 : 뚜뚜뚜…(끊음)

김문수와 상황실 담당자의 통화내역을 보면 김문수가 무엇을 잘못했는지를 충분히 짐작할 수 있을 것이다. 그런데도 김문수는 근무자가 제대로 관등성명을 말하지 않았다며 책임을 근무자에게 돌렸다.

119 상황실에서는 자신의 관등성명을 말하지 않는 것이 관례다. 예를 들어 일반 전화로 걸었다면 "남양주 소방서 소방교 ○○○입니다." 라는 식으로 자신의 직함과 이름을 답했겠지만, 119 상황실에서는 대부분 "119 상황실입니다."라는 답변만 한다. 그 이유는 빠른 신고 접수를 위해서다.

물론 근무 규정에는 관등성명을 먼저 밝히라고 되어 있다. 하지만 대부분은 신고자가 재난 상황을 빠르고 정확하게 말할 수 있도록 신고자 위주로 사건 접수를 받는다. 대다수 근무자들이 그렇게 하는 관례를 단순히 어겼다고 인사 조치에 징계를 한다는 것은 마치 관등성명 안 댔다고 영창을 보내는 것과 다를 바가 없다. 경기도가 군대인가? 그리고 단순 주의도 아닌 보복성 인사 조치는 김문수가 얼마나 옹졸하고 권위주의에 사로잡힌 인물인지를 단적으로 보여주었다.

김문수와 상황실 근무자의 통화를 들어보면 "일반 전화로 하셔야지…"라는 이야기가 나온다. 그렇다. 상황실에 걸려오는 119 전화는 생명이 오가는 절박한 순간이므로 신속히 접수가 이루어져야 하는 경우가 많다. 그런데 김문수는 단순히 이송체계를 문의하려고 119 상황실에 전화를 했다. 이런 전화라면 일반 전화로 해야 했을 것이다.

"안녕하세요, 여기는 남양주 노인요양원인데 급한 환자가 있을 경우 어떻게 해야 하는지 알고 싶어 문의 전화를 했습니다."

"지금 위급한 환자가 있습니까?"

"당장은 아니지만, 만약 임 환자가 위독할 경우 이송체계는 어떻게 이루어집니까?"

만약 이런 대화가 오갔다면 김문수는 충분히 원하는 답변을 들을 수 있었을 것이다. 그런데 다짜고짜 119에 전화를 걸어 "김문수 지사입니다."라고 말하면 누가 믿겠는가?

요즘은 인터넷 보급으로 119 장난 전화가 많이 줄어들었지만 아직도 장난 전화는 119 상황실의 가장 큰 골칫덩어리다. 2010년 대전 소방본부의 신고 접수 현황을 보면 하루 평균 1천100여 통의 전화 중 20%가 장난 전화나 조작 잘못으로 걸려오는 전화라고 하는데, 1년에 무려 8만 2천여 건이나 된다고 한다. 또한 부산 소방본부 추산에 따르면 장난 전화나 잘못 걸려온 전화가 2011년의 경우 전년도에 비해 3만 9천852건이나 증가한 것으로 나오고 있다.

상황이 이렇다 보니 남양주 119 상황실 근무자가 김문수 지사라고 밝힌 전화를 당연히 장난 전화로 오인할 수밖에 없었을 것이고, 36.4초마다 걸려오는 긴급 전화를 받으려면 빨리 끊을 수밖에 없었을 것이다.

이번 사태가 발생하고 난 뒤 김문수는 화를 내며 경기도 소방재난본부에 친절교육을 실시하라고 주문했다고 한다. 이에 따라 경기도 소방재난본부는 도내 34개 소방서에 '김문수 지사의 목소리를 기억하고, 친절 교육을 실시하라'는 웃지 못할 특별 지시를 내렸다고 한다. 영화 '그놈 목소리'도 아니고 경기도지사가 무슨 대단한 권력자이고 상왕이기에 목소리를 기억하라는 특별 교육 지시를 내렸는지 참으로 한심하기 짝이 없다.

그런데 더 재미있었던 것은 이번 사건이 일어난 뒤 네티즌과 국민들에게 엄청난 비난을 받고도 김문수는 트위터에서 인사 처분과 징계를 받은 소방관들을 이해해야 한다는 멘션에 대해 "근무자들 기본이 안 된 거죠."라는 답글을 올렸다. 자신이 무엇을 잘못했는지 전혀 모르는 모양이었다.

소방 헬기를 전용기로 착각한 도지사

사실 김문수는 소방청의 친절 교육을 운운할 자격이 전혀 없는 사람이다. 김문수는 2006년 도지사로 취임하고 난 뒤부터 2008년 6월까지 모두 93번이나 소방 헬기를 이용했다. 다른 도지사와 비교하면 엄청난 횟수다.

경기도 소방 헬기 운영조례를 보면, 소방 헬기는 인명 구조와 화재 진압 또는 긴급한 도정업무 수행 등의 규정 중에서 우선순위에 따라 배치하게 되어 있다. 그런데 김문수는 월 평균 5.6회, 그리고 3일 내내 헬기를 이용하기도 했으며, 토요일과 일요일에도 16회나 헬기를 전용기처럼 사용했다.

그렇다면 어떤 곳에 가느라고 소방 헬기를 이용했을까? 부천상공회의소 신년 인사회에 참석하고, 국회의원 출판기념회에도 소방 헬기를 타고 갔다.

경기도에서 여의도나 부천이 제주도처럼 먼 섬도 아니고, 신년인사와 출판기념회가 무슨 급한 일이라고 소방 헬기를 타고 갔는지 김문수는 아무런 해명도 하지 않았다. 아무튼 김문수가 소방 헬기를 자기 멋대로 타고 다니는 바람에 발생한 경기도 세금은 무려 1천800만 원이었다.

나는 김문수를 보면 그가 1970년대 노동운동을 하기는 했을까, 하는 의심이 든다. 노동과 노동자들에 대한 기본적인 애정도 없는 것은 둘째치고, 역사의식도, 민족의식도, 삶에 대한 철학도 없는 그가 도대체 노동운동을 통해 무엇을 배웠는지 궁금하기만 할 뿐이다.

박원순 서울시장은 자신을 폭행한 아줌마를 용서했고, 보신각 타종 행사에 위안부 피해 할머니를 모시기 위해 직접 전화를 걸어 부탁했다. 서울시 비정규직 공무원 2천800여 명 가운데 1차로 1천133명을 정규직으로 전환했고, 서울시립대 반값 등록금을 현실화했으며, 기록사관을 두어 공식, 비공식을 가리고 않고 자신의 발언을 모두 기록하게 하여 투명한 행정을 펼쳐 나가고 있다.

취임 후 첫 해외 순방이었던 일본 출장길에서는 비행 거리가 짧다며 일반석을 이용했고, 3성급 호텔에 묵어 혈세를 낭비하지 않으려고 노력했으며, 일반적으로 3급 이상 간부급을 대동하던 관행을 없애고 중간 관리자와 실무자 위주로 대표단을 꾸려 실제 정책을 집행하는 공무원들이 정책의 현장감을 높일 수 있도록 했다.

반면 김문수 경기도지사는 경기도를 어떻게 이끌어왔을까? 2012년 5월 3일 열린 경기도 의회 본회의 도정 질문에서 양근서 의원(민주통합당)이 폭로한 내용에 따르면, 경기도 내 지역 균형발전 대책을 묻는 질의서를 경기도에 제출했는데, 이 질의서에 대해 경기도가 제출한 개선책이라는 것이 달랑 A4용지 1장짜리였다고 한다. 도정에 전념해야 할 공무원들이 김문수의 대선 홍보 전략 문건이나 작성하고 있다 보니 이런 부실한 답변이 생겨나는 것이다. 이처럼 현재 김문수가 이끌고 있는 경기도는 행정은 뒷전이고, 의회는 경시하고, 선거에는 혈안이 되어 있는 상황이다.

한편 양근서 의원은 김문수 지사의 특강 정치도 비판했다. 양근서 의원에 따르면 김문수는 2010년 49회, 2011년에는 62회나 특강을 했는데, 2년간 특강 횟수를 합하면 6일에 한 번꼴로 특강을 해왔고, 특강과 별도로 경기도 안팎의 크고 작은 기념식과 의례적인 행사에 참석한 횟수는 2010년에만 322회, 2011년 186회에 달하고 있다고 밝혔다. 이것은 김문수가 현장을 중시하는 서민정치를 한다는 말과는 엄청나게 동떨어져 있을 뿐만 아니라, 특강과 행사 참석만 하려 해도 몸이 열 개가 되어도 모자랄 판인데, 도정에 대한 연구는 언제하고, 중요한 도정은 어떻게 챙기고 있는지 참으로 궁금할 따름이라고 비판했다.

김문수가 새누리당 경선 후보에 출마함으로써 올 12월 19일에는 대통령 선거와 경기도지시 재·보궐선거가 동시에 치러진다. 그렇다면 경기도민은 경기도를 망치고 있는 정치 모리배 김문수 지사를 바꿀 수 있는 절호의 찬스를 얻게 된 것이다.

우리는 서울시장이 바뀌어 서울시가 시민의 품으로 돌아간 사실을 기억해야 한다. 천금 같은 기회다. 이 기회를 잘 이용한다면 대한민국을 좀먹는 기생충 같은 정치 모리배들을 한꺼번에 내칠 수 있다. 12월

19일, 이날은 재벌과 부자만 잘살게 하는 사람이 아니라 진정으로 서민과 국민을 위한 대통령과 경기도지사가 동시에 나오는 기쁜 날이 될 것이라고 믿는다.

서울을 망친 남자, 서울을 노린 여자,

서울을 시민에게 돌려준 남자

오세훈
나경원
박원순

2010년 6·2 지방선거에서 오세훈 서울시장은 한명숙 후보를 물리치고 서울시장 재선에 성공했다. 하지만 민주당이 시의회 의원 79석을 차지하고 새누리당으로 이름을 바꾼 당시 한나라당은 27석을 얻는 데 그쳐 오세훈 시장의 험난한 행로를 예보했다. 예상대로 오세훈 시장과, 민주당이 장악한 서울시 의회는 사사건건 부딪혔고 마침내 무상급식 문제로 대충돌을 일으켰다.

시민의 승리로 끝난 **무상급식 논란**

당시 서울시는 하위 8% 정도의 소외계층을 대상으로 매우 제한적인 무상급식을 시행하고 있었으나 민주당은 전면적인 무상급식을 주장했다. 이에 오세훈 시장은 무상급식 대상을 우선 30%로 늘이고 점진적으로 최대 50%까지 늘리겠다는 입장을 밝혔다. 이처럼 전면적인 무상급식은 반대하면서 시 의회와 대립각을 세웠다.

그러자 서울시 의회는 2011년 1월 6일 서울시와 한나라당의 반대에도 불구하고 의장 직권으로 본회의를 열어 민주당 단독으로 전면 무상급식을 골자로 한 무상급식 조례안을 통과시켰다. 하지만 서울시는 무상급식 조례안 공포를 끝내 거부했고, 동시에 법원에 무효 소송을 제기하면서 무상급식을 놓고 민주당과 전면전을 벌이기 시작했다. 그리고 한편으로는 무상급식과 관련해 서울 시민들의 의사를 직접 묻겠다며 서울시 의회에 주민투표를 제안했다.

하지만 민주당은 6·2 지방선거에서 전면 무상급식을 당 차원의 공약으로 내세웠고, 지방선거에서 승리한 이상 시민들의 뜻은 이미 드러났다며 주민투표를 반대했다. 그리고 초등학교 친환경 무상급식을 위해 서울시가 2011년에 부담해야 할 돈은 750억이고, 서울시 전체 예산인 20조 원의 0.4%도 되지 않는 상황에서 단지 주민투표를 위해 따로 182억을 사용한다는 것은 불필요한 낭비임을 지적했다.

그러자 오세훈 시장은 유권자의 판단 비용은 절대 불필요한 낭비가 아니며, 전면 무상급식을 하게 되면 최소 4천억 이상이 들고, 복지정책은 한 번 시행하면 중단할 수 없는 불가역성임을 고려하면 오히려 비용이 더 늘어난다고 주장하며 주민투표 강행 의사를 밝혔다. 이렇게 해서 2011년 상반기를 뜨겁게 달구었던 무상급식 논쟁은 불이 붙게 되었다(여기서 잠깐 눈여겨볼 것은, 오세훈 시장은 민주당이 주장하는 전면 무상급식을 할 경우 연간 4천억 원이 든다고 했는데, 오세훈 시장 자신이 주장한 단계적 무상급식을 실시하는 데도 연간 3천억 원 이상의 예산이 필요하다).

무상급식, 과연 주민투표로 결정할 사안인가?

무상급식에 대한 주민투표는 충분히 있을 수 있는 일이다. 대한민국은 민주주의 국가이기 때문에 가능하면 시민들이 자신들의 의견을 표현할 수 있는 기회가 많으면 많을수록 더 건강한 사회인 것이 틀림없다. 그런데 오세훈 시장이 과연 무상급식을 가지고 주민투표를 논할 자격이 있는 사람인지에 대해서는 정말이지 나로서는 의문이 들지 않을 수 없었다. 더구나 무상급식에 소요되는 예산을 문제 삼아 무상급식을 무효화시키기 위한 주민투표라면 정말 말도 되지 않는 것이었다.

왜냐하면 당시 오세훈 시장은 한강 르네상스 사업을 비롯해 무상급식보다 훨씬 더 많은 돈이 들어가는 엄청난 사업들을 시민들의 의견도 묻지 않고 진행시키고 있었기 때문이다. 과연 한강 르네상스 계획에 시민들이 찬성한 적이 있는가? 오로지 한강 르네상스 관련 건설업자들만 배부르게 하는 사업에 서울시의 엄청난 재정이 쏟아져 들어가고 있을 뿐이었다. 사실 지도가 바뀌고 환경과 도시 행정에 엄청난 영향을 미치는 한강 르네상스 사업이야말로 주민투표로 결정했어야 할 사업이었다.

오세훈 시장은 주민투표를 제안하면서 "서울시정이 무상급식에 발목이 잡히고 그 과정에서 서울의 미래와 시민의 삶이 외면당하는 현실을 묵과할 수 없어 전면 무상급식 시행 여부에 대해 시민 여러분의 뜻을 묻고자 한다."고 했다.

하지만 정작 서울시 의회와 대립하는 사람은 오세훈 시장 혼자뿐이었다. 모든 해결책을 가지고 있는 사람도 그였고, 생떼를 부리는 것도 그였다. 그런데도 서울시정이 무상급식 때문에 모두 마비되어 서울시 전체가 문제인 것처럼 말했다. 의회 정치를 무시한 사람은 오세훈 시장 본인이었지만 겉으로는 민주주의라는 명목으로 자신을 포장하고, 주민투표로 자신을 내세우려는 정치병 환자의 전형적인 모습을 보여주었던 것이다.

오세훈 시장, 주민투표를 위한 서명을 돈 주고 받다

오세훈 시장의 무상급식 주민투표는 순조롭게 잘 진행되었을까? 주민투표가 실시되기 위해서는 먼저 전체 유권자의 5%에 해당하는 사람들의 서명이 필요하다. 서울시의 경우 전체 유권자가 약 836만 명이니 약 42만 명의 서명이 필요했다.

그런데 말이 42만 명이지, 이 정도 서명을 받기 위해서는 몇 개월이 걸리지도 모르고, 이 과정에서 한나라당을 반대하는 민심이 오히려 증가할 수도 있기 때문에 2012년 총선에 영향을 미칠 것을 우려한 한나라당 의원들은 전전긍긍할 수밖에 없었다. 그런데도 오세훈 시장은 서명운동을 무리하게 진행시켜 나갔다. 그리고 그 과정에서 온갖 불법이 자행되기도 했다.

오세훈 시장의 명을 받아 무상급식 반대 주민투표를 위한 서명운동을 주도한 단체는 '복지포퓰리즘추방국민운동본부'였다. 이 단체는 165개의 시민단체가 함께 모여 무상급식 반대 운동을 펼친다고 밝혔는데, 그들이 말한 165개의 시민단체 가운데는 유령 단체도 많이 포함되어 있었다. 실제로 한 텔레비전 방송국이, 이 단체에 가입되어 있는 것으로 확인된 한 시민단체에 문의한 결과, 그 시민단체는 '복지포퓰리즘추방국민운동본부'에 가입한 사실도 없거니와 그런 단체가 있는지조차 모르고 있었다.

한편 민주당 강희용 시의원에 따르면 무상급식 반대 주민투표 서명운동을 벌이는 단체 가운데 일부는 서울시로부터 돈을 지원받고 있는 단체인 것으로 드러났다. 이들은 평소 반공 데모나 빨갱이 타령을 하며 시도 때도 없이 나타나 선량한 시민들을 괴롭히던 단체들이었는데, 오세훈 시장은 이런 단체에 돈을 대주고 서명운동을 벌이게 했던 것이다. 이뿐만이 아니다. 박진 한나라당 의원은 주민투표 서명 요청 공문을 각 시 · 구의원들에게 보내기도 했다. 이것은 명백한 주민투표법 위반이었다. 이처럼 불법과 편법이 난무했던 무상급식 반대 주민투표를 위한 서명운동을 보면서 왜 아이들의 급식을 가지고 이 난리를 쳐야 하는지 참으로 이해할 수 없었다.

오세훈 시장의 무상급식 반대 논리는 '복지 포퓰리즘'이라는 이상한 단어로 희석되고 있었지만, 실제로 서울 시민과 국민이 원하는 것은 쓸데없는 전시성 행정에 낭비되는 돈을 아껴 아이들에게 깨끗하고 맛있는 밥을 주자는 논리가 강했다. 오세훈 시장이 어용단체에 해마다 지원하는 예산과, 무상급식 반대 광고비, 그리고 서울시의 쓸데없는 언론 광고비만 합쳐도 서울시가 부담해야 할 무상급식 비용은 충분히 마련할 수 있었다.

무상급식 반대 주민투표에 숨겨진 오세훈의 음모

오세훈 시장은 많은 비난 여론에도 불구하고 서명운동을 계속해 나갔고, 마침내 주민투표 청구인 서명부를 서울시에 제출했다. 모두 80만 1천263명의 청구인 서명부를 제출했기 때문에 유효 서명 총수는 주민투표 청구권자의 5%인 41만 8천 명을 무난히 넘길 것으로 보였다. 이에 따라 2011년 8월 말 무상급식 찬반을 묻는 주민투표가 시행될 상황이었다. 그렇다면 오세훈 시장은 왜 극한 무리수를 두어 가면서까지 무상급식 찬반 주민투표를 강행했던 것일까?

무상급식 논란이 불거진 것은 오세훈 시장이 역대 서울시장으로는 처음으로 재선에 성공한 지 1년이 지나지 않았을 때다. 그런데 그 즈음 오세훈 시장의 대선 출마 이야기가 여기저기서 들리기 시작했다. 실제로 2011년 4월 18일 오세훈 시장은 하버드 대학 케네디스쿨에서 '서울 9위에서 5위로, 창의시정'이라는 주제로 강의를 했는데, 강의가 끝나고 "대선 출마를 시사하는가?"라는 질문을 받았다. 강의를 들었던 사람이 그런 느낌을 받았기 때문에 그런 질문이 나왔을 것이다. 그러자 오세훈은 '우리나라가 절체절명의 분수령에 서 있는 상황에서 책임감을 느껴서 한 발언'이라고 답변했다.

그런가 하면 두 달 뒤인 6월 14일에는 대구를 방문한 자리에서 "단체장직을 수행하는 분들은 정치적 영향력이 일정 부분 업무에 필요하기 때문에 대선 출마에 대해 시인도, 부인도 하지 않고 있다."고 말했다. 그리고 다음날에는 MBC 라디오 「손석희의 시선집중」에서 "(대선 출마 여부 결정 시기를)못 박아 말하기는 어렵지만, 내년이 선거(대선)니까 올해가 가기 전에는 입장이 어느 정도 정리가 되지 않을까 생각한다."라고 했다.

이런 발언들만 살펴봐도 직접적으로 대선 출마를 선언하지만 않았을 뿐이지 서울시장 사퇴와 대선 출마는 사실상 굳어진 상황이었다. 다만 그 입장을 언제 밝힐 것인지가 문제될 뿐이었다. 그리고 그 전에 필요한 것이 사퇴에 대한 적절한 변명거리였다. 그런데 바로 그 즈음, 무상급식 논란이 불거졌고 오세훈 시장은 사퇴 명분을 만들기 위해 온갖 무리수를 두어가며 무상급식 반대를 위한 주민투표를 강행했던 것이다. 따라서 무상급식 주민투표 논란은 정치 야욕을 위해서는 어떤 짓을 해도 괜찮다는 부패한 정치인의 전형적인 모습을 보여주는 것이었다.

거짓말, 거짓말, 거짓말

사실 오세훈 시장은 한나라당 서울시장 경선 시절부터 대선 불출마 선언을 끊임없이 약속했다. 나경원 의원과의 서울시장 경선 당시, 나경원 후보 측에서 대선 불출마 서약서를 쓰자고 주장하자, 여러 차례 대선 불출마 의사를 밝혔기 때문에 굳이 서약서가 필요 없다고 자신했던 오세훈 시장이었다. 그리고 2008년 MBC 라디오 「손석희의 시선집중」 인터뷰에서는 서울시장 재선에 성공해도 대권 도전을 하지 않겠다고 국민에게 약속했다. 그런데 불과 2년도 되지 않아 같은 라디오 프로그램에 나와 "올해 안에 입장을 정리하겠다."고 말을 바꿨던 것이다.

오세훈 시장이 서울시장 재선에 성공하고도 말을 바꾼 이유는 단 한 가지, 바로 대권을 향해 움직이겠다는 뜻 말고 다른 것이 아니었다. 그리고 그것을 좀 더 용이하게 해주는 것이 바로 무상급식 반대 주민투표였다. 그가 한나라당의 반대와 국민 여론을 무시하면서까지 무리하게 밀고 나간 이유는 이 때문이다.

무상급식 반대 주민투표가 투표율 저조로(투표율 33.3% 이하) 투표함이 폐기되거나 부결될 경우, 오세훈은 자연스럽게 그에 대해 책임을 지고 시장직을 사퇴할 수 있다. 어떤 사람들은 그렇게 되면 무상급식을 찬성하는 민주당 쪽의 복지정책에 졌기 때문에 그의 대선 행보에 걸림돌이 되는 것 아니냐고 생각하겠지만 꼭 그렇지만은 않다. 오세훈 시장은 갖은 이유를 들어 주민투표 실패 이유를 야당이나 시민사회 쪽으로 돌려놓을 것이기 때문이다. 반대로 무상급식 반대 주민투표가 찬성으로 나온다면 보수 세력을 중심으로 한 시민 사회에 자신이 옳았음을 주장하고, 야당이 장악한 서울시 의회와 갈등을 이유로 시장직을 사퇴하고 대선 출마에 박차를 가할 생각이었을 것이다. 오세훈 시장이 생각하는 최상의 시나리오는 바로 이것이었을 것이다.

그러므로 무상급식 반대 주민투표에서 결국 어떤 결과가 나와도 오세훈은 그 결과와 대선 출마를 연관 짓는 하나의 사건으로 만들 계획을 갖고 있었을 것이다.

그런데 오세훈 시장은 서울 시민들을 너무 우습게 생각했다. 무상급식 반대 주민투표에 막대한 서울 시민의 혈세가 들어가고, 그가 사퇴하면 서울시장 재보선도 치러야 하는데, 그렇게 되면 주민투표 비용 182억 원과 서울시장 재보선 비용 150억 원을 합하면 300억 원이 넘는다. 이런 현실적인 문제에 대해 서울 시민들이 깊이 생각하지 않을 것이라고 속단했던 것이다. 다시 말해 주민투표가 실패하게 되면 혈세 낭비에 대한 서울 시민들의 비난 여론으로 인해 쉽게 대선 출마를 선언하지 못할 것이라는 점을 망각한 것이다.

게다가 무상급식 논쟁은 이념 문제도 아니고, 너무나 많은 유권자들의 실제적인 이해관계가 얽혀 있는 데다, 상대적으로 젊은 층의 지지를 받는 정책이기 때문에 오세훈 시장으로서는 절대 이길 수 있는 게임이 아니었다. 그렇지만 주민투표 말고는 사퇴 명분을 만들 수 없다 보니 오세훈 시장은 무리를 해서라도 그 선택을 할 수밖에 없었던 것이다.

거짓과 불법으로 물든 서명 명부

결국 무상급식 찬반을 묻는 서울시 주민투표가 8월 24일 시행을 앞두게 되었다. 오세훈 시장측이 제출한 80만 1천263명의 청구인 서명부를 검토한 결과, 무효 서명이 44.4%나 되었지만, 유효 서명 총수가 주민투표 청구권자의 5%인 41만 8천 명을 넘었기 때문이다. 그런데 오세훈 시장은 서명을 받는 과정에서 심각한 도덕적 타격을 입고 말았다. 앞서 말했듯이 서명을 받는 과정에서 저지른 엄청난 불법이 드러나고 말았던 것이다.

- 서울 ○○초 행정실 직원 배아무개 씨, 2011년 3월 5일 '전면 무상급식 반대'라는 제목의 이메일을 서울시 교육청 산하 중부교육지원청 관내의 모든 사립학교(초교 6곳, 중학교 16곳, 고등학교 12곳)로 일괄 발송

- 한겨레신문 2011년 3월 16일

- 한나라당 박진 의원, 지역구 시의원과 구의원에게 공문을 보내 각각 50명씩 서명을 받아오도록 지시

– MBC 뉴스데스크 2011년 3월 30일

- 구로구 서명부 총 69권 중 2권에서만 동일인의 필체로 보이는 서명 용지가 수십 건 발견. 이름과 주민번호, 주소 등을 기재하지 않은 무효 서명 역시 다수 발견

– 경향신문 2011년 7월 4일

- 강서구 서명부 74권 중에서 17권 8천500장을 열람한 결과 대

필이나 규정 위반 의혹이 있는 1천757장의 서명 용지 발견

– 경향신문 2011년 7월 7일

– 사망해서 주민등록이 말소된 사람과 다른 시·도 거주자들의 서명이 무더기로 발견

– 노컷뉴스 2011년 7월 16일

– 민주당 구의원들과 구로구에서 무료급식 운동을 펼치던 시민단체 활동가들의 명의가 도용된 다수의 서명 용지 발견

– 경향신문 2011년 7월 10일

이처럼 일일이 열거하기 불가능할 정도로 많은 불법 서명운동과 불법 서명 용지가 발견되었는데 이것만 보더라도 서명운동이 어떻게 진행되었는지 잘 알 수 있다. 그런데도 오세훈 시장은 '5% 이상이 넘었으니 문제없다'는 식으로 나왔다. 하지만 온갖 불법을 동원해 서명을 받아 그런지 오세훈 시장은 내심 불안했던 모양이다. 주민투표를 앞둔 지난 8월 21일 기자 회견장에 나타난 오세훈 시장은 무상급식 주민투표가 실패하면 시장직을 사퇴하겠다며 무릎을 꿇고 눈물을 흘렸다.

사실 오세훈 시장이 무상급식 주민투표에 시장직을 건다는 행위 자체가 웃긴 일이었다. 무상급식은 서울시의 문제가 아니라 서울시 교육청이 관여할 행정 사안이고, 무상급식에 대한 서울시 지원금은 서울시 전체 예산의 2.03%밖에 되지 않기 때문이다. 따라서 무상급식

논란은 처음부터 오세훈 개인의 정치적 야망 때문에 벌어진 일이지 서울시의 문제는 아니었다.

잘 나가던 서울시, **빚더미에 앉다**

오세훈이 책임져야 할 일은 무상급식 문제가 아니라 부도 위기에 처한 서울시의 재정 악화 문제였다. 서울은 대한민국 수도이자, 경제, 산업, 교육의 중심지답게 지방자치제도가 시행되면서 언제나 재정 자립도가 우수했다. 대한민국 수도라는 특성도 있겠지만 예로부터 서울이 집중적으로 발전되면서 쌓아놓은 재산과 거둬들이는 세금이 어마어마했기 때문이다. 그런데 이토록 잘 나가던 서울이 현재는 빚더미에 올라앉아 있다.

2006년, 이명박 당시 서울시장이 오세훈 시장에게 서울시를 넘겨줄 당시 부채는 9조 5천864억 원이었다. 그런데 오세훈 시장이 취임했던 첫해에 이미 11조로 늘어났다. 2조 원가량 늘어난 이유를 오세훈 시장은 지하철 공사 부채 때문이라고 주장했다. 그의 주장을 받아들인다 해도 2010년 서울시 부채가 2006년에 비해 무려 14조 원 이상 증가한 이유는 어떻게 설명할 수 있을까?

2010년 서울시 부채는 25조 5천363억 원이었는데, 오세훈 시장은 서울시 산하 투자기관의 부채는 서울시의 부채가 아니라고 주장했다. 그런데 서울메트로와 SH 공사 등 산하 공기업의 사업은 서울시와 밀접한 관계가 있고, 서울시 의회나 서울시의 차입 한도액 승인이 없으면 공사 진행이나 은행 대출을 받을 수 없다. 그러므로 서울시 공기업의 부채도 서울시의 부채가 맞다.

만약 서울시 본청 부채와 공기업 부채가 별개라면, SH 공사가 벌인 플로팅 아일랜드, 여의도국제여객터미널, 수상콜택시 같은 사업도 오세훈 시장과 전혀 관계없는 사업이 되고 만다. 그런데 서울시 홈페이지에 이들 사업들이 오세훈 시장 취임 이후 벌인 대표적인 사업 성과라고 버젓이 자랑해놓았던 것은 어떻게 이해해야 할까? 부채는 서울시와 관련 없는 SH공사 것이고, 업적은 서울시의 것이라는 말도 안 되는 소리로 시민들을 속였던 것이다.

서울시 부채가 늘어난 가장 큰 이유는 지극히 간단하다. 세입은 줄어들고 지출은 늘어났기 때문이다. 세입이 줄어든 것은 당연히 이명박 정부와 함께 놀아난 부자 감세 정책 때문이고, 지출은 막무가내 식으로 벌인 토건 사업이 주원인이다.

오세훈 시장이 재임 중에 서울 시민에게 잘사는 서울을 보여주겠다고 벌인 토건 사업의 규모는 수십조 원이 넘는다. 문제는 이런 엄청난 세금이 들어가는 사업이 과연 서울 시민이 필요로 하고 서울시의 미래를 위해 투자할 만한 사업이었는가, 하는 점이다. 오세훈 시장은 6천 톤급 유람선이 양화대교를 통과하도록 하기 위해 교각을 42미터에서 112미터로 넓히는 대공사를 했는데 여기에 들어간 돈만 415억 원이다. 그리고 가든파이브라는, 말은 동남권유통단지지만 실제로는 단순 쇼핑센터에 지나지 않는 데에 들어간 돈이 무려 1조 3천억 원이었다(실제 시작은 2006년 이명박 당시 서울시장이 청계천 복원사업의 일환으로 했지만 2008년까지 공사를 이어간 책임자는 오세훈 시장이다).

SH 공사는 무주택자를 위해 설립한 서울시 산하 공기업이다. 그런데 무주택자를 위한 공공주택이나 전세 대란, 부동산 대책은 신경 안 쓰고, 말도 안 되는 한강 르네상스 사업 따위로 진 빚이 무려 16조 원이 넘는다. 오세훈 시장이 서울시를 어떻게 망쳐놓았는지 그 원인을 안다면 그가 무상급식에 대해 예산을 문제 삼아 왈가왈부할 처지가 아니라는 사실은 금방 드러나고 만다.

서울시는 망해도 오세훈 시장의 재산은 늘어난 기현상

서울시는 본청과 각 구청이 유기적으로 연계되어 있다. 그 이유는 아직도 지방자치단체의 재정이 지방세보다 중앙정부가 거둬들이는 세금에 많이 의존하기 때문이다. 이렇다 보니 서울시 산하 구청들은 서울시가 보내주는 세금, 즉 돈이 없으면 예산이나 행정을 집행하기가 무척 어렵다. 따라서 서울시가 거둬들이는 자동차세, 지방소비세, 도시계획세 등이 재정조정 교부금이라는 항목으로 다시 각 구청으로 내려가고 있는데, 문제는 오세훈 시장 이후 이 교부금이 삭감되거나 지불되지 않는 일이 벌어졌다는 것이다.

실제로 서울시는 부동산 경기 위축으로 교부금 재원인 취 · 등록세가 줄었다는 이유로 2011년 구청에 내려보내야 할 1조 5천498억 원의 교부금 가운데 1천 60억 원을 내려 보내지 않았다. 교부금 미지급분은 관악구가 112억 원으로 가장 많았는데, 은평구와 강북구, 강서구 등 재정 상황이 열악한 곳도 각각 100억 원 넘게 지급받지 못했다.

서울시가 돈을 주지 않자 구청들은 난리가 났다. 복지사업은 모두 중지되고, 공무원 급여조차 겨우 지급하는 상황이 벌어지고 말았다. 이것은 재정 자립도가 낮은 강북 지역만의 문제가 아니었다. 2010년 서초구와 송파구청은 돈이 없어 일시적으로 은행에서 70억 원과 47억 원을 빌리기도 했다. 당시 단기간 사용한 차입금의 이자로만 650만 원과 320만 원을 은행에 지급해야 했다. 기업도 아닌 공공기관이 돈이 없어 은행에서 돈을 빌렸다는 사실, 그것도 변두리 시골이 아닌 대한민국 수도에서도 가장 부자들이 많이 산다는 강남에서 벌어졌다는 사실을 과연 서울 시민들은 알고나 있을까?

2011년 현재 서울시는 본청 이자만 1년에 632억 원, 하루에 약 1억 7천만 원을 은행에 내고 있으며, SH 공사는 하루 이자만 15억 원을 내고 있다. 서울시는 대출 이자로만 1년에 6천억 원 이상의 돈이 필요하다는 이야기다.

그런데 오세훈 시장 개인의 재정 상황을 살펴보면, 2006년 시장에 당선되고 재산 내역을 공개했을 당시 그의 재산은 24억 8천만 원이었다. 그렇다면 2011년 오세훈 시장의 재산은 얼마였을까? 오세훈 시장은 2011년 현재 토지와 건물, 그리고 예금 36억 원을 포함해서 모두 58억 원의 재산을 보유하고 있었다. 서울시가 오세훈 시장 취임 이후 14조 원 이상의 부채가 늘고, 1년 이자만 6천억 원 이상 드는 등 부도 직전에 몰린 상황과 비교하면 너무나 어이가 없는 일이 아닐 수 없다. 자신의 재산 증식을 위해 애를 쓴 만큼 서울시의 재산도 늘려 주었다면, 아니 최소한 14조에 달하는 부채라도 만들지 않았더라면 서울 시민들은 훨씬 다양한 복지 혜택을 누리며 살 수 있었을 것이다.

주민투표에 따른 **오세훈 시장의 나비효과**

다시 무상급식 이야기로 돌아오자면, 2011년 8월 24일 마침내 주민투표가 시행되었다. 결과는 개표할 수 있는 투표율 33.3%에 훨씬 못 미치는 25.7%에 그쳤다. 유권자 838만 7천278명 중에서 215만 7천744명만이 투표를 했다. 처음부터 주민투표 사안이 아니었던 것을 무리하게 진행시킨 당연한 결과였다.

주민투표 결과에 따라 개표가 이루어지지 않았기 때문에 과연 얼마나 많은 사람들이 무상급식을 반대했는지는 알 수 없다. 그러나 대체로 주민투표에 참여한 사람들이 무상급식을 반대했다고 본다면 200만 명가량이 오세훈을 지지했던 세력이라고 가정할 수 있을 것이다.

주민투표 패배 후, 오세훈 시장이 언제 시장직을 사퇴하는지에 대해 많은 관심이 쏠렸다. 만약 오세훈 시장이 9월 30일 이전에 사퇴를 하면 10월 26일 보궐선거 때 서울시장 투표도 함께 해야 하는 상황이 되고, 10월 1일 이후에 한다면 2012년 4월 총선 때 시장 선거를 해야 할 상황이었다.

한나라당으로서는 오세훈 시장이 9월 30일 전에 사퇴하게 되면 별 하나짜리 최악의 영화 시나리오가 되어 버릴 상황이었다. 2012년 총선과 대선을 앞두고 만약 서울시장이 한나라당이 아닌 야당으로 넘어가게 되면 선거 지원은 물론이고 선거운동에 막대한 악영향을 끼칠 것이 뻔했기 때문이다. 그리하여 한나라당은 어떻게 하든 오세훈 시장이 10월 1일 이후에 사퇴하길 바랐다. 하지만 서울 시민들은 즉각적인 사퇴를 요구했고, 오세훈 시장은 주민투표 이틀 뒤인 8월 26일 전격적인 사퇴를 발표했다. 청와대를 비롯해 한나라당 핵심부가 만류했지만 오세훈 시장은 사퇴를 강행했다.

오세훈 시장으로서는 보수 세력을 결집했다는, 그래서 나름대로 승리했다는 홍준표 당시 한나라당 대표의 말에 비추어보면(말도 안 되는 억지지만), 10월 이후에 사퇴하는 것이 한나라당에 대한 은혜 갚기나 앞으로 정치권의 비호를 받을 수 있는 길이었을 것이다. 하지만 오세훈 개인에게는 9월 30일 이전에 깨끗하게 물러나고, 몇 년 시간을 갖고 관망한 뒤 차기 대선을 준비하는 것이 그나마 보수 세력의 지지를 받을 수 있는 괜찮은 시나리오였다.

문제는 오세훈 시장이 사퇴 기자회견에서도 여전히 자신의 잘못을 반성하지 않았다는 점이다. 투표율을 통해 주민들의 뜻이 객관적으로 드러났는데도 불구하고 무상급식을 포함한 복지정책을 인기 영합주의로 몰아붙이며 "과잉복지는 반드시 증세를 가져 온다."는 말로 마치 시민들이 어리석은 선택을 한 것처럼 말했다. 처음부터 주민투표를 할 사안이 아닌 것을 자신의 정치적 입지를 위해 무리하게 추진하고, 그 과정에서 온갖 불법과 편법을 저지르고, 결과적으로 180억이 넘는 엄청난 시민의 세금을 낭비하고, 시민들에게 불필요한 불편을 초래하게 한 것에 대해서는 한마디도 사과하지 않았다.

2012년 3월 현재, 전국 학교의 68.5%가 무상급식을 하고 있다. 2009년 16.2%, 2010년 23.6%, 2011년 52.3%와 비교하면 꾸준히 늘어나고 있다는 것을 알 수 있다. 시 · 도별로 살펴보면 전북이 90%, 전남 88%, 제주 84%, 충북 83%, 경기 81%, 광주 78%, 경남 77%, 서울 72%, 충남 71%, 강원 67%, 인천 51%, 대전 49%, 부산 48%, 경북 45%, 울산 29%, 대구 5.1% 순이다.

여기서 눈여겨볼 만한 것이 대구 경북과 부산이다. 이들 도시는 교육감과 지방차치 단체장들이 대부분 새누리당(옛 한나라당) 사람들이다. 새누리당 정치인들이 장악한 곳의 무상급식률은 전국 평균에도 못 미친다. 특히 대구를 보자. 겨우 5.1%다. 그렇다고 대구가 다른 교육 복지가 잘 되어 있는 도시일까? 최근 들어 청소년 자살 문제로 가장 골치 아파 하고 있는 곳이 바로 대구다.

어떤 정치인을 지도자로 뽑느냐에 따라 우리의 그리고 우리 아이들의 현재와 미래가 결정된다는 사실을 이번 무상급식 논란은 분명히 보여주었다.

한나라당 구원투수로 나온 나경원, **서울을 탐내다**

한편 나경원 당시 한나라당(지금의 새누리당) 의원은 오세훈 시장이 사퇴를 발표하기 두 시간 전 딸에게서 온 문자 메시지를 기자들에게 보여준다. 내용은 이렇다.

"나 오늘 잘할게. 오 시장 사퇴한대. 엄마, 힘내."

딸의 문자 내용을 과대 해석할 필요는 없지만 나경원 의원이 기자들에게 이런 문자를 보여준 의미는 누구나 짐작할 수 있듯이 서울시장 출마에 대한 기자들의 질문에 대한 답변이나 마찬가지였다.

사실 당시만 해도 나경원은 출마와 당선 가능성이 가장 높은 한나라당 후보 중의 한 사람이자, 경쟁력이 가장 높다고 판단되는 유력 후보로 보는 견해가 많았다. 이것은 그녀가 보수 성향의 정치인으로, 보수 세력의 지지 기반이 두터웠기 때문이다. 여기에다 이른바 엘리트 코스를 모두 밟은 '엄친딸'인 데다가 빼어난 외모와 잦은 방송 출연으로 많은 대중적 인기를 받고 있었기 때문이다.

당시 한나라당은 주민투표에서 패배했지만 절망적이지는 않다고 판단했다. 그 이유는 25.7%(무상급식 반대 주민투표의 투표율)라는 보수층의 표심을 확인했기 때문이다. 실제로 2010년 서울시장 선거 당시 총 투표율은 53.9%였고, 오세훈 시장은 총투표율의 47.4%의 지지를 얻어 재선에 성공했는데, 이것을 전체 유권자수로 대비하면 약 25.6%가 된다. 따라서 주민투표에서 나온 표심만 잘 유지한다면 보궐선거에서 박빙이 되긴 하겠지만 이길 수 있을 것이라는 결론을 내렸던 것이다.

그런데 나경원 의원이 대중적 인기와 튼튼한 보수층의 지지가 있다고 하지만 보수적인 한국 사회에서 여성 정치인은 아직은 마이너스 요소가 많기 때문에 한나라당에서도 서울시장 보궐선거에 나경원 의원을 그대로 밀고 나가기에는 무리수가 따른다는 점을 잘 알고 있었다. 더구나 무상급식 반대 세력 가운데 '어버이연합', '복지포퓰리즘추방국민운동본부'와 같은 단체들은 보수적이지만, 동시에 남성적 성향이 강한 집단이었다. 그리고 주민투표를 위한 서명운동을 벌였던 교회들도 여성보다는 남성에 대한 지지도가 높은 집단이었다. 이런 점을 고려한다면 나경원은 쉽지 않은 모양새였다.

나경원 의원의 속칭 권력의지도 중요한 변수로 작용했다. 나경원은 한나라당 최고위원 등 각종 지도부에서 활약한 인물이었기 때문에 서울시장에 대한 강한 의지를 보인다면 경선에서 이길 수 있는 힘은 충분했다. 하지만 실제 경선에 나갔을 때 남성적 성향이 강한 한나라당 보수층이 그녀를 밀어줄지는 미지수였다.

그런데 당시 한나라당 내부에 문제가 벌어지고 말았다. 서울시장 후보 경선에 나설 만한 마땅한 인물들이 없었던 것이다. 각종 여론조사에서 나경원 의원이 비교적 지지도가 높게 나왔지만 경선 흥행을 통해 바람을 일으키는 것이 중요한데, 그럴 만한 사람이 없었다. 후보군 중의 한 명이었던 김황식 총리가 출마를 고사한 데다 이석연 변호사 역시 경선에 나설 뜻이 없음을 내비쳤기 때문이다. 아무튼 이런 우여곡절 끝에 한나라당은 나경원 의원을 서울시장 후보로 결정할 수밖에 없는 처지가 되고 마는 분위기였다.

친일파 세력의 꽃

나경원 의원이 경선 없이 단독으로 후보가 된다고 해도 넘어야 할 장벽은 여전히 많았다. 나경원에게는 안티 세력도 만만치 않게 많았기 때문이다. 이것은 그녀가 사학 재벌의 딸이자, 뉴라이트 계열 정치인이라는 사실 때문이었다. 나경원 의원의 아버지 나채성은 사학재단인 홍신학원 이사장으로, 화곡중고등학교, 경일고등학교 등 6개 법인, 17개 학교의 감사나 이사로 재임하고 있는 사학 재벌 중의 사학 재벌이다.

사학 재벌의 딸로 한나라당의 사학법 개정안에 앞장섰던 나경원 의원은, 무상급식에 대해 반대하는 세력을 규합할 수 있는 기본 바탕이 되는 사학 관련 인물이라는 사실과, 반대로 무상급식 찬성자들에게는 절대적인 반대를 받을 수밖에 없는 양면성을 갖고 있었다. 더구나 홍신학원은 대표적인 사학 비리의 온상으로 여겨질 정도로 문제가 많은 사학이었다.

단적인 예로 2000년 홍신학원 교사들이, 재단이 청소 용품비와 복사 용지비 등을 유용한 사실에 대한 의혹을 제기하자, 당시 나채성 이

사장의 동창이었던 행정실장은 회계 장부를 소각한 후 책임을 지고 사표를 내는 어처구니없는 일을 벌였다. 그리고 나경원 의원의 어머니는 재단 유치원을 경영하고, 사촌들은 교사와 행정 직원으로 근무 중인 사실도 밝혀졌다.

이러한 홍신학원의 사학 비리에 대해 나경원 의원에게 해명을 요구하자, 그녀는 자신은 홍신학원과 아무런 관련이 없다며 해명을 거부했다. 그런데 나중에 알고 보니 그녀는 홍신학원 이사였다.

이뿐만이 아니다. 자위대 창설 기념식에 떡 하니 참석해놓고는 논란이 일자 무슨 행사인지 모르고 갔다는 말도 안 되는 변명을 했다. 당시 행사장 입구에서는 자위대 창설 50주년 행사를 반대하는 시민단체들의 시위로 경찰이 출동하고 시위자들이 연행되는 급박한 상황이었다. 더구나 행사장 밖에서는 '정신대 문제 대책협의회'와 '일본교과서 바로잡기 운동본부'를 비롯한 여러 시민단체가 자위대 창설 50주년 행사 반대 피켓을 흔들며 시위를 하고 있었는데, 어떻게 자위대 행사인지 모르고 갔다는 변명을 할 수 있는지 그녀의 정신세계가 참으로 궁금한 순간이었다.

달라도 너무 달랐던 나경원과 박원순

극복해야 할 것이 한두 가지가 아니었지만 아무튼 나경원 의원은 서울시장 후보가 되었고, 2011년 11월 6일 선거대책위원회 발대식이 열렸다. 선대위 발대식에는 홍준표, 황우여 대표와 정몽준 의원 등 한나라당 인물들이 대거 참석했으며, 나경원 후보는 서민을 위한 정치를 할 것이라고 거듭 강조했다. 특히 한나라당 서울시당 이종구 위원장은 '서울 시민들의 목소리를 낮은 자세로 듣고'라며 나경원 후보를 한껏 치켜세웠다. 하지만 과연 그녀는 시민의 목소리를 잘 들을 자세가 되어 있었을까?

나경원 후보의 선대위 발대식 10분 전, 명동 재개발사업으로 용역들에 의해 폭력과 강제 철거를 당하는 고통을 겪고 있던 명동 세입자 대책위 사람들이 나경원 후보 사무실을 찾아왔다. 그들은 '2011 서울시장 후보에게 명동 재개발 지역의 평화를 묻는다'라는 공개 질의서를 제출하고, 서울시장 후보로서 명동 재개발 문제를 어떻게 처리할 것인지를 듣고자 했다. 이들은 나경원 후보를 만났을까? 당연히 만나지 못했다.

사실 이들 세입자 대책위 사람들은 나경원 후보가 서울시장 후보로 추대되기 훨씬 전인 3월부터 6월에 걸쳐 무려 4번이나 중구 장충동에 있는 나경원 의원 사무실을 방문해 면담을 신청한 적이 있다. 하지만 나경원은 끝내 만나주지 않았다. 당시 배재훈 명동 3구역 상가 세입자 대책위 위원장은 '생존권 문제를 상담하고 싶어 나 의원 사무실을 여러 차례 방문했지만 보좌관을 통해 일정을 잡아보겠다는 대답만 받았을 뿐'이라고 했다.

이후 여론의 비난이 거세지자 나경원 의원측은 면담도 하고 공개 질의서도 받겠다고 밝혔다. 그리하여 세입자 대책위는 다시 나경원

의원 사무실을 방문했지만 한참을 기다리게 한 뒤 보좌관이 와서는 "의원님이 급한 일 때문에…." 하면서 공개 질의서만 받고 이들은 돌려보내고 말았다. 이런 전력이 있었으니 명동 세입자 대책위는 서울시장 후보가 된 나경원을 만날 수 있을 것이라고 기대하지도 않았다.

아무튼 나경원 후보는 말로는 '시민 속으로 더욱 낮게 소박하게'라고 부르짖으며 시민을 향해 다가가겠다고 해놓고는 자신을 만나러 온 시민들을 만나주기는커녕 그 흔한 물 한 잔 대접하지 않고 선 자리에서 쫓아내고 말았다.

생존의 위협을 받고 있는 지역구민도 만날 수 없었을 정도로 너무나 바빴던 나경원 후보는 발대식이 끝나고 무엇을 했을까? 그 시각, 나경원 후보는 경차를 이용해 서울시장 선거운동을 하겠다는 '그린카' 홍보를 위해 기자들 앞에서 포즈를 취하고 있었다. 그리고 기자들을 향해 기존 선거용 유세 트럭을 이용할 때보다 선거 비용을 8분의 1 수준으로 낮출 수 있다며 의미심장한 표정을 지어 보였다. 그리고 에너지 절약과 환경운동 실천을 통해 소박하고 공명정대한 선거운동을 하겠다고 약속했다. 너무나 좋은 생각이 아닐 수 없었다.

그런데 그녀는 과연 경차를 타고 선거운동을 했을까? 당연히 아니다. 나경원 후보는 그린카 캠페인용 사진 촬영을 하고 그 다음날부터 유유히 카니발 리무진을 타고 다녔다.

한편 명동 세입자 대책위에서는 똑같은 질의서를 만들어 박원순 후보 캠프에도 전달했다. 박원순 캠프에서는 이들의 질의서를 꼼꼼히 검토했고, 이들이 왜 찾아왔고 어떤 주장을 하는지 오랜 시간을 갖고 충분히 경청했다. 나경원 후보 측과는 너무나 다른 모습이었다.

되로 주고 말로 받은 **나경원의 네거티브 공세**

서울시장 보궐선거가 막바지로 치닫고 있던 2011년 10월 초, 나경원 후보는 '희망의 나눔 걷기대회'에서 박원순 후보를 만나 깨끗한 선거를 하자고 약속을 한다. 그런데 과연 그녀는 그렇게 했을까?

사실 나경원 후보의 선거운동은 처음부터 끝까지 박원순 후보에 대한 네거티브 공격으로 일관했다. 물론 네거티브 공격으로 결과적으로 더 큰 상처를 입은 사람은 나경원 후보 자신이었지만 말이다.

나경원 후보 측이 박원순 후보에 대해 연일 네거티브 공격을 하고 있던 와중에 나경원 후보를 궁지로 몰아넣는 사건이 터졌다. 시사IN이 보도한 '나경원, 연회비 1억대 강남 피부과 다녀'라는 기사였다. 이 사건은 일파만파로 퍼져나가 오랫동안 세간의 화제가 되었다.

당시 이 사건을 보도한 한겨레신문에 따르면, 나경원 후보가 다녔다는 '청담동 피부클리닉'의 회원 동영상을 보면 "연회비 1억인데 누가 깎아달라는 얘기도 안 한다.", "(비싼 이유가)원장이 직접 시술을 다하기 때문이며, 예약 환자가 아니면 안 받는다. 그래서 회원은 좋아한다."라는 말이 나온다.

문제가 걷잡을 수없이 커지자 나경원 후보는 선대위 대변인을 통해 급하게 해명 자료를 배포했지만 사태가 진정되기는커녕 더욱 증폭되었다. 나경원 후보가 자신이 다녔던 피부클리닉을 단순 피부과 성격의 병원으로 치부했기 때문이다. 게다가 다운증후군 딸의 치료를 위해 간 것처럼 뉘앙스를 풍기는 바람에 상황은 더욱 나빠졌다.

실제로 나경원 후보는 TV 연설 도중 "1억 원이 아니라 500만 원이며, 다운증후군 장애를 가진 딸의 치료를 받기 위해 500만 원짜리 진료 티켓을 구입했다."고 해명했다. 그러고는 "불행한 가족의 장애 치료까지 정치적으로 이용하는 것에 대해 실망이 크다."라며 울먹였다. 나경원 의원의 이런 눈물은 시민들에게 공감을 불러일으켰을까? 인터넷에서는 공감한다는 내용보다는 그녀의 울먹임을 믿지 못하겠다는 반응이 더 많았다.

유나의 편지는 거짓이었다

이런 상황에서 나경원 후보의 딸이 올렸다는 '유나의 편지'가 인터넷에 돌아다니기 시작했다.

엄마 미안해

나 때문에 엄마가 힘들어 하는 것을 보면 울고 싶어

내가 울면 엄마가 힘들어할까 봐 울 수도 없어

미안해 엄마
이마 주름이 깊어진다고 투덜거려 미안해
살갗이 거칠어진다고 짜증 부려 미안해
가렵다고 많이 긁어 미안해
내가 어떻게 해야 할지 모르겠어

이마와 무릎 주름이 깊어져도 참겠다고 하면 안 될까?
가려워도 긁지 않고 그냥 참겠다고 하면 안 될까?
다시는 병원에 가지 않겠다고 내가 말하면 안 될까?

엄마 미안해
이제 병원에 가자고 조르지 않을게
그냥 조용히 참고 지낼게

정말 미안해 엄마

'유나의 편지'를 보면 이번 일이 자신 때문에 벌어졌고 그래서 엄마가 힘들고 곤욕을 치르고 있어 속상해하는 것처럼 그려져 있었다. 그리고 피부과에 간 목적이 순수하게 피부질환 때문에 갔는데도 일이 커져 엄마가 힘들어하고 있는 것처럼 표현되어 있었다. 그리고 앞으로는 아프지만 엄마를 위해 참고 견디겠다고 했다.

유나의 편지가 인터넷에서 돌아다니자 많은 사람들이 나경원 후보가 딸의 치료를 위해 피부과를 갔는데 그것을 비난하는 것은 모정을 비난하는 것이라고 들고 일어섰다. 보수우익 신문들은 나경원 후보가 장애인 딸을 위해 힘든 시간을 보내고 있으며, 충실한 엄마의 역할을 하기 위해 피부과를 갔던 사실조차 공격한다고 '인륜을 저버리는 행위'라고 비난하기도 했다.

유나의 편지만을 본다면 나경원 후보의 청담동 피부클리닉 이용 사실은 충분히 이해될 것처럼 보였다. 그러나 사실 이 편지는 출처가 없는, 도대체 누가 쓴 글인지도 모르는 편지였다. 나경원 후보 측에서도 "이 편지가 유나가 작성한 글이 아니므로 오해가 없길 바란다."고 했는데, 만약 그렇다면 허위 문서로 나경원 후보가 즐겨 쓰는 고소, 고발의 대상이 될 수 있는 사안이었다. 명백히 나경원 후보의 딸을 사칭했고, 이것은 선거에 영향을 끼치거나 사실을 왜곡시킬 수 있었기 때문이다. 그런데 나경원 후보 측은 유나가 쓴 것이 아니라는 딱 2줄의 성명서를 내고는 없던 일로 해버렸다. 그리고 선관위에서도 전혀 신경 쓰지 않았다.

다운증후군 딸의 피부질환은 치명적인 질병?

나경원 후보는 청담동 피부클리닉을 다닌 사실은 인정했지만 "다운증후군을 앓고 있는 딸의 치료를 위해 갔으며, 그 과정에서 나경원 후보도 치료를 받았다."고 해명했다. 그런데 이것은 심각한 말장난이다. 우선 다운증후군 아이에게 피부질환이 있는가, 없는가를 따져보면 분명 다운증후군 아이에게 피부질환이 나타날 가능성은 크다. 하지만 사실 다운증후군 아이는 심장 질환이나 세균, 바이러스에 대한 면역력이 약하기 때문에 피부질환보다는 기관지염, 폐렴, 백혈병을 더 조심해야 한다.

다운증후군 아이의 엄마라면 겨울이 되면 건조한 피부를 치료하기 위해 아이를 고액의 피부클리닉으로 데려갈 것이 아니라 감기에 걸리지 않도록 노심초사해야 한다는 이야기다. 감기에 걸리면 폐렴으로 전이될 수 있고, 이런 경우 면역 체계가 약한 아이는 합병증으로 심각해질 수 있다. 이처럼 다운증후군 아이를 키울 때 가장 힘든 일은 소화기관과 심장 질환 그리고 면역력이 약한 몸을 보호해주는 것이지, 일반적인 피부질환 때문에 보호자들이 가슴을 졸이는 일은 없다(아이가 극심하게 몸을 긁어 감염의 위험이 있을 때는 문제가 다르겠지만).

나는 다운증후군 딸 유나를 비난할 마음도, 나경원을 고통스럽게 할 생각도 없다. 그러나 나경원은 자신의 딸 때문에 청담동 피부클리닉을 갔다고 했지만 그것은 장애를 가진 엄마가 할 행동이 전혀 아니었다는 생각은 지금도 변함이 없다.

다운증후군 딸이 심각한 피부질환을 앓고 있었다면 나경원은 절대로 청담동 피부클리닉에 가지 말았어야 했다. 왜냐하면 그녀가 다녔던 피부클리닉은 보톡스가 아닌 '더마톡신'이라는 주사 요법을 주로 쓰는, 속칭 '쁘띠 성형'으로 유명한 곳이었기 때문이다. 따라서 연예인이나 재벌가 부인 그리고 오세훈처럼 외모 가꾸기를 좋아하는 사람들이 주로 가는 병원이다.

사실 더마톡신은 보험 적용조차 되지 않고, 아직도 검증되지 않는 시술법 중 하나다. 그리고 스테로이드계 피부질환 치료제를 함부로 사용하면, 호르몬 이상으로 고통받고 있는 다운증후군 아이에게는 독약을 주는 것과 마찬가지로 위험한 일이기도 하다.

또한 연회비 1억대의 피부클리닉에서, 예약하지 않으면 나경원조차 진료를 받지 못하는 고가의 피부과에서 보험 수가 몇천 원짜리 피부질환 치료를 받았다는 얘기는 피부과를 다녀본 사람이라면 절대 수긍할 수 없는 이야기다.

만약 나경원의 딸이 정말로 건강보험이 적용되는 피부질환 치료를 받았다면(미용이 아닌 피부질환은 여드름을 제외하고 보험 처리가 가능하다) 보험 명세서만 제시하면 논란은 쉽게 끝났을 것이다. 하지만 나경원은 그렇게 하지 않았다.

더 간단하게는, 피부질환 때문에 고생하는 사람에게 물어봐도 답이 나온다. 그들이 가는 병원과 미용 · 성형을 위한 피부과는 근본적으로 다르기 때문이다. 피부질환으로 유명한 병원은 광고부터 미용 · 성형이 아니라 '아토피, 만성 피부질환 치료' 등을 문구로 내걸고 있다. 그러므로 진정 딸의 피부질환을 걱정해서 청담동 피부클리닉을 갔다면 나경원은 처음부터 병원을 잘못 선택한 무지한 엄마가 되는 것이고, 그것을 알고도 그 병원에 계속 다녔다면 엄마로서 딸의 고통을 빠르게 치료할 마음이 없었다는 뜻이 된다.

한나라당의 제거 대상 1순위는 나.꼼.수

2011년 10월 26일 재 · 보궐선거에서 한나라당은 11개 기초 단체장 가운데 8곳을 승리로 장식하고, 서울시장과 기초 · 광역 의원 선거에서는 패배했다. 특히 서울시장을 10년 만에 내줌으로써 2012년 총선과 대선에 빨간불이 켜지는 비상사태를 맞이했다.

서울시장 선거 패배를 분석하면서 한나라당은 '국민의 소리를 겸허히 받아들이겠다'는 말로 쇄신을 강조했지만 실제로는 민심을 겸허히 받아들이기는커녕 오히려 자신들을 패배시킨 사람들에 대한 복수를 감행했다.

10·26 재 · 보궐선거에서 「나는 꼼수다」가 연일 화제를 몰고 다니면서 서울시장 선거에서 아주 큰 활약을 펼쳤다. 그러나 박원순 후보에게는 아군이었겠지만 한나라당 입장에서는 미치도록 미운 존재였을 것이다. 그래서였을까? 선거가 끝나자마자 나경원 캠프에서는 나꼼수가 '나경원 후보가 1억짜리 피부샵을 다녔다'는 허위 사실을 유포했다고 주장하면서 출연진을 공직선거법상 허위 사실 유포 혐의로 경찰에 고발했다.

나경원 캠프에서는 1억대 피부과를 다니긴 했지만 연회비는 내지 않았고, 550만 원의 치료비만 지불했다고 했다. 그렇다면 1억대 피부과를 다닌 것은 확실하다. 다니지도 않은 것을 다녔다고 했다면 허위 사실이겠지만, 분명히 다녔다는 사실을 인정했으면서도 허위 사실을 유포했다고 고발했고 경찰은 곧바로 조사에 착수했다. 그렇다면 나경원 캠프 쪽에서 박원순 후보를 흠집 내기 위해 동원했던 사람들도 모두 허위 사실과 무고죄로 고발을 당해야 하는 것이 마땅할 것이다. 하지만 나경원 측은 박원순 후보에 대한 근거 없는 비방과 흑색선전은 나 몰라라 했고, 경찰도 전혀 문제 삼지 않았다. 게다가 앞서 말한 것처럼 나경원 후보의 1억대 피부과 논란을 한방에 잠재운 '유나의 편지' 사건에 대해서도 전혀 조사가 이루어지지 않았다. 그 편지 사건이야말로 명백한 허위 사실 유포인 데다 명의 도용 사건이 틀림없었는데 말이다.

아무튼 서울시장 선거 후 나경원 후보 측은 허위 사실 유포, 공직선거법 위반 등의 혐의로 나꼼수 멤버들을 다섯 차례나 고발했고, 나꼼수 측도 두 차례에 걸쳐 맞고소로 대응했다. 다행히 나꼼수 멤버들에 대한 불기소 처분과 나경원 후보 측에 대한 무혐의 처분으로 사건은 마무리가 되었지만, 선거를 통해 민심을 확인하고도 반성하고 변화할 생각은 않고 도리어 치졸한 복수극으로 모략과 계략 세우기에만 급급했던 나경원과 한나라당을 보면서 분노를 금할 길이 없었다.

사실 한나라당이 나꼼수를 고발한 것은 2012년 총선과 대선 때문이었다. 서울시장 선거에서 위력을 발휘한 나꼼수가 만약 2012년 총선과 대선에서도 활약을 펼친다면 한나라당 입장에서는 골칫덩어리 수준을 넘어 무서운 암 세포가 되어 자신들에게 사망 선고를 내리게 되지 않을까 하는 불안감이 엄습했다. 그리하여 비록 서울시장 선거에서는 패했지만 일찌감치 그 싹을 자르기 위해 무리수를 두어가며 고소와 고발을 남발했던 것이다.

나경원, 롤리폴리 춤추며 **화려하게 다시 등장하다**

나경원은 서울시장 선거 패배 후 트위터에 멘션을 하나 올렸다. 그리고 3개월 동안 트위터 활동을 전혀 하지 않다가 지난 2012년 1월 27일 생뚱맞게 플래시몹(Flash Mob) 하나를 올렸다. 나경원이 자신의 집 거실에서 춤 연습을 하는 장면이었다.

플래시몹을 올린 사람은 나경원으로 되어 있었는데, 플래시몹에 출연한 사람은 장애인 딸과, 팝핀 현준, 그리고 나경원이었다. 플래시몹에 출연하기 위해 대한민국 최고의 춤꾼인 팝핀 현준을 집으로 불러올 수 있는 능력도 대단하지만 자신의 춤 연습 장면을 유튜브에 왜 올렸는지 그 의도가 의심스러웠다. 그런데 이틀 뒤인 1월 29일 나경원은 트위터에 새로운 멘션을 올렸다.

> 그동안 생각을 정리하고 저를 돌아보는 시간을 가지기 위해 트윗에 글을 올리지 않다가 스페셜 올림픽을 알리고 싶은 마음에 그제 글을 썼습니다. 마침 (서울)중구 출마 기사와 시기가 겹치면서 이런저런 이야기가 많네요. 오늘 3시 시청 광장에서 봐요.

그리고 몇 시간 뒤 나경원은 시청 앞 서울광장에서 열린 '2013년 평창 동계 스페셜 올림픽 세계대회 D-365 기념행사'에서 조직위원장 자격으로 '롤리폴리' 곡에 맞추어 플래시몹 댄스를 췄다. 서울시장 보궐선거 패배 후 첫 공식 일정이었다. 스페셜 올림픽이란 '전 세계 지적발달장애인들을 위한 국제스포츠대회'를 말한다. 이런 일련의 과정을 살펴보면 누가 봐도 장애인 자식을 둔 정치인이 스페셜 올림픽을 홍보하기 위해 헌신하는 모습으로 보였다. 그런데 그날 행사에서 나경원은 엉뚱하게 이런 말을 했다.

"많이 고민했지만 (중구에)출마하기로 결심을 거의 굳혔다. 주변에서는 멋지게 불출마를 하라는 이야기도 많이 했지만 당이 어려운 상황에서 지금은 불출마가 비겁하다는 생각이 들었다. 조만간 예비 후보 등록을 할 예정이다."

사실 나경원은 이미 1월 26일 서울 중구 출마를 공식적으로 밝히면서, 2012년 4·11 총선에서 한나라당의 어려운 상황을 타개하기 위해서는 자신이 나설 수밖에 없다는 논리를 펼쳤다. 그렇다면 1월 27일에 올린 동영상과 29일 시청 앞 광장에서 선보인 댄스는 어떻게 해석해야 할까?

정치인이 총선에 출마하는 일이 잘못된 것은 아니다. 민주사회에서 자신이 하고 싶으면 무엇이든 할 수 있다. 그러나 스페셜 올림픽과 같은 장애인 활동을 앞세워 자신을 홍보하는 것은 문제가 좀 다르다.

만약 나경원이 스페셜 올림픽을 홍보하기 위해 동영상을 촬영해서 올렸다고 믿는 사람이 있다면 그저 그 순진함에 박수를 보낼 수밖에 없다. 어떤 사람은 이유야 어떻든 나경원이 그래도 스페셜 올림픽을 홍보하는 역할을 해준 것은 아닌가, 하고 반문할 수 있을 것이다. 그러나 과연 그럴까? 플래시몹 동영상과 시청 앞 댄스와 관련해 나경원 관련 기사를 한번 살펴보자.

> 나경원, '화려한 댄스 실력'
>
> 플래시몹 연습했다던 나경원 위원장, '실력은?'
>
> 나경원 위원장, '댄스 삼매경'

화려한 외모로 늘 대중의 주목을 받았던 나경원을 향한 언론의 포커스는 오로지 '나경원'과 '댄스'에 맞춰져 있었다. 그 어디에서도 스페셜 올림픽이나 장애인 스포츠에 대한 관심은 찾아볼 수 없었다. 이것은 무엇을 의미하는가? 나경원에게 있어 '장애인'이라는 것은 언제나 자신의 정치를 위한 홍보 수단 이상은 아니었던 것이다.

장애인을 위해 아무것도 한 것이 없는, 장애아 엄마 국회의원

사람들은 나경원이 장애아 자녀를 둔 부모이고 그래서 장애인들을 위해 좋은 일을 많이 했을 것이라고 막연하게 생각하는 경우가 많다. 하지만 속을 들여다보면 전혀 그렇지 않다.

서울시장 보궐선거 운동이 한창이던 2011년 9월 말, 전국장애인차

별철폐연대와 전국장애인부모연대는 국가인권위원회 앞에서 기자회견을 열어 나경원 후보를 비판한 뒤 인권위에 진정서를 제출했다. 사건의 발단은 이러했다.

나경원 후보가 서울 용산구의 한 중증 장애인 시설을 방문한 자리에서, 취재진과 방송용 카메라 여러 대가 지켜보는 가운데 중증장애 남학생을 발가벗긴 채 이른바 목욕 봉사를 했는데 이 장면이 그대로 언론에 노출된 것이다. 이 때문에 장애인들은 엄청난 수치와 분노로 큰 충격을 받아야 했는데, 나경원 후보 측은 어떠한 반성과 사과의 뜻도 밝히지 않은 채 그저 "목욕 장면은 카메라 통제가 안 된 때문이다.", "먼저 촬영을 요청한 적은 없다.", "사진 장비는 시설 측에서 설치한 것으로 안다." 등의 어이없는 변명으로 일관했다.

장애인 단체들은 중증 장애인의 몸을 자신의 선전 도구로 이용한 나경원 후보의 파렴치한 행위에 대해 인권위가 나서서 즉각적인 공개사과를 명령하고 나경원 후보로 하여금 장애인 인권교육을 받을 수 있도록 권고하라고 촉구했다. 그리고 나경원 후보에 대해서도 즉각적이고 공개적인 사과를 요구했다.

그런데도 나경원 후보는 자신이 얼마나 큰 잘못을 저질렀는지도 모른 채 평화방송 라디오 「열린세상 오늘 이상도입니다」에 출연해서는 장애인 알몸 촬영 사건의 논란에 대해서 "저는 장애인 인권 부분에 있어서 누구보다도 열심히 활동했다고 말씀드리고 싶다."는 엉뚱한 답변을 했다.

나는 당시 중증 장애 아동 알몸 목욕 사건이 터졌을 때 언젠가는 이런 일이 벌어질 줄 알았다. 그 이유는 간단하다. 나경원이 국회의원 시절부터 장애인 시설을 자주 갔기 때문인데, 문제는 혼자 조용히 가서 봉사하다가 오면 좋으련만 절대 혼자 가는 법이 없었다는 것이다. 나경원이 장애인 복지시설에 갈 때에는 늘 사진기자들을 대동했다. 그 이유는 굳이 설명하지 않아도 알 수 있을 것이다. 진정으로 봉사활동을 하러 가는 것이라면 혼자 조용히 가서 하고 오면 그만이다. 하지만 봉사활동이 목적이 아니라 장애인을 이용해 자신의 봉사활동 사실을 알리려는 것이 목적이라면 당연히 사진기자들을 데리고 가야 한다.

이번 사건도 마찬가지다. 중증 장애인을 목욕시켜 주는 봉사활동을 하고 싶으면 가족끼리, 또는 아는 사람들끼리 조용히 갔다 오면 된다. 그런데 수많은 사진기자와 카메라 기자들을 불러 같이 갔다. 그러고는 어린 아이도 아닌 청소년쯤 되는 큰 아이를 수많은 카메라가 지켜보는 가운데 벌거벗겨 놓고 목욕을 시키는 대담함을 보였다.

나경원에게 장애 아이는 안중에도 없었을 것이다. 그저 자신이 장애인들을 위해 얼마나 열심히 봉사하고 있는지 그것을 보여주는 것이 중요했다. 그러려면 더 적극적이고, 더 자극적인 모습이 필요할 수밖에 없었다. 장애인의 인격 그런 것은 전혀 고려하지 않은 채 말이다. 하지만 몸은 좀 불편해도 정신은 멀쩡한, 어쩌면 그녀보다 더 똑똑하고 민감할지도 모를 그 장애아가 당해야 했던 수치와 분노는 어떻게 보상받을 수 있을까?

장애인을 위한 법안은 뒷전, 오로지 얼굴 홍보에 매진

나경원은 기회만 있으면 다운증후군을 앓고 있는 딸을 위해 정치에 입문했다고 말하고 다녔다. 그리고 정책적인 차원에서 장애 아동들을 위한 입법 활동을 위해 만들어진 국회 연구단체인 '장애아이 We Can' 회장임을 너무나 자랑스러워했다. 그렇다면 그녀는 과연 장애인을 위한 법안 발의를 몇 건이나 했을까?

나경원 의원이 18대 국회(2009년~2012년)에서 직접 발의한 장애인 관련법은 '장애성년 후견법안'과 '평창동계스페셜올림픽세계대회지원법안' 단 2건이었다. 그나마 '평창동계스페셜올림픽세계대회지원법안'은 수정가결 됐지만, 장애성년후견법안은 대안폐기 되었다(새로운 대체 입법안을 만들어 상정하는 등 대안을 마련한 뒤 기존에 제출된 법안을 폐기하는 것을 뜻함). 17대 국회에서는 '특수교육진흥법' 일부 개정안이 있었는데, 이것 역시 대안폐기 되었다.

결국 그녀가 2003년 국회의원에 입문한 이래 지금까지 장애인 행사로 인지도를 높인 만큼 국회의원 본연의 임무인 법안 발의 성적을 매긴다면 꼴찌에 가깝다고 볼 수 있다.

나경원은 장애인 딸을 둔 부모라는 사실 때문에 한나라당 장애인 복지 특별위원회 위원장까지 지냈던 인물이다. 그런데 장애인을 위한 법안 활동이 8년 동안 단 1건이란 사실은 어떻게 이해해야 할까? 돈 많은 사학 재벌의 딸로 태어나 서울대를 졸업하고 판사로 일했던 장애아의 엄마인 국회의원마저 국회에서 장애인을 위해 활동하지 않는다면 돈 없고 학력이 낮은 부모들은 장애인 자녀들을 위해 할 수 있는 일이 과연 무엇일까?

나경원은 국회의원이었다. 국회의원은 입법 활동을 통해 정책을 만드는 사람이다. 만약 나경원에게 장애인 딸이 있다는 사실 때문에 그녀에게 투표한 사람들이 있다면, 그들이 그녀에게 기대한 것은 장애인 문제 해결을 위해 법안을 만들고 통과시키는 것이었지 홍보물 영상을 위한 모델 역할을 기대한 것은 아니었을 것이다.

미모의 나경원 VS **KBS 앵커 신은경**

서울시장 보궐선거 패배 이후 3개월 이상 침묵하던 나경원이 롤리폴리 댄스로 언론의 주목을 받으며 다시 화려하게 등장한 것은 19대 국회의원 선거를 향한 새누리당과 민주통합당의 후보자 신청이 막바지로 치닫고 있을 때였다. 그리고 나경원은 예상대로 서울 중구의 국회의원 예비 후보로 등록을 했는데, 그때 같은 지역에서 예비 후보로 등록한 한나라당 인물이 또 있었다. 바로 신은경 예비 후보였다. 두 사람은 같은 당 소속으로 예비 후보자 등록을 했기 때문에 새누리당 공천에서 두 사람 중 한 사람은 탈락할 운명에 처하고 말았다.

나경원과 신은경은 지난 2008년 18대 총선에서도 한 번 격돌한 바 있었다. 당시에는 나경원의 승리로 끝이 났지만, 그 과정에서 보여준 모습은 대한민국 정치의 단면을 보여주는 온갖 요소를 갖추고 있었다.

신은경은 KBS 아나운서 출신이다. 그리고 그녀의 남편은 박성범이었다. 박성범은 KBS 9시 뉴스의 간판 앵커였고, 신은경은 컬러 TV가 보급된 이후 등장한 미모의 여성 아나운서였다. 신은경은 1986년부터 당시 KBS 보도본부장이었던 박성범과 1991년까지 KBS 9시 뉴스를 공동으로 진행했다. 그런데 이 과정에서 신은경과 박성범의 스캔들이 끊임없이 터져나왔다. 이것은 신은경이 1981년 KBS 아나운서 8기로 입사한 뒤 5년도 채 안 된 상황에서 아나운서의 꽃이라고 할 수 있는 9시 뉴스에 기용되었기 때문이다.

신은경이 경력에 어울리지 않게 박성범과 함께 9시 뉴스를 진행할 수 있었던 것이 박성범이 뒤에서 밀어줬기 때문이 아니냐는 루머가 단순 루머가 아니었다는 사실은, 박성범이 부인과 사별한 뒤 신은경과 1995년 결혼하는 것으로 사실이 되고 말았다. 열여덟 살이라는 나이 차이와 박성범의 부인이 오랜 화병으로 죽었다는 이야기는 그 둘의 관계가 그리 순탄하거나 평범한 부부는 아니었을 거라는 추측을 불러일으키기도 했다.

이후 박성범은 정치인으로 변신했고, 1996년 서울 중구에 출마해 당시 정대철 국민회의 부총재를 이기고 당선된다. 사실 당시 박성범의 당선은 그가 KBS 뉴스 앵커였다는 사실보다, 신은경이 유권자를 찾아다니며 설거지를 해주고 목욕탕에서 아주머니들 등을 밀어주면서 얻은 공로라는 평이 지배적이었다. 이런 그녀의 내조는 2004년 4·15 총선에서도 힘을 발휘해 한나라당의 다른 지역구는 몰락했어도 박성범은 당당히 승리할 수 있게 만들었다.

이렇게 신은경의 도움으로 잘 나가던 박성범은 오히려 신은경 때문에 2008년 한나라당 공천에서 떨어지고 만다. 신은경이 당시 중구청장 공천 후보자에게 21만 달러가 든 케이크와 명품을 받았다는 의혹 때문이었다(신은경 측의 주장으로는 공천 헌금 증언자는 구속됐고, 명품도 남대문 시장 짝퉁으로 밝혀져 돌려줬다고 함). 박성범은 공천 탈락과 관련한 기자회견에서 "원칙도 기준도 없이 오직 계파 간 나눠 먹기로 일관한 공천 심사의 행태에 실망을 넘어 분노를 느낀다."며 불만을 토로했고, 이런 상황에서 신은경은 자유선진당에 입당해 2008년 총선에 나섰다.

그리하여 2008년 서울 중구에서 벌어진 18대 총선은 TV에서 보던 인물들이 대거 출마하는 진풍경을 연출했다. 시사 프로그램 진행자로 명성을 떨치던 정범구와, 한나라당이 밀어준 미모의 나경원, 그리고 KBS 아나운서 출신 신은경이 함께 등장했던 것이다. 그런데 뚜껑을 열어보니 나경원이 46.07%를 얻어 정범구(27.60%)와 신은경(20.55%)을 큰 표 차이로 따돌리고 승리했다.

나경원이 등장하기 전 서울 중구는 사실 박성범과 신은경의 텃밭이었다. 하지만 나경원이 등장하면서 박성범은 공천 탈락의 수모를 겪었고, 신은경은 남편을 대신해 자유선진당 간판으로 출마했지만 실패했다. 이런 두 사람이 지난 19대 총선에서 또다시 만나게 되었는데, 이번에는 같은 당으로 맞붙게 된 것이다.

나경원을 몰락시킨 **김재호 판사 기소 청탁**

서울시장 선거에서 패배한 뒤 국회의원으로 화려하게 재기하려던 나경원에게 뜻하지 않는 시련이 찾아왔다. 그것은 약 7년 전에 있었던 한 사건 때문이었다.

2005년 나경원은 네티즌 김모 씨를 명예훼손으로 고발했다. 김모 씨는 2004년 당시 한나라당 의원이던 나경원이 자위대 창설 기념행사에 참석한 것을 두고 '나경원은 친일파'라는 글을 블로그에 게재했던 사람이다. 그런데 이 사건은 개인을 비방할 목적이 명확하지 않아 수사가 진행되지 않고 있었다. 그러자 나경원의 남편인 김재호 판사가 직접 검찰 관계자에게 전화를 걸어 "해당 고소 사건의 피고소인을 기소만 해 달라. 그러면 검찰에서 처리하겠다."며 압력을 행사했고, 이에 따라 김모 씨는 2006년 4월 13일 공소가 제기된 뒤 한 달 만인 5월 17일 1심이 열려 징역 1년 구형과 벌금 700만 원을 선고받았다(10월에 2심 벌금 확정, 12월에 대법원 벌금 700만 원 확정).

이러한 사실은 서울시장 보궐선거 운동이 한창이던 시기에 시사IN

주진우 기자에 의해 「나는 꼼수다」에서 폭로되었는데, 주진우 기자는 당시 사건이 일사천리로 진행돼 불과 7개월 만에 3심이 모두 종료됐고, 1·2심 판사 모두 김재호 판사의 동료였으며, 이것은 관할 법원 판사가 수사 중인 검사에게 기소 운운하며 판사의 직위를 부당하게 이용한 것이라고 낱낱이 밝혔다.

이런 사실이 알려지자 한나라당은 즉각 논평을 내고 주진우 기자의 주장은 인터넷 악성 흑색선전이며 즉각 고소, 고발 조치해 법의 심판을 받도록 하겠다며 난리를 쳤다. 그리고 주진우 기자는 나경원 선대위 측에 의해 허위 사실 유포 혐의로 고발당했으며, 구속영장이 청구될 수 있는 극한 상황까지 이르렀다. 모든 상황이 주진우 기자에게 불리한 상황이었고, 주변에서는 혹시 정봉주 의원처럼 구속되는 것이 아니냐는 걱정들을 했다. 그런데 이때, 한 명의 여 검사가 등장하는데 그녀의 이름은 박은정이었다.

인천 지방검찰청 부천지청 박은정 검사

박은정 검사는 주진우 기자의 허위 사실 유포 혐의를 수사하고 있던 서울지방검찰청 공안부에 직접 전화를 걸어 김재호 판사에게 기소 청탁을 받은 것은 사실이라고 밝혔다. 그녀는 나꼼수 팀에는 말도 하지 않고 양심선언을 했는데, 만약 사전에 나꼼수 팀에 알리게 되면 박은정 검사를 보호하기 위해 나꼼수 팀이 말릴 것을 우려했기 때문이다.

박은정 검사의 양심선언으로 나경원이 고발한 네티즌 김모 씨 사건이 실제로 김재호 판사의 기소 청탁으로 이루어졌고, 한나라당이 그토록 자신 있게 주장했던 인터넷 악성 흑색선전은 '진실'로 밝혀지고 말았다.

박은정 검사는 이화여대를 졸업하고 사법시험 39회와 연수원 29기를 거쳐 2000년 임관되었는데, 임관 후 대한민국 검찰에서 흔히 주변부라고 일컫는 여성, 아동 관련 업무를 주로 맡으면서, 특히 성폭력 업무를 많이 맡아온 베테랑 검사였다. 그녀가 제대로 된 검사라는 것을 입증한 사건이 있었는데 '장모 양 사건'으로 유명했던 여가수 성상납 사건이다.

장 양 사건은 일반적인 연예인 지망생 성폭력 사건이나 연예기획사 대표의 물리적 강간 사건이 아니었다. 주류회사 오너의 아들이자 지방 유지였던 연예기획사 대표 K가 장 양에 대한 10년간의 노예계약을 악용해 2년 넘게 변태 성행위를 강요했고, 이 때문에 장 양은 자궁암 초기까지 갔다.

말기암 환자였던 아버지 때문에 가장 역할을 해야 했던 장 양은 공연 수익금을 착취당한 것은 물론이고, 오로지 K의 성 노리개의 역할을 해내며 살았다. 박은정 검사의 치밀한 수사와 노력으로 상당액의 보상금을 받는 선에서 합의, 공소가 기각됐지만, 이 사건은 여성 연예인의 성폭력 문제 해결에 도움이 되는 법적 사례이자, 좋은 검찰 수사 관행을 남기기도 했다.

아무튼 박은정 검사의 양심선언 뒤 나꼼수 팀은 큰 걱정에 휩싸이고 말았다. 그 이유는 자신들이 구속되는 것은 두렵지 않으나 자신들을 살리기 위해 진실을 밝혔던 박은정 검사가 불이익을 당할 것이 불 보듯 뻔했기 때문이다. 여기서 설마, 라고 할 사람들이 있겠지만 우리는 그동안 이런 사례를 너무나 많이 봐 왔다.

멀리 갈 것도 없이 지난 2011년 '검찰이 정치적 중립과 독립성을 지키지 못하고 있다'라며 검찰 내부 게시판에 글을 올린 뒤 사직서를 제출한 백혜련 검사를 기억하는가? 그녀는 박은정 검사와 사법시험, 사법연수원 동기다. 백혜련 검사의 모습을 보면서 나꼼수 팀은 박은정 검사가 이런 순서를 밟을 것 같아 너무나 안타까워했던 것이다.

실제로 지난 3월 2일 박은정 검사는 사의를 표명했다. 하지만 대검찰청은 박은정 검사에게 책임을 물을 사유가 아니라며 반려했다. 언론의 감시 때문에 검찰이 이런 결정을 내렸는지 모르지만 언제 박은정 검사를 향한 탄압과 압박이 가해질지는 아무도 모른다.

김재호 판사에 대한 말 바꾸기

박은정 검사의 양심선언으로 신실이 드러났는데도 계속해서 거짓 변명으로 일관하던 나경원은 2012년 3월 1일 새누리당 당사에서 기자회견을 열고 "남편 김재호 판사는 기소 청탁을 한 적이 없다."며 끝까지 의혹을 부인했다.

사실 이 의혹이 처음 제기될 때부터 나경원은 박은정 검사가 기소 청탁을 받았다고 주장한 시점에 김재호 판사는 미국에 있었기 때문에 사건과 아무런 관계가 없다고 주장했다.

그런데 나경원 측이 밝힌 해명 자료를 자세히 살펴보면 남편 김재호가 미국 유학을 간 시점에 이상한 점이 있었다. 박은정 검사가 사건을 배정받았던 것은 1월 중순경이었고, 10여 일간 사건을 검토했는데, 이때 김재호 판사는 분명히 국내에 있었다. 그가 미국 유학을 떠난 것은 2월 20일경이기 때문이다. 이것은 나경원 측의 이야기를 토대로 했을 때다.

한편, 주목할 점은 당시 박은정 검사가 있었던 곳은 서부 지검이었고, 김재호 판사가 근무했던 곳은 관할이 같은 서부 지법이었다. 결국 의혹이 처음 제기되었을 때 나경원 측은 김재호 판사와 박은정 검사가 전혀 연관성이 없다고 했는데 이것은 거짓말이었던 것이다.

나경원 측의 주장을 들어보면 박은정 검사로부터 사건을 재배당받은 최영운 검사가 4월 13일 김모 씨를 기소했기 때문에 김재호 판사와 박은정 검사가 전혀 연관성이 없다고 생각할 수도 있다. 그러나 사법부 내의 청탁은 딱히 일정이나 인맥으로만 설명할 수 없는 부분이 있다. 법조계에서 가장 중요한 것은 서열과 기수다. 몇 회 시험인지, 사법연수원 몇 기냐가 중요하다. 김재호 판사는 박은정 검사는 물론이고 최영운 검사보다 기수가 높은 21기다. 박은정 검사에게 자신보다 높은 기수의 부장판사가 전화했다는 사실은 상당한 압박으로 다가왔을 것이다.

아무튼 가장 큰 문제는 김재호 판사가 직접 박은정 검사에게 전화를 했느냐는 점인데, 이 의혹에 대한 기자들의 질문에 나경원은 이렇게 대답했다.

기　자 : 전화를 한 사실은 있느냐?

나경원 : 청탁을 한 적이 없다.

기자들이 두 번, 세 번 계속해서 전화를 한 사실이 있느냐고 물었지만 나경원은 "청탁을 한 적이 없다."고만 답변했다. 진짜 전화를 한 적이 없다면 결단코 전화를 한 적이 없다고 대답해야 맞지 않을까?

이 사건은 단순히 나경원에 대한 비판이 전부가 아니라고 본다. 그 이유는 정치인 나경원보다 더 심각한 대한민국 사법부의 타락과 정치 검찰의 모습을 적나라하게 보여주었기 때문이다.

당시 주진우 기자와 나경원은 서로 고소, 고발을 한 상황이었다. 나경원은 주진우 기자를 허위 사실 유포죄로, 주진우 기자는 나경원을 '허위사실 유포에 대한 공직선거법 위반 혐의'로 맞고소를 했다. 서로 상대방에 대해 고소를 했다면 각기 사건에 대한 조사를 위해 두 사람 모두에게 출두 명령서를 보내게 되어 있다. 그런데 주진우 기자에게는 수차례 출두 명령서를 보내면서(더구나 꼭 크리스마스 이브에 출두하라고 하면서) 나경원에게는 출두 명령서를 보내기는커녕 아무런 조사조차 하지 않았다.

김재호 판사나 나경원 모두 법 앞에서는 한 사람의 자연인에 불과하다. 오히려 그들은 법조인이기 때문에 일반인보다 더욱 더 법을 엄격히 지켜야 할 사람들이다. 게다가 김재호 판사가 한 행동은 법원 감찰팀의 내사가 이루어지기에 충분한 사안이었다. 그런데 어찌된 영문인지 나경원과 김재호 판사를 향한 사법부의 태도는 관대하다 못해 대한민국 법에 적용받지 않는 치외법권 국민으로 취급하는 듯했다.

나경원 총선 출마 철회

남편 김재호 판사의 기소 청탁 의혹을 부인했던 나경원은 결국 4·11 총선 출마를 철회했다. 그녀의 불출마 선언은 남편 김재호의 기소 청탁 의혹 논란과, 검찰이 박은정 검사가 청탁 전화를 받았던 것으로 잠정 결론을 내리면서 더 이상 버티기 어렵다는 판단을 했기 때문이다.

그런데도 나경원은 끝까지 자신의 잘못을 인정하는 모습은 보이지 않았다. '이유야 어떻든 논란을 스스로 해결하지 못한 건 내 탓'이라며 "당원과 중구 구민의 명예를 위해, 나를 지지해준 서울 시민, 나아가 국민 명예를 위해 무책임한 음해와 선동에 맞서 싸우겠다."고 강조했다. 기소 청탁 사건을 자신에 대한 음해로 표현했던 것이다.

한편 KBS 앵커 출신인 신은경도 서울 중구 공천 신청을 철회했다. 신은경은 보도자료를 내고 "나경원 예비 후보의 공천 신청 철회로 현재 중구의 사실상 단독 후보임에도 불구하고 다른 제3의 후보가 사실상의 공천자로 결정됐다는 보도가 이어지고 있고, 그 보도가 기정사실로 굳어지는 듯한 상황에서 더 이상 공천 심사 대상으로 남아 있는다는 것 자체가 개인과 중구 구민의 명예와 자존심에 손상을 입히는 일이라 판단해 더 이상 공천 심사 대상으로 남아 있을 이유가 없다."며 철회 입장을 밝혔다.

나경원이 남편 김재호의 기소 청탁 논란에 휩싸이며 총선 불출마를 선언한 데 이어 신은경마저 공천 신청을 철회함에 따라 서울 중구는 자연스럽게 전략 지역으로 지정되었고, 결국 정진석 전 청와대 정무수석이 후보로 나오게 되었다.

서울시, 박원순이 있어 다행이야

2011년 10월 26일 대한민국 수도 서울특별시의 시장이 바뀌었다. 오세훈 시장 사퇴로 치러진 서울시장 보궐선거에서 박원순 후보가 안철수 교수와의 합의를 거쳐 야권 통합 단일후보가 된 뒤 한나라당 나경원 후보를 꺾고 서울시장에 당선됐다.

박원순 시장은 취임식부터 온라인상에서 자신이 직접 사회를 보며 진행하는 등 파격적인 행보를 보였다. 그리고 그가 약속한 대로 서울을 시민의 품으로 돌려주기 위한 일들을 하나씩 해나갔다. 과연 박원순 후보가 시장에 당선된 뒤 서울시는 어떻게 변했을까?

지하철 9호선과 맞짱을 뜨다

앞서 이명박 대통령 이야기에서 잠시 언급했던 것처럼, 서울시 메트로 9호선 주식회사는 지하철 9호선을 운영하는 민간업체다. 그런데 이 9호선 주식회사가 2012년 4월 16일 보도자료를 내고 6월 16일부터 지하철 요금을 한꺼번에 500원이나 인상하겠다는 일방적인 발표를 해서 한동안 큰 소동이 벌어졌다. 이번 소동은 지하철처럼 시민들이 반드시 이용할 수밖에 없는 공공 부문의 사업체가 민간 소유로 넘어가면(이른바 민영화되면) 어떤 일이 벌어질 수 있는지, 얼마나 시민들에게 위협적이 될 수 있는지를 단적으로 보여준 사건이었다. 그런데 다행히 서울시에는 박원순 시장이 있었다.

지하철 9호선의 일방적인 요금 인상에 대해 박원순 시장은 단호한 입장을 보였다. 지하철 9호선이 여러 가지 이유를 들어 요금 인상을 정당화하려 하자, 박원순 시장은 지하철 9호선이 주장하는 요금 인상의 이유에 대해 근거를 들이대며 조목조목 반박했는데, 조사 결과 지하철 9호선이 요금 인상의 근거로 내세운 주장들은 하나같이 터무니없는 것으로 밝혀졌다.

9호선 주장 : 2009년 7월 24일 개통 당시 1년간만 한시적으로 다른 지하철과 동일 요금을 적용키로 하고 개통했다.

서울시 주장 : 당시 9호선 개통 임박 시점까지도 사업 시행자는 대중교통 통합요금체계 반영과 연락 운송과 관련한 협약체결 등이 미비되어 동일 요금을 적용토록 요구하였고, 9호선 주식회사는 이를 수용하여

12개월 이상 실제 이용 수요 조사를 하여 필요할 경우 상호 협상을 거쳐 새로운 운임표를 작성하는 것으로 하고 개통하였으며, 현재 새로운 운임표를 산정하기 위해 협상을 진행하여 왔음.

9호선 주장 : 개통 이후 수요는 협약의 95% 내외이나, 운임 수입은 동일 요금 적용으로 협약의 50% 내외로 인하여 9호선 회사 재정 상황이 악화되어 가고 있음.
서울시 주장 : 협약서 58조 규정에 따라 운영개시일로부터 15년간 실제 운임 수입이 보장기준 운임 수입에 미달할 경우 그 부족분을 보장해 주기로 하고, 2009년 142억 원, 2010년 323억 원을 보전해주었으므로 요금이 인상되지 않아 재정 상황이 악화되고 있다는 주장은 타당하지 않음.

9호선 주장 : 최소운임수입보장에 따라 6개월 단위로 90%를 보장받기로 했으나 지급 시기가 제대로 지켜지지 않음.
서울시 주장 : 서울시에서는 6개월 단위로 지급 요청이 있을 경우 지급할 예정이었으나 9호선 주식회사에서 신청서를 1년 단위로 제출함에 따라 1년 단위로 지급하고 있으며, 최소운임수입보장금을 늦게 지급한 사례는 없음(2009년 지급액 : 2010년 4월 20일 신청, 2010년 지급액 : 2011년 3월 30일 신청, 2011년 지급액 : 2012년 3월 13일 신청함).

9호선 주장 : 서울시가 건설하고, 서울시 산하 공기업이 운영하는 1~8

호선도 모두 적자임.

서울시 주장 : 서울시 투자기관에서 운영하는 1~8호선 지하철은 건설 재원이 포함되어 적자가 발생하고 있으나, 9호선은 전체 투자 규모의 3분의 1에 해당하는 재원을 민간 사업자가 투자하고 운영 적자를 운운하는 것은 과다한 수익률, 차입 이자 등이 그 원인이라고 판단됨.

이처럼 박원순 시장은 지하철 9호선의 일방적인 요금 인상안 발표에 대해 반박하면서, 서울시 의회 시정 질의 답변을 통해서 "지하철 9호선의 요금 인상은 불법 행태여서 결코 용납할 수 없다."고 했다. 그리고 만약 지하철 9호선이 요금 인상을 강행한다면 사장 해임, 사업자 취소를 검토하겠다며 강경하게 나갔다. 여기에다 박원순 시장은 지하철 9호선이 서울 시민을 상대로 겁을 준 것이나 다름없다며 서울 시민에게 사과하라고 요구했다.

지하철 9호선은 박원순 시장의 강경 대응에 곧바로 꼬리를 내리며 요금 인상안을 보류했고, 서울시에 사과하겠다고 밝혔다. 하지만 박원순 시장은 서울시가 아니라 서울 시민에게 사과하라며 지하철 9호선을 계속 압박했다.

아직 지하철 9호선의 요금 인상 문제는 완전히 해결되지 않고 있다. 하지만 박원순 시장이 지하철 9호선이 요금 인상을 강행하면 관련법에 따라 단호하게 조치할 것이라고 밝혔기 때문에 지하철 9호선이 마음대로 요금 인상을 하지는 못할 것으로 보인다. 그래도 경계를 늦출 단계는 아니다. 요금 인상 보류 방침을 밝혔던 지하철 9호선이 2012년 5월 10일 박원순 시장을 상대로 요금 자율 징수권을 보장해 달라며 운임신고 반려처분취소 청구소송을 서울 행정법원에 냈기 때문이다. 서울 시민을 상대로 사과하며 500원 요금 인상을 잠정 보류하겠다고 밝혔던 지하철 9호선이 한쪽으로는 행정소송을 통해서라도 반드시 500원 인상을 관철하겠다는 의지를 드러낸 셈이라 향후 서울시와 치열한 법정 공방을 예고하고 있다.

반값 등록금, **진짜로 가능했다**

2011년 대한민국 정치계의 화두는 단연히 반값 등록금이었다. 나날이 치솟는 대학 등록금 문제를 반값 등록금으로 해결하겠다던 새누리당의 전신인 한나라당과 이명박은 반값 등록금 약속을 말뿐인 공약으로 만들어버렸고, 이것은 젊은 대학생들이 정치에 관심을 갖게 만드는 중요한 계기가 되었다.

사실 반값 등록금 문제를 먼저 이야기하고 정치적으로 이용한 사람은 한나라당과 이명박이었다. 그런데 이명박은 대통령으로 취임하고 난 뒤에 가진 대학생들과의 대화에서, 한 대학생이 반값 등록금 공약에 대해 질문하자 자신은 그런 공약을 한 적이 없다고 말했다. 도대체 어떻게 된 것일까?

맞는 말이다. 이명박은 후보 시절 반값 등록금을 공약으로 말한 적이 없다. 당시 한나라당의 공약집에도 반값 등록금 이야기는 없다. 그런데 문제는 공약집과 전혀 다른 모습으로 국민에게 사기를 쳤던 이들의 모습은 확인할 수 있다는 사실이다.

2007년 대선 당시, 이명박 후보는 경제살리기 특별위원회 산하 '등록금절반 인하위원회'를 설치했고, 교육과학기술부 이주호 장관은 '등록금 부담 반으로 줄이기' 입법을 이야기했다. 여기에 김형오 원내대표는 '반값 등록금 민생법안 처리' 의사를 밝혔다. 자, 여기서 흔히 말하는 기획 부동산 사기꾼과 이명박을 비교해보자.

사기꾼 : 너 돈이 없어서 쩔쩔매고 있지? 내가 좋은 투자 정보 하나 줄게. A땅을 사면 나중에 가격이 많이 올라서 너한테 아주 도움이 될 거야. 못 믿겠지? 여기 땅 주위에 B개발위원회가 생겼어. B개발위원회에서는 A땅을 사는 사람들에게 투자 금액의 5배를 얻도록 해준다고 하잖아.

순진한 사람 : 정말이야? 투자 금액의 5배를 준다고?

사기꾼 : 여기 B개발위원회에서 투자 금액의 5배를 얻을 수 있다고 이야기하고 있어, 걱정하지마.

사기꾼 말만 믿고 황무지에 투자했다가, 투자 금액의 5배는커녕 원금마저 잃은 사람이 사기꾼에게 속았다고 따져 묻는다.

순진한 사람 : 당신 말만 믿고 투자했는데, 수익이 5배가 아니라 오히려 원금도 잃었잖아. 책임져!

사기꾼 : 아니, 내가 언제 5배를 준다고 했어? B개발위원회에서 5배를 준다고 했지.

맞다. 이명박 후보는 절대로 반값 등록금 공약을 약속하지 않았다. 단지 '등록금절반인하위원회'를 만들어 대학생들이 등록금 걱정을 하지 않도록 하겠다고 했을 뿐이다. 사기꾼과 유사한 수법으로 대학생들의 표를 얻어 당선된 이명박은 정말 천재였던 것이다.

아무튼 이명박은 자신과 관련해 자꾸 반값 등록금 이야기가 나오자 아주 명언을 남겼다. 2010년 2월 한국장학재단을 방문한 이명박이 대학생들과 간담회를 가졌는데, 이때 한 대학생이 반값 등록금 공약 이야기를 하자, "그건 한나라당의 공약이었지 내 공약이 아니었다."고 하면서, 간담회 자리에 배석했던 송용호 충남대 총장을 향해, "등록금이 싸면 좋겠지만 너무 싸면 대학 교육의 질이 떨어지지 않겠느냐?"고 의견을 물었다. 등록금이 싸면 대학 교육의 질이 떨어지지 않을까 걱정스럽다는 말이 과연 대한민국에서 고등 교육을 받은, 그리고 한 나라의 대통령 입에서 나올 수 있는 말인지 정말 의심이 들지 않을 수 없었다.

정 씨의 시립대 등록금, 270만 원에서 27만 원으로

그렇다면 박원순 시장은 반값 등록금 문제를 어떻게 풀어 나갔을까? 2011년 서울시장 보궐선거 당시에도 반값 등록금에 대한 공방은 이루어졌고, 복지 포퓰리즘 논란 속에서도 박원순 후보는 한대련(한국대학생연합)과 정책 협약을 통해 서울시립대 반값 등록금 및 장학금 확충을 약속했다. 그렇다면 박원순 시장은 이 약속을 지켰을까? 물론 지켰다. 서울시립대는 2012년 3월부터 등록금을 반값으로 내리고, 장학금 제도를 확충해 많은 학생들이 등록금 지원 혜택을 받도록 했다.

> 서울시립대 정씨의 2012년 1학기 등록금은 135만 원. 지난해만 해도 270만 원의 등록금을 마련하느라 허덕였던 정씨는 가정 형편이 어려운 학생에게 주는 학교 장학금까지 챙긴 덕에 이번 학기 등록금으로 27만 원만 냈다. 지난해의 10분의 1 수준이다. 정씨는 등록금 인하로 무엇보다 기뻤던 것은 가족의 부담을 덜게 된 점이라며 "저뿐만 아니라 한 가정의 모습이 바뀌었다."고 말했다.
>
> - 한겨레신문 서울시립대 인터뷰 기사 중에서

자신은 반값 등록금 공약을 한 적이 없다고 외쳤던 이명박의 비겁한 변명과 비교하면 서울시립대생은 박원순 시장 취임 6개월 만에 정말로 반값 등록금 혜택을 받게 된 것이다.

서울을 시민들에게 **돌려주다**

서울의 최고 부자들만 산다는 강남 안에 있는 판자촌 구룡마을에 큰불이 났다. 2012년 1월 1차 화재로 6가구 20명, 2차 화재로 10가구 16명이 삶의 터전이었던 집을 잃었다. 이들은 박정희 시절 이곳으로 강제 이주를 당했던 사람들로, 국가권력의 부당한 횡포 속에서 평생을 산 사람들이었다. 그런데도 집이 무허가 건물이란 이유로 이들은 화재 후 아무런 보상도 받을 수 없었다. 그런데 박원순 시장의 노력으로 비록 임대주택이지만 모두 새 보금자리를 얻을 수 있었다(다만, 구룡마을을 떠나기 싫어하는 2가구는 마을 내 교회와 지인 집으로 이주함).

이들 이재민들에게는 '도시개발사업예정보상금'으로 임대보증금을 대체해주어 별도로 임대보증금을 내지 않아도 되도록 했고, 향후 구룡마을 도시개발사업이 완료되면 재입주를 보장받을 수 있게 해주었다. 추운 겨울에 일어난 화재로 마을회관과 임시 거처에서 힘들게 살았던 이들이 임대주택에 들어갈 수 있게 된 것을 보면서 진정 서울이 시민의 서울이 되었음을 다시 한 번 실감할 수 있었다.

보도블록 공사 60년 관행, 마침표를 찍다

서울에 살면 날마다 걷는 곳이 바로 보도블록이 깔린 인도다. 그런데 이 보도블록을 지날 때마다 서울 시민들은 마음이 불편하다. 공사한 지 몇 달도 안 된 보도블록이 깨져 다리가 삐끗하는 경우도 많고, 색깔과 무늬가 제각각인 보도블록도 부지기수이기 때문이다. 한편 선거철이나 연말만 되면 이곳저곳에서 갑자기 보도블록 공사가 벌어지는 일들이 연중행사처럼 되풀이되어 시민들을 열 받게 하기도 했다. 박원순 시장은 취임 전부터 자신의 웹사이트였던 '원순닷컴'에서 이런 보도블록의 문제점을 몇 번이나 강조했다.

> 시민들로부터 지탄받고 시정을 요구받고 있는데도 대한민국 보도블록은 왜 그렇게 개선이 되지 않는 것일까? 조금 더 튼튼하고 안전하게 공사를 해서 1년이 아니라 10년이 가고 100년이 가도 끄떡없는 그런 보도블록을 만들고 시공할 수 없는 것일까?
>
> - 2011년 7월 원순닷컴

박원순 시장은 6·25 이후 서울에 보도블록이 깔리기 시작하면서 그동안 주먹구구식으로 이어져왔던 보도블록 60년 관행에 마침표를 찍겠다면서 "불편, 불법, 위험, 방치, 짜증 위를 걸어야 했던 시민들에게 만족, 합법, 안전, 배려, 행복을 돌려드리겠다."고 강조했다. 그러면서 보도블록 10계명을 발표했다.

〈보도블록 10계명〉

① 보도공사 실명제

② 부실업체 원 스트라이크 아웃제

③ 보행안전도우미 배치

④ 11월 이후 보도공사 금지

⑤ 보도 파손자 보수 비용 부담

⑥ 424명 거리모니터링단 운영

⑦ 시민불편 신고제

⑧ 보도 위 불법 주정차 · 적치물 · 오토바이 단속

⑨ 납품물량 3% 남겨 파손 블록 신속 교체

⑩ 서울시 – 자치구 – 유관기관 협의체

보도블록을 공사한 시공사에 대한 실명제와 납품 물량 3% 보유를 통해 보도블록 공사의 품질을 높이고, 연말 예산 소진을 위해 무작정 벌였던 보도블록 공사 관행을 막는 등 논란이 많았던 보도블록 문제에 대해 종지부를 찍었다.

시장의 모든 말을 기록하라

박원순 시장 몰래 세빛둥둥섬(서울시가 수익형 민자사업으로 한강 반포대교 인근에 만든 인공섬)의 운영 기간을 해당 민간 사업자에게 25년에서 30년으로 연장해준 서울시 고위 공무원이 있었다. 박원순 시장이 이 사실을 알고 그 공무원을 불러 질책하며 제대로 처리할 것을 지시했다. 그러자 그 공무원은 '분명 박원순 시장에게 구두로 보고했다'며 대들었다. 그러나 그 공무원의 구두 보고는 금방 거짓으로 판명 나고 말았다. 그럴 수 있었던 까닭은 이렇다.

박원순 시장은 서울시장으로 취임한 해인 2011년 11월부터 사관을 두어 시장 집무실에서 진행되는 모든 회의와, 공식 · 비공식 면담 내용을 기록하도록 했다. 따라서 그날의 대화도 모두 기록되어 있었다. 박원순 시장은 사실 관계를 확인하기 위해 사관의 기록물들을 일일이 확인했고, 그 결과 그 공무원의 구두 보고는 거짓으로 판명날 수 있었다. 이는 박원순 시장이 왜 사관을 두었고, 이런 제도가 왜 필요한지를 보여주는 사건이었다.

물론 박원순 시장이 모든 것을 잘해내는 슈퍼맨은 아닐 것이다. 그리고 임기 내내 칭찬만 들을 수도 없을 것이다. 그러나 날마다 비판만 하는 글을 쓰는 정치 블로거인 내가 박원순 시장 취임 6개월 만에 칭찬할 만한 일을 포스팅 내내 꽉 채울 수 있다는 사실은 무엇을 의미하겠는가? 서울 시민들은 단지 서울시장을 오세훈에서 박원순으로 바꾸었을 뿐이지만, 정작 바뀐 것은 단순히 오세훈에서 박원순이 아니라는 사실일 것이다.

박원순 서울시장을 적으로 선언한 김제동

정치적 발언과 이명박 정권에 대한 날카로운 풍자를 자주 했던 김제동은 10·26 재 · 보궐선거 투표 당일, 박원순 후보의 당선이 확정되자 서울시장 당선을 축하하기 위해 서울광장에 모인 시민들 앞에서 뜻밖의 이야기를 했다.

"박원순 시장님은 이제부터는 저의 적입니다. 권력을 가지면 그 순간부터는 저의 코미디 대상입니다. 이제부터는 비판의 대상이 됐고, 더 이상 같이 서 있지 않을 것입니다."

방송인 김제동은 박원순 당선인을 축하하러 온 서울 시민 앞에서 박원순을 적으로 규정하는 초유의 사태를 벌였다. 축하도 아니고, 앞으로 비판의 대상으로 삼고, 더 이상 같이 서 있지 않을 것이라고 말해버린 것이다. 투표 독려 인증샷으로 곤욕을 치렀던 그가 왜 이런 말을 했을까? 무엇 때문에 그동안 지지했던 야권 후보와 더 이상 같이 서지 않겠다고 했을까?

김제동이 한 말의 가장 큰 의미는 바로 정치인들의 얍삽한 정치적 발언과 행동을 질타했던 것이다. 선거철만 되면 정치인들은 국민을 위해 목숨까지 바칠 것처럼 행세한다. 그들의 공약과 정책을 듣다 보면 이런 사람이 당선되면 대한민국은 마냥 행복하고 잘살 것만 같다. 그러나 선거가 끝나고 그들이 국회와 공관에 들어가고 나면 어떻게 변해버렸던가? 국민과의 약속은 헌신짝처럼 내팽개쳐버리고 오로지 정당과 정치인의 논리로 국민들에게 변명하기 바빴다. 이것이 그동안 대한민국 정치인들이 보여준 모습이었다.

김제동은 이런 정치인들의 모습을 지적한 것이다. 나 역시 마찬가지다. 많은 사람이 나를 '민주당원이다', '박원순빠다', '종북좌파다', '빨갱이다'라고 하지만, 나는 정치인들과 친분도 없고, 더구나 민주당원은 더더욱 아니다. 나는 스스로 정치인들이 국민을 위한 정치가 아닌 자신들의 부와 권력을 탐하는 정치를 하는 것을 비판하기 위해 글을 쓸 뿐이다.

만약 박원순 시장이 기성 정치인처럼, 그리고 자신이 했던 말처럼 시민을 먼저 생각하고 시민이 시장인 서울시를 만들지 않는다면, 나 또한 박원순 시장을 비판할 것이다. 그를 적으로 선언하고 서울 시민들을 위한 시장이 될 때까지 그를 괴롭히며 공격할 것이다.

대한민국 법치주의의 현주소

닥치고 법 VS 닥치고 권력

김병로
최은배
백혜련
박은정

VS

신영철
김홍일
이준명
이인규

대한민국 초대 대법원장이었던 가인 김병로 선생은 모든 법조인들이 존경하는 인물이다. 요즘처럼 이상한 판사들과 못된 검사들이 설치는 대한민국을 보면, 김병로 같은 법조인이 대한민국에 있었다는 사실은 참으로 놀랍고 자랑스러운 일이 아닐 수 없다.

일제강점기 때 판사나 검사를 했던 사람이라고 하면 친일파로 생각하기가 쉽다. 하지만 김병로 선생을 보면 꼭 그렇지만도 않다는 것을 알 수 있다. 1887년 태어난 김병로 선생은 어려서부터 한학을 공부했는데, 1902년에는 조선 최후의 성리학자인 간재(艮齋) 전우(田愚)의 문하가 되었다. 그러나 일본 군함을 견학한 뒤 '우리의 정신문화를 바탕으로 하여 서구의 물질문명을 받아들여야 한다'는 생각을 하게 되면서 신학문을 배우기 시작했다.

평생 정의롭고 청렴결백하게 살았던 가인 김병로

1905년 을사늑약이 체결되자 김병로 선생은 18세 나이에 5~6명의 포수들과 함께 면암 최익현 의병부대에 합류했다. 그러다 의병부대가 해산되자 잠시 고향으로 돌아오지만, 다시 김동신 의병부대에 합류해 순창의 일본인 관청을 습격하기도 한다. 그러나 일본의 탄압이 심해져 의병 활동을 더 이상 하지 못하게 되자 창흥의숙(을사늑약 체결 직후인 1906년 4월 당시 규장각 직각直閣이던 춘강 고정주 선생이 고향 담양에 내려와 '지식인을 키우는 것이 나라를 되찾는 길'이라며 세운 교육기관)에 입학해 신학문을 배우다가 1910년 도쿄로 유학을 떠난다.

1910년 경술국치로 정신적인 충격을 받은 김병로 선생은 잠시 귀국했다가 다시 도쿄로 유학을 떠나, 1913년 메이지대학 법과와 니혼대학 법과 졸업장, 주오대학 법률고등연구과 수료증을 받고 귀국한다. 그리고 1919년 밀양 지원 판사가 되었으나, 1년 만에 사임하고 서대문 자택에서 변호사를 개업한 뒤 조선변호사협회 이사장을 맡기도 했다.

김병로 선생은 변호사로 개업하자마자 상해 임시정부 요인 안창호, 여운형에 대한 치안유지법 위반 사건부터, 독립운동과 관련된 '김상옥 의사 사건', '2차 의열단 사건', '6·10 만세 사건', '광주학생독립운동'과 같은 사건의 변호를 맡았다. 이런 그를 일제가 가만 놔둘 리 없었다. 그가 연사로 나서는 집회는 모두 금지되었고, 경찰에 연행되는 일도 잦았다. 급기야 1931년에는 6개월 동안의 변호사 정직 처분까지 받았다.

그즈음 일제는 만주사변을 일으켜(1931년 9월) 괴뢰국인 만주국을 세우고는 중국 침략을 본격화하고, 조선에 대해서는 내선일체를 내세워 식민정책을 강화했다. 그러자 많은 독립운동가들이 변절을 하거나 은둔하기 시작했는데, 김병로 선생도 은둔의 길을 택했다. 그는 가족을 이끌고 경기도 양주로 내려가 해방이 될 때까지 13년 동안 농사를 지으며 금주, 금연의 절제된 생활을 했다. 그리고 나라 없이 방황하는 자신의 모습을 빗대어 '가인(街人:거리의 사람)'이라는 아호를 짓기도 했다.

그 뒤 해방이 되자 가인 김병로 선생은 다시 서울로 돌아왔고, 초대 대법원장이 되었다. 당시 김병로 선생의 검소함은 아주 유명했는데, 그가 법원장으로 있었던 대한민국 초대 법원은 영하 5도 이하로 내려가지 않으면 난방을 허락하지 않았다고 한다. 그래서 법원 직원들은 군용 점퍼를 입고 언 잉크병을 숯불로 녹여 가며 사무를 봐야 했다.

김병로 선생 자신도 연필은 3센티미터가 남을 때까지 썼고, 담배는 아예 반으로 잘라 파이프에 꽂아 피웠으며, 점심은 늘 사무실에서 도시락으로 해결했다. 지방법원 판사들도 마카오 양복을 입고 다니던 시절이었는데, 김병로 선생만 홀로 한성라사에서 맞춘 국산 양복을 입었다. 이처럼 김병로 선생은 자신에게 주어진 소임을 다하면서 국가의 재산을 자신의 것 이상으로 아끼는 진정한 공무원의 모습을 보여주었다.

지금 대한민국의 판사와 검사들이 국민들의 사랑을 받지 못하고 조롱과 멸시의 대상이 되고 있는 이유는 그들이 국민이 내는 세금으로 살면서도 국민을 위해 일하는 것이 아니라 권력자들 편에 서서 국민을 탄압하고, 그것도 모자라 자신들에게 주어진 권력을 이용해 돈을 탐내고 부귀영화를 누리는 데 온 애를 쓰고 있기 때문이다.

국민들은 '벤츠 여검사 사건'을 비롯해 대법원장 임명 때마다 위장전입은 물론이고 부동산 투기, 탈세 등 일반인이라면 구속될 일들을 저지르고도 전혀 부끄러워하지 않는 판사와 검사들의 모습을 너무나 많이 봐 왔다. 그러다보니 국민들 눈에 그들은 법 위에 군림하는 사람들로 보였고, 더욱 엄격하게 법을 지켜야 하는 사람들임에도 불구하고 오히려 법을 우습게 여기고 함부로 어기는 사람들도 인식되고 말았다. 결국 판사와 검사들에 대한 국민들의 불신은 그들 스스로가 자초한 셈이다.

이승만 대통령과 맞장뜬 대법원장

사실 이승만은 김병로 선생을 대법원장으로 임명하지 않으려고 했다. 자신과 정치적 노선이 달랐고, 너무 청렴하고 대쪽 같은 성품 때문이었다. 그러나 다른 사람들의 적극적인 추천으로 할 수 없이 대법원장에 임명했는데, 그렇다 보니 사사건건 대립할 수밖에 없었다.

김병로 선생은 대법원장으로서 1949년 '반민족행위특별조사위원회' 특별재판부 재판관장을 맡아 반민족행위자 처벌이 민족의 과제임을 천명하고, 신속하고 공정한 재판을 요구했다. 그러나 친일파 처벌에 미온적이었던 이승만은 반민족행위자들의 처벌 시한을 줄이는 반민족행위처벌법 개정을 요구했고, 김병로 선생은 이를 거부했다. 그리고 이승만이 친일파를 옹호하고 반민족행위특별조사위원회를 해산하려 하자 이에 대해 정면으로 대통령을 비판하고 나섰다.

> "6·6 사건(1949년 6월 6일, 경찰에 의한 반민족행위특별조사위원회 사무실 습격 사건)은 중부 경찰서의 단독 결정이 아니라 내무부의 명령에 따라 빚어진 것으로 봅니다. 경찰의 이 행위는 직무를 초월한 과잉이며 불법이올시다. 국민에게 미치는 영향이 중대하기 때문에 국회와 정부 당국은 비상시국에 준하는 정치적 조치를 내리리라 믿습니다. 따라서 사법기관에서는 추호도 용서 없이 법대로 판단할 것입니다."

그러나 대법원장의 반대에도 불구하고 이승만은 '반민족행위처벌법'에 규정된 죄의 공소시효를 당초 1950년 6월 20일에서 1949년 8월 31일로 단축하는 개정안을 가결시켜 결국 반민족행위특별조사위원회를 해산하고 말았다.

반민족행위특별조사위원회를 해산시킨 이승만은 거칠 것 없이 정적들을 제거해 나가기 시작했는데, 정권에 위협이 되는 젊은 국회의원들을 없애기 위해 1950년 3월 국회 프락치 사건을 일으켰다. 한반도에 진출해 있던 외국군 철수와 남북의 평화적인 통일을 주장하던 제헌국회의 젊은 의원들을 남조선노동당의 프락치로 몰았던 것이다. 그리하여 이들을 법정에 회부했는데, 당시 김병로 선생이 대법원장으로 있던 사법부는 이들 국회의원들에 대해 징역 3~10년의 비교적 가벼운 처벌을 내렸다.

한편 그즈음 서민호 의원이 현역 육군 대위인 서창선을 죽이는 사고가 벌어지고 말았다. 당시 서민호 의원은 거창 양민학살 조사단장으로 활동하면서 군부와 심각하게 대립하던 중이었고, 사사건건 이승만 독재를 반대하는 발언을 해서 이승만과 군부의 눈엣가시 같은 존재였다. 그리하여 군부와 작당한 이승만은 서민호 의원을 암살하려는 공작을 벌렸는데, 그 공작에 관여한 사람이 서창선이었다. 그런 서창선과 서민호 의원 사이에서 우연히 시비가 일어났고, 그 와중에 총이 발사돼 서창선이 죽고 만 것이다.

서민호 의원은 서창선 살인 혐의로 법정에 섰다. 하지만 김병로 선생이 대법원장으로 있었기 때문에 재판관은 법에 따라 소신 있게 판결할 수 있었다. 결국 서민호 의원에게 정당방위가 인정되어 무죄가 선고되었다. 이 판결에 대해 화가 머리끝까지 난 이승만은 김병로 선생에게 따졌다.

“도대체 그런 재판이 어디 있습네까? 현역 장교를 권총으로 쏘아 죽였는데 무죄라니 그게 말이나 되는 소립네까?”

그러자 김병로 선생은 한마디로 잘라 말했다.

“판사가 내린 판결은 대법원장인 나도 이래라 저래라 말할 수 없는 겁니다. 절차를 밟아 상소하면 되지 않습니까?”

이처럼 김병로 선생은 평생 청렴하고 정의롭게 산 법관이었지만 그보다 더 그의 존재감을 느끼게 한 것은 ‘사법부의 독립’을 지켜내기 위해 애썼다는 사실이다. 무소불위의 독재 권력을 휘둘렀던 이승만이 법원을 향해 얼마나 강한 회유와 협박을 일삼았을지는 충분히 상상할 수 있을 것이다. 하지만 김병로 선생이 있었기에 대한민국 초대 법원은 독재 권력으로부터 독립성을 유지할 수 있었고, 판사들은 법과 양심에 따라 판결을 내릴 수 있었다.

그런데 똑같이 일본 유학을 가서 법대를 졸업하고 김병로 선생과 같은 시대에 법관으로 살았던 사람 중에는 같은 민족을 괴롭히고, 독립운동가들에게 중형을 선고한 사람도 있다. 김세완 판사가 대표적인 사람이다.

1894년에 태어난 김세완은 1926년 경성 지방법원 판사가 되었는데, 모두 7건의 사건에서 독립운동가 14명에게 실형을 선고했다. 피고인들의 형량을 합하면 무려 32년 10개월이나 된다. 김세완이 실형을 선고한 독립운동가들 가운데는 2005~2008년 정부로부터 건국포장과 건국훈장을 받은 인물도 있다.

분명 대한민국 법조계에도 가인 김병로 같은 판사가 있을 것이다. 그러나 문제는 이런 사람들보다 김세완처럼 썩을 대로 썩은 사람들이 대한민국 법조계를 장악한 채 권력자의 도구가 되어 대한민국 법을 유린하고 있다는 사실이다.

이승만의 정치 공작에 놀아난 국회와 대한변호사협회가 김병로 선생을 공격하자 그는 다음과 같은 말로 당당히 맞섰다.

> "나는 단언하나니, 오늘날까지 재판에 있어서나 사법 운영에 있어서 나의 소신과 양심에 어그러진 판단을 한 일은 한 번도 없었고, 장래에도 없을 것을 확언한다. 독립된 사법 운영에 추호도 양심의 가책을 받을 일이 없다."

소신과 양심에 어그러진 판단을 한 번도 하지 않았던 사람. 독립된 사법 운용을 위해 당당했던 인물. 오늘날 가인 김병로 선생 같은 법조인을 기대하는 것은 너무 큰 욕심일까? 그러나 최소한 정치권의 충실한 개가 되어 무고한 사람을 함부로 잡아들이는 검찰이나, 정치권의 말 한마디에 손바닥 뒤집듯 판결을 바꾸는 판사만은 없어져야 하는 것은 아닐까? 하지만 대한민국의 법 현실은 여전히 참담하기만 하다.

부러진 화살, **부러진 법치주의**

'석궁 테러 사건'이라는 전대미문의 법정 이야기를 다룬 영화 「부러진 화살」이 340만 명의 관람객을 동원하면서 흥행 돌풍을 일으켰다. 총 제작비 5억 원이 투입된 저예산 영화라는 사실을 생각하면 엄청난 수익률을 기록한 것이다.

이 영화는 지난 2007년에 벌어진 석궁 테러 사건(실제는 '석궁 사건' 또는 '석궁 시위 사건'이 올바른 표현일 것이다)이라는 실제 이야기를 영화로 만든 것이다. 석궁 사건은 당시 '사법부에 대한 복수' 내지는 '사법부를 향한 테러'라는 말과 함께 TV에 반인륜적 범죄로 비치기도 했다. 그런데 과연 그럴까?

서울대학교 수학과를 졸업하고 오하이오 주립대를 거쳐 미시건대학교에서 박사 학위를 받은 김명호는 1991년 성균관대학교 수학과 조교수로 임용된다. 수학과 조교수로 재직하던 1995년, 그는 성균관대학교 대학입시 본고사 수학 문제 가운데 오류가 있는 것을 발견하고 이를 지적한다. 그런데 이처럼 중요한 문제를 발견해낸 그는 상을 받아도 모자랄 판에 오히려 징계를 받았고, 부교수 승진은커녕 재임용 거부를 당하고 말았다.

그 뒤 김명호 교수는 끈질긴 투쟁 끝에 2005년 성균관대학교 재임용 심사 과정에서 '김명호 교수에 대한 평가는 절차상 위법'이라는 판결을 받았으나, 교수 지위 확인 청구는 기각되었다. 그리고 2007년 1

월 12일 최종 항소심이 열렸지만 패소했고, 1월 15일 담당 판사인 박홍우 서울고등법원 부장판사의 집으로 석궁을 들고 찾아갔다가 징역 4년의 실형을 선고받고 2011년에 출소했다.

영화 「부러진 화살」을 보면서 관객들은 그동안 TV에서 보고 들었던 내용과 실제 사건이 너무나 큰 차이가 있다는 것을 발견한다. 경찰은 강력한 위력을 가진 석궁을 1.5미터 앞에서 정조준 해 쏘았다고 했는데 판사는 아주 가벼운 상처만 입었을 뿐이고, 무엇보다 목격자가 봤다는 결정적 증거물인 부러진 화살도 사라지고 없었다.

이 영화는 사실 진실 규명보다 대한민국 사법부가 얼마나 엉터리인지를 보여주려고 애쓰고 있다. 증거와 법전을 중심으로 판결을 내려야 하는 것이 사건을 대하는 사법부의 기본자세인데도 이 영화에서 보여준 사법부의 어처구니없는 행태는 과연 대한민국에서 억울한 일을 재판으로 풀 수 있는가에 대한 근본적인 의문을 던져주었다.

영화 '도가니'처럼 '부러진 화살'도 그동안 감추어져 왔던 사법부의 문제를 수면으로 떠오르게 했는데, 이 영화에서 김명호 교수는 이런 말을 던진다.

"이게 재판입니까? 개판이지!"

소신을 표현한 최은배 판사 VS
재판에 개입한 신영철 대법관

지난 2011년 11월 22일 한미 FTA가 결국 날치기 통과되고 말았다. 이 사건은 대한민국 국회가 스스로 자기 얼굴에 침을 뱉은 것이나 마찬가지인데, 정당정치가 실종되었다는 사실을 만천하에 드러내 보였기 때문이다.

이날 한미 FTA 비준동의안 처리는 국회본회의장 문을 꼭꼭 걸어 잠근 채 비공개 상태에서 속기록도 남기지 않고 일사천리로 진행되었다. 그리고 잠시 뒤 청와대는 "(그렇게라도 통과되어)다행이다."라고 반응했고, 여당 대표는 "어쩔 수 없는 부득이한 상황이었다."고 논평했다.

바로 그날, 당시 인천지방법원에 근무 중이던 최은배 판사는 페이스북에 글을 하나 올린다.

> 뼛속까지 친미인 대통령과 통상관료들이 서민과 나라살림을 팔아먹은 2011년 11월 22일, 난 이날을 잊지 않겠다.

현직 판사의 이 글은 곧바로 논란에 휩싸였고, 대법원은 최은배 판사를 공직자 윤리위원회에 회부했다. 그리고 인터넷에서는 최은배 판사에 대한 글이 공무원의 정치적 중립을 위반했느냐를 놓고 공방이 벌어졌다. 결론적으로 말하면 나는 최현배 판사의 페이스북 글은 지극히 개인적인 표현의 자유에 속하는 것이며, 법관윤리강령 7조 '법관은 직무를 수행함에 있어 정치적 중립을 지킨다'를 위반하지 않았다고 본다.

법관 행동준칙에 위배되는 행위는 따로 있다

최은배 판사의 페이스북 글이 논란을 일으키자 한나라당(지금의 새누리당)은 논평을 내고 2002년 네덜란드 헤이그에서 열린 세계대법원장회의에서 정한 법관행동준칙 운운하며 '법관은 대중적인 논쟁에 휘말려서는 안 된다'라는 말을 인용해 최은배 판사를 공격했다. 그러나 이것은 앞뒤 의미는 모두 잘라먹고 문장 하나만 가지고 최은배 판사를 공격한 것이나 다름없었다.

사실 '법관행동준칙'은 2001년 세계 각국 법조인들이 모였던 인도 방갈로르 회의에 기초하고 있다. 유엔 후원으로 열린 이 회의는 어떻게 하면 사법부에 대한 신뢰를 높일 수 있는가를 고민하는 자리였고, 이 회의에서 '방갈로르 법관행동준칙'이 마련되었던 것이다. 이 준칙은 법관들에게 중요한 기준을 제시했는데, '공정성'에 대한 판단이 그것이다.

법관에게 요구되는 것 가운데 가장 중요한 것이 공정성인데, 그 공정성이란 것이 법관 자신이 생각했을 때의 공정성이 아니라 건전한 상식을 가진 보통의 사람이 보았을 때의 공정성이어야 한다는 것이다. 따라서 법관은 비록 자신이 불공정한 일을 하지 않았다고 생각해도 보통 사람의 눈으로 볼 때 공정성을 의심받을 만한 것이 있는지 늘 염두에 두어야 한다는 것이다.

사실 '방갈로르 법관행동준칙'은 정치적인 면보다 법원에서 제 식구 감싸기, 뇌물 수수, 범죄 조직과의 연루설 등을 염두에 두고 나온 법관을 위한 윤리 강령이나 마찬가지다. 따라서 이 행동준칙에 따라 비난받아야 할 사람은 정작 따로 있었다.

사법부의 독립성을 심각하게 훼손한 재판 개입

신영철 현 대법관은 2008년 촛불집회가 한창이던 때 서울중앙지법 법원장이었는데, 형사 단독판사들에게 촛불집회 사건을 빨리 처리하라는 메일을 보냈다. 그런데 당시 형사 7단독 박재영 판사가 야간 집회를 금지하는 집시법 조항에 대한 위헌법률심판을 헌법재판소에 제청한 상태였고, 그런 상황에서 일부 형사 단독판사들은 헌법재판소의 판단을 지켜보자며 속속 재판을 연기하고 있는 상황이었다.

그런가 하면 박재영 판사를 비롯해 몇몇 단독판사들은 촛불집회 관련자들을 보석으로 풀어주었다. 그러자 신영철은 한 단독판사에게 직접 전화를 걸어 "시국이 어수선할 수 있으니 보석을 신중히 결정하라."고 말했다. 그리고 다른 형사 단독판사들에게 3차례에 걸쳐 보낸 이메일에서 "통상의 방법으로 재판을 진행하라."고 여러 차례 당부했다.

이는 현행법에 따라 유죄 선고를 내리라는 지시로 해석될 수 있는 대목이었는데, '방갈로르 법관행동준칙'을 정면으로 위반한 것이었다. 이것은 법관 행동준칙 위배 문제를 떠나 헌법이 보장하는 법관의 독립성과 재판권을 명백히 침해한 것으로, 사법부의 독립을 근간부터 뒤흔든, 대한민국 사법부에 치명타를 입힌 사건이었다. 이런 엄청난 일을 저지르고도 신영철은 여전히 대한민국의 대법관이다. 이것이 대한민국 사법부의 비참한 현실이다.

대한민국 사법부의 독립성을 뿌리째 뒤흔든 신영철 같은 법조인은 아무 일 없었다는 듯이 대법관 행세를 하며 여전히 중요한 사안에 대해 판결을 내리고 있는 반면, 한미 FTA 날치기 통과에 대해 자신의 생각을 소신 있게 말한 판사는 곤욕을 치러야 했다. 한미 FTA는 국가의 미래가 걸린 중요한 문제다. 그런 중요한 문제가 불법과 날치기로 통과된 상황에서 법을 집행하는 법관이 입을 다물면 도대체 누가 나서서 그 부당함을 말해야 한단 말인가? 최은배 판사 같은 사람이 대한민국 법조계에 있기 때문에 그나마 말기암 판정을 받은 대한민국 사법부가 숨이라도 쉬면서 연명하고 있는지도 모른다.

BBK 면죄부 검사가 **대법관 후보가 되는 나라**

대법원은 법의 최종 판결을 내리는 곳이기 때문에 법치주의를 완성하는 표본으로 볼 만큼 아주 중요한 기관이다(대법원은 대법원장과 13명의 대법관으로 구성된다). 중요한 기관인 만큼 임기 6년의 대법관들은 대법원장의 제청으로 국회의 동의를 얻어 대통령이 임명한다. 이렇게 중요한 대법관 자리에 신영철 같은 인물이 버젓이 앉아 있는 것도 국민들 입장에서는 감당하기 벅찬 노릇인데, 또 한 명의 이상한 대법관이 탄생할 가능성이 높아졌다.

2012년 7월로 임기가 끝나는 4명의 대법관 후임을 뽑기 위해 '대법관후보추천위원회'는 지난 2012년 6월 1일 13명의 후보자들을 발표했다. 그런데 대법관 후보자들을 살펴보면 사법부가 민주주의 발전에 맞추어 변화하는 것이 아니라, 오히려 퇴보하고 권력의 노예로 전락하고 있다는 사실을 적나라하게 보여주었다. 이런 의심을 사는 데 결정적인 역할을 한 사람이 검찰 측 인사로 선정된 김홍일 부산고검장이었다.

대검 중수부장 출신인 김홍일 부산고검장은 BBK 사건을 수사했던 수사 책임자다. 사실 김홍일은 대검 중수부장으로 임명될 때부터 BBK 관련 보은 인사가 아니냐는 의혹을 받았다. 2007년 서울 중앙지검 3차장 검사 시절, 이명박 대통령의 도곡동 땅 차명 보유와 BBK 의혹 사건을 지휘한 수사 책임자였던 그는, 이명박과 관련한 모든 의혹에 대해 '무혐의' 처분을 내렸다.

김홍일이 대법관 후보로 선정되었다는 것을 순순한 마음으로 볼 수만 없는 것이, 이명박 정권에서 BBK 수사 책임자들이 요직을 맡아 권력의 핵심 세력으로 군림했다는 사실 때문이다. 그러므로 김홍일이 대법관 후보가 된 것도 결국 그 연장선상에 있는 '보은' 인사가 아니냐는 의심의 눈초리가 일고 있는 것이다. 문제는 이것이 단순히 '보은' 차원으로만 끝나는 것이 아니라는 사실이다.

BBK 사건은 현재 진행형인 사건이다. 지금도 계속해서 여러 가지 새로운 증거와 증언들이 나오고 있다. 따라서 BBK 사건에 대한 의혹은 이명박 대통령의 퇴임 후에도 논란이 이어질 것은 뻔하고, 청문회까지 열릴 수 있다. 그런데 그 사건을 담당했던 수사 당사자가, 더구나 모든 의혹에 대해 무혐의 처분을 내렸던 사람이 대법관이 된다면 어떻게 될까? 정권이 바뀌어 검찰이 재수사를 한다고 해도 결국 대법원에서 최종 판결이 날 가능성이 많은데, BBK 사건에 대해 무혐의 판결을 내렸던 장본인이 대법관으로 있게 되면 대법원에서도 무혐의 처분이 내려질 가능성은 그만큼 높아진다.

대법관 한 명이 대한민국 사법부에 끼치는 영향은 너무나 크다. 단지 하나의 판결이 문제가 아니라 그 판결을 통해 국민들에게 법에 대한 신뢰를 갖게 하고, 진실과 정의가 승리한다는 원칙을 보여줄 수 있기 때문이다. 그러므로 사법부가 이런 믿음을 국민들에게 주려면 외부의 부당한 압력에 굴복하지 않고, 법과 원칙에 따라 정의롭게 판결할 수 있는 자질을 갖춘 인물을 법정에 앉히는 모습을 보여줘야 한다. 그런데 어찌된 일인지 말기암 선고를 받아 겨우 숨만 쉬고 있는 상태의 대한민국 사법부는 회생할 생각은 않고 계속해서 자해 수준의 헛발질만 하고 있다.

정의도, 용기도, 사람에 대한 **최소한의 예의도 없는 정치검찰**

대한민국 사법부가 자해 수준의 계속된 헛발질로 국민적 지탄을 받고 있는 사이, 이미 오래전에 정치화된 대한민국 검찰은 정치권의 충실한 개 노릇을 훌륭히 하고 있었는데, 그 결정판이 지난 2012년 5월 말 노무현 대통령 3주기를 앞두고 발표한 노무현 대통령의 형 노건평 씨의 '300억 뭉칫돈 사건'이었다.

검찰은 "건평 씨의 자금 관리인으로 추정되는 사람의 계좌에서 수백억 원대 뭉칫돈이 발견돼 확인하지 않을 수 없다."면서 300억 원 뭉칫돈 피의 사실을 언론에 공표했다(사실 검찰의 이런 피의 사실 공표는 그 자체로 위법이다). 그런데 노건평 씨의 혐의 내용이 사실인지 아닌지에 대한 의문이 제기되자, 검찰은 말을 바꾸어 "이 돈이 노건평과 연관이 없다."는 식으로 나왔다. 어떻게 된 것일까?

300억 원 뭉칫돈의 황당한 진실

우선 주목해야 할 부분은 노건평의 돈으로 보인다는 300억 원 뭉칫돈의 사실 여부다. 검찰은 고철업자 박영재 씨가 노건평 씨의 진영중학교 후배로 노건평 씨의 자금 관리인으로 추정된다고 밝히면서, 영재고철 대표 박영재 씨와 동생 박석재 씨의 관련 계좌에서 2005년부터 2008년 동안 300억 원 입출금 내역이 있고, 이 돈이 '300억 뭉칫돈'의 실체라는 식으로 피의 사실을 공표했다. 그런데 이상한 점은 돈이 오갔다는 사실만 나왔지 왜, 무슨 이유로 오갔는지 짐작할 수 있는 대목은 하나도 없었다는 사실이다.

'300억 뭉칫돈'이라고 하면 수상한 것이 틀림없다. 그런데 검찰 발표대로 '300억 뭉칫돈'이 수상한 것이 되기 위해서는 '300억 뭉칫돈'이 왔다 갔다 해야 한다. 그런데 검찰이 말한 거래 내역에서 300억 뭉칫돈이 왔다 갔다 한 내역은 전혀 없었다. 어떻게 된 것일까?

사실을 들여다보면 기가 막히지 않을 수 없다. 단지 2005년에서 2008년까지 수백억 원이 거래되었을 뿐인데, 그 총 합계가 300억쯤 된다는 이야기였다. 300억 원이라는 거액이 한 번에 들어오고 나가면 누구라도 의심할 만한 사안이다. 그런데 그런 돈은 없고, 단지 '수백 번의 거래'를 통해 이루어진 '총 합계'가 300억 원쯤 되는데, 그것을 가지고 검찰은 '300억 원 뭉칫돈' 운운하는 어처구니없는 짓을 벌인 것이다.

연간 150억 원 매출 회사의 3년간 통장 내역

검찰이 노건평 씨의 자금관리인으로 지목한 영재고철의 연간 매출액은 약 150억이다. 검찰은 3년 동안 이 회사 관련 계좌에서 수백억 원이 거래됐기 때문에 의심스럽다고 강조했는데, 연간 매출액 150억 회사에서(혹시 고철회사라고 옛날 고물상을 생각해서는 안 된다. 요즘 고철 회사는 폐기물업체로, 규모가 일반 중소기업보다 훨씬 크다) 3년 동안 거래했던 통장 내역이 300억 원이라고 밝혔다면 처음부터 300억 뭉칫돈이란 의혹은 생길 수 없었을 것이다.

연간 매출액이 150억쯤 되면 최소한 1년에 150억 이상의 통장 거래 내역이 발생한다는 뜻이다. 그렇다면 3년이면 적어도 450억이다. 그런데 회사 통장에 매출액만 기록되는가? 매입, 매출은 물론이고, 대출과 차입금 상환 등 모든 거래 내역이 통장에 기록된다. 일반 가정의 보통 사람도 계좌 입출금 내역을 계산하면 적어도 수입의 2배는 될 것이다. 그렇다면 연간 매출액이 150억인 회사의 3년간 통장 거래 내역을 조사하면 어떻게 되겠는가? 사실이 이런데도 검찰은 단순 거래내역을 '돈세탁', '생각보다 치밀'하다고 부풀리면서 언론 플레이를 했다.

얼핏 들으면 마치 수백억 원의 뭉칫돈이 세탁된 계좌처럼 들리는 검찰의 주장을 확인하는 방법은 간단하다. 관련 계좌의 주인공을 불러 조사하면 된다. 그런데 영재고철 대표 박영재 씨는 검찰이 자신에 대해 조사를 전혀 하지 않았다고 밝혔다.

> "검찰이 왜 나를 불러 조사하지 않는지 모르겠다. 언제라도 검찰이 부르면 나가서 문제없음을 증명하겠다."

검찰이 의혹만 제기하고 정작 당사자를 불러 조사하지 않자, 오히려 영재고철 대표는 언론을 통해 모든 거래 내역을 공개했다. 또한 검찰이 동생 명의의 농협 계좌가 의심된다고 하자 그 계좌 또한 언론에 공개했다. 참으로 이상하지 않는가? 검찰은 절대 보여주지 못하겠다던 '300억 원 뭉칫돈'이 오갔다는 통장의 거래 내역을 오히려 검찰이 범인으로 지목한 사람이 밝히는 모습 말이다.

박영재 씨가 보여준 통장 거래 내역을 보면 수억 원의 입금 내역이 있다. 그러나 그 돈은 모두 거래처 간에 이루어진 통상적인 입출금 이었고, 실제 은행 잔고는 6천만 원뿐이었다. 결국 검찰이 말한 '300억 원 뭉칫돈'은 3년간 영재 고철의 회사 통장에 거래된 통장 내역을 단순 합계한 그 이상도, 그 이하도 아니었다.

사실이 이러한데도 검찰의 300억 원 뭉칫돈 발언이 나온 뒤부터 모든 언론은 이 자금이 노무현 대통령의 숨겨진 비자금이라는 의도로 소설을 쓰기 시작했다.

TV조선은 단독이라는 타이틀로 '노건평 씨 주변 뭉칫돈 최소 250억 원'이라는 방송을 내보냈고, 조선일보는 한술 더 떠서 '돈세탁 의혹'이라는 단어를 통해 '비자금 → 돈세탁'이라고 연관 지어 버렸다. 여기에 동아일보는 '250억 계좌 주인은 (박영재의)동생 석재 씨'라는 제목을 통해 이 계좌의 돈이 확실하게 숨겨진 비자금이라는 상상력을 더하게 만들었다. KBS와 MBC 방송도 '노건평 관련 수백 억 뭉칫돈'이라는 타이틀을 통해 마치 숨겨진 비자금을 찾아낸 것처럼 호들갑을 떨었다. 그런데 이런 보도 내용은 어디에서 근거한 것일까?

의혹의 중심, 이준명 창원지검 검사

방송과 언론이 쏟아냈던 '300억 뭉칫돈'의 출처는 이준명 창원지검 차장검사의 발언이었다. 이준명은 2012년 5월 18일 검찰 출입 기자 간담회에서 "노씨의 자금 관리인으로 추정되는 주변인 계좌에서 수백억 원대의 뭉칫돈이 발견됐다."면서 "골치 아프다. 의심스런 계좌에 대해 파악할 필요가 있다."는 말과 함께 '노 전 대통령 주위 사람들이…'라는 단어를 사용했다. 이 말은 노무현 대통령의 숨겨진 비자금이라는 대형 비리 사건을 발견했다는 뜻으로 사람들에게 비쳐졌다. 언론들은 하이에나처럼 달려들어 '노건평=300억 뭉칫돈'에 대한 기사를 함부로 써 댔다.

그런데 5월 21일 오전까지도 이준명은 "큰 오보는 없다. 비교적 정확하다."라면서 기자들에게 자신의 발언이 사실이라고 강하게 말했다. 그런데 그날 오후 갑자기 말을 바꾸었다. 검찰이 노건평 씨의 지인들 계좌를 모두 조사하는 과정에서 영재고철 대표 박영재 씨의 계좌를 발견했는데, 이 계좌가 노건평 씨와 아무런 관련이 없다고 한 것이다. 하지만 이미 국민들 머릿속에서는 '노건평=300억 뭉칫돈'이라는 내용이 각인된 뒤였다.

언론은 취재라는 것을 한다. 그런데 그 취재란 것이 검사의 입에서 나오는 말을 사실 확인도 없이 그대로 받아쓰는 수준이었고, 검찰은 받아쓰기 문제를 잘못 내준 것이다. 그것도 일부러. 어처구니없는 현실이지만 지금 대한민국에서 벌어지고 있는 실제 상황이다.

검찰이 노린 것은 문재인 죽이기

조금만 살펴보면 아무런 연관성도 없고, 범죄 사실이 성립되지도 않는 단순 통장 거래 내역을 가지고 검찰과 언론은 마치 노무현 대통령의 숨겨진 비자금이 발견된 것처럼 장난을 쳤다. 그런데 이들이 이런 장난을 친 이유가 무엇일까?

당시 이명박의 최측근인 최시중과 박영준이 '파이시티' 인허가 로비 의혹 수사를 받고 있었다. 그런데 이런 의혹의 몸통에는 이명박이 있었다. 이명박 당시 서울시장이 '도시물류기본계획 연구용역'을 발주했고, 파이시티에 백화점 등을 허용하는 세부 시설 변경을 승인했다는 근거가 속속 밝혀지고 있었기 때문이다. 이때 갑자기 '노건평 뭉칫돈 300억 원' 이야기가 나오기 시작했고, 그러면서 파이시티 관련 기사들은 찾아볼 수가 없어졌다. 모든 언론이 갑자기 '노건평 뭉칫돈'만 보도하기 시작했던 것이다. 결국 이 모든 것은 이명박에 대한 부정과 비리 의혹을 덮기 위한 물타기라고밖에 볼 수 없다는 이야기다.

한편 공교롭게도 뭉칫돈 300억 이야기가 나온 것은 노무현 대통령 서거 3주기 즈음이었다. 노무현 대통령 3주기를 앞두고 온·오프라인에서는 노무현 대통령에 대한 관심과 열기가 폭발적으로 확장되고 있었다. 여기에 문재인 상임 고문의 대선 출마와 관련해 노무현 정신을 다시 돌아보려는 사람이 늘어나고 있었다. 그런데 갑자기 노건평 뭉칫돈 300억 설이 터지면서 노무현 대통령의 죽음과 그의 정신이 퇴색

되어 버리고 말았던 것이다. 이런 일련의 과정을 꼼꼼히 들여다보면 보수 언론과 정치검찰이 노리는 것이 무엇인지 짐작할 수 있다. 노무현 대통령의 3주기를 퇴색시키면서 자연스럽게 문재인 상임 고문을 대선 후보 자격에 미달되는 인물로 몰아가려는 의도가 틀림없었던 것이다.

언론은 전혀 근거도 없이 일개 차장검사의 정치적 발언을 가지고 노건평 씨 지인의 회사 통장을 300억 비자금 통장으로 둔갑시켰고, 전직 대통령은 아직도 밝혀지지 않은 비자금의 주인으로 만들었다. 그리고 이런 사람의 친구인 문재인 상임 고문이 과연 새누리당 박근혜에 견줄 수 있는 대선 후보이겠느냐는 물음을 대한민국에 던져 놓았다. 참으로 치졸하기 짝이 없다. 정의나 양심은 고사하고 인간에 대한 손톱만큼의 예의도 없는 그들에게 역사는 과연 어떤 심판을 내릴지 궁금하기만 하다.

노무현의 어리석음과 **정치검찰의 복수**

검찰이 이런 어처구니없는 장난을 치게 만든 데는 아이러니하게도 노무현 대통령의 책임도 있다. 나는 검찰에 대한 참여정부의 대응이 너무 순진했고, 한편으로는 어리석었다고 생각한다. 그리고 아무리 노무현 대통령을 존경한다 해도 그와 참여정부가 실패한 이면에는 이러한 순진함과 어리석음이 있었다고 비판할 수밖에 없다. 그것은 많은 국민들이 참여정부에 힘을 실어 주었는데도 검찰을 개혁하지 못했고, 오히려 그들의 손에 노무현 대통령 스스로 죽음을 선택했던 아픈 역사 때문이다.

노무현 대통령의 죽음 밑바닥에는 수사 원칙은 물론이고, 가장 기본적인 법조차 지키지 않으면서 법의 칼날을 자신들의 권력을 위해 휘둘렀던 정치검찰이 있었다. 검찰은 노무현 대통령과 연관된 '박연차 게이트'를 조사하면서 날마다 브리핑이라는 이름으로 수사 진행 상황을 언론에 먹잇감으로 내놓았다. 그리고 모든 대한민국 언론은 하이에나처럼 이 먹잇감을 향해 달려들었다. 그리하여 노무현은 전직 대통령 이전에 이미 유죄가 확정된 죄인처럼 낙인찍혀 버렸다. 그리고 외로운 사자는 떼거리로 몰려드는 하이에나들에 의해 죽음으로 생을 마감하고 말았다.

노무현 대통령에게 죽음을 강요한 검찰

대한민국에는 무죄추정의 원칙이 있다. 또한 공소 제기 전에 피의사실을 공표하면 처벌하는 형벌 규정이 있다. 그러나 검찰은 수사상 비밀 엄수는 물론이고 인권 존중 의무도 저버렸다. 노무현 대통령의 죽음과 연관된 박연차 게이트에 연루된 이명박 정권의 실세에 대한 수사 내용은 그 어떤 것도 브리핑되지 않았고 언론에도 보도되지 않았다. 오로지 노무현 대통령에 관한 수사 내용만 공개되었다. 그리고 언론은 검찰이 내민 보도자료 하나로 노무현 대통령을 죄인으로 만들어 대한민국 전역에 퍼트렸다.

이처럼 노무현 대통령을 수사하는 동안 증거 수집이나 수사에 전력투구해야 할 검찰은 처음부터 언론 플레이만 하면서 확인되지 않는 피의 사실을 쏟아냈고, 권력의 편에 선 조중동 보수 신문들은 앞장서서 대대적으로 이를 보도했다. 진실을 밝혀내기보다 처음부터 철저하게 노무현 대통령과 그의 가족들을 크게 망신주려고 했던 것이다.

수사보다 언론과 더욱 친밀했고, 이명박 정권을 초기에 떠받드는데 혁혁한 공로를 세운 정치검찰로 이인규 대검 중앙수사부장과 홍만표 대검 수사기획관, 우병우 대검 중수 1과장, 이석환 대검 중수 2과장을 들 수 있다. 이들은 노무현 대통령을 죽음에 이르게 하는 데 직접적인 책임이 있는 정치검사들이다.

이명박 정권 들어 전직 대통령 자살이라는 엄청난 사회적 파장을 일으켰던 주역들은 지금 어떤 곳에서 무엇을 하며 살고 있을까? 이인규 당시 중수부장은 퇴임후 법무법인 '바른'의 변호사로 일하고 있다. '바른'은 대통령 선거에서 이명박 후보를 변호하고, 김윤옥 여사의 사촌 언니 김옥희 씨를 변호하며 급부상한 법무법인이다. '박연차 게이트'에서 박연차 회장을 변호한 곳도 법무법인 '바른'이었다.

홍만표 대검 수사 기획관은 대검 기획조정부장으로 승진 후 변호사 사무실을 개업했는데, 연말연시 형사소송이 급증하는 통에 변호사업계에서는 '블루칩'으로 불리고 있다. 우병우, 이석환 중수 1, 2과장은 각각 준차관급인 김천과 부천 지청장(지검장)으로 승진했다. 노무현 대통령은 차가운 바위에 몸을 던져 생을 마감했건만, 이들은 지금 생애 최고의 부와 권력을 누리고 있다.

순진한 노무현 대통령과 꼼수 이명박의 검찰 다루기

참여정부는 출범 후 사법 개혁과 함께 검찰 개혁을 시작했다. 국민의 자유와 권리, 인권을 억압하는 구조를 타파하고자 시작한, 대한민국 역사상 처음 있는 일이었다. 그러나 검찰의 저항과 반발로 실패했고, 그 결과 노무현 대통령은 그들의 복수에 목숨까지 잃었다. 만약 노무현 대통령이 이명박처럼 검찰을 자신의 권력 밑에 두고, 권력의 시녀로 만들었다면 어떻게 되었을까?

청와대에는 검찰과 경찰, 국세청 등 사정 기관을 총괄하는 직책이 있다. 바로 민정수석비서관이다. 민정수석비서관이 한 번 움직여 수사 방향을 제시하고 경찰과 검찰, 국세청을 움직이면 그들은 모두 따라갈 수밖에 없다.

그런데 노무현 정부의 민정수석비서관 4명 중에서 박정규 비서관을 뺀 나머지 3명은 모두 변호사 출신으로 검찰 고위 간부 출신이 아니었다. 박정규 비서관도 서울동부지청 형사 3부장 출신이었기 때문에 검찰 수뇌부에 있었다고 할 수 없다. 하지만 이명박 정부의 민정수석비서관은 모두 검찰 수뇌부 출신이었고, 이들의 사법연수원 기수는 늘 검찰총장보다 높았다(임채진 검찰총장은 연수원 9기, 이종찬 민정수석은 연수원 2기, 정동기 연수원 8기였다).

이처럼 기수를 중요시 여기는 검찰 조직에서 청와대 민정수석비서관의 기수가 검찰총장보다 높았다는 사실은 검찰을 자신들 아래에 놓겠다는 분명한 메시지였다.

게다가 이명박 정부는 검찰 출신들을 청와대 요직에 앉히고, 그러다가 다시 검찰 고위직으로 임명해 권력의 달콤함을 계속 맛보게 하는 인사를 단행했다. 그렇다 보니 검찰은 필연적으로 이명박 정부에게 무릎을 꿇을 수밖에 없었고, 권력의 시녀로 그 역할을 충실히 할 수밖에 없었던 것이다.

결국 이명박 정권에서 검찰은 철저하게 대통령의 입맛에 맞는 요리를 만들어서 청와대에 진상하기 바빴고, 그 요리를 통해 이명박은 임기 말이 다가와도 끄떡없이 각종 비리를 저지르며 나라를 말아먹고 있는 것이다.

참여정부 시절 노무현 대통령은 검찰의 개혁을 요구했고, 정치적 중립을 보장해주려고 애를 썼다. 그러나 그는 검찰이 가지고 있는 권력을 향한 본능적인 탐욕을 너무 무시했다. 그 뿌리부터 철저하게 친일과 친미, 반민족적이고 반민주적이며 독재 권력의 비호를 받으며 성장한 괴물이라는 사실을 몰랐다. 괴물이기에 토론과 소통이 아니라 날카로운 칼과 강한 완력으로 무릎을 꿇게 해야 한다는 사실을 몰랐다. 너무나 순진해 검찰 스스로 개혁을 할 수 있을 것이라 믿었던 것이다. 그 결과 그는 복수의 칼을 맞았다.

노무현의 참여정부는 실패도 많았고, 지금 보면 어리석었던 모습도 많았다. 그러나 그 어리석음에 대한 비판보다 공감이 많은 이유는, 국민과 미래의 대한민국을 위한 정책이 정치검찰과 언론에 막혀 무너졌기 때문이다. 그래서 나는 다음 정권에서는 노무현 대통령의 어리석음을 깨닫는 사람이 대통령이 되길 간절히 소망한다. 국민을 향해서는 자신의 몸을 한없이 낮추었던 노무현을 닮고, 정치검찰을 향해서는 토론이 아닌 날카로운 칼을 휘둘러 근본적으로 DNA의 구조를 완전히 바꾸어 놓았으면 좋겠다. 그렇지 않으면 언제라도 괴물이 되어 국민들을 물 것이기 때문이다.

대한민국을 위해 검찰 개혁을 꿈꾸었던 노무현 대통령은 목숨을 잃고 떠났고, 자신만의 검찰을 거느린 사람은 지금도 철옹성에서 권력을 장악하고 국민을 탄압하고 있다. 정치검찰을 없애지 않는 한, 우리는 또다시 사람답게 사는 세상을 꿈꾸는 영웅들을 떠나보낼 수밖에 없을 것이다.

아현동 마님 **백혜련 검사 뿔났다**

「아현동 마님」이라는 MBC 드라마가 있었다. 한 여성 검사의 삶을 잔잔하면서도 사실적으로 그린 드라마로 주인공의 차분함과 일에 대한 열정이 엿보였던 드라마였다.

그런데 '아현동 마님'의 모티브가 되었던 실제 주인공이 있었는데, 그녀가 바로 대구지검 형사 3부에서 근무했던 백혜련 수석검사다. 백혜련 검사는 2006년 KBS 「인간극장」에서 'TV판 공공의 적 2'에 해당하는 서울중앙지검 형사 8부 검사들의 이야기를 다룬 '8부의 검사들' 편에서도 나왔던 인물이다('8부의 검사들'이란 검사들의 일상을 보여준 KBS 다큐멘터리였는데, 특히 삼성물산 재개발 비리를 파헤쳐 주목을 받았다. 여기서 백혜련 검사는 형사 8부의 유일한 여자로 나왔다).

하지만 백혜련 검사는 2011년 11월 21일 "검찰이 정치적 중립과 독립성을 지키지 못하고 있다."라며 검찰 내부 게시판에 글을 올리고 난 뒤 사직서를 제출했다.

이제 떠나렵니다.

막상 사직할 생각을 하고 보니 좀 더 열심히 일할 것을 그랬다는 후회와 반성, 그리고 10년이 넘는 세월 동안 함께했던 많은 이들의 얼굴이 밀려듭니다. 제가 검사로서 할 수 있는 마지막 소명이라 생각하고 떠나기 전 감히 몇 마디 하고자 합니다.

검사는 긍지와 자부심을 먹고 사는 사람들입니다. 검사가 되고 싶어 검찰을 지망했고, 그간 검사라는 자부심을 가지고 살아왔습니다. 그러나 최근에는 이런 긍지와 자부심을 가지기가 너무도 어렵습니다. 아니 오히려 저희 검찰이, 검사라는 사실이 부끄러운 적도 많았습니다. 연일 쏟아지는 검찰에 대한 언론들의 비판,

정치권의 조롱, 법원의 무죄 판결, 국민들의 차가운 눈초리 등등 아무도 편들어주지 않는 검찰의 모습을 보며 검사로서의 긍지와 자부심은 무너져 내렸습니다.

저희 검찰이 이렇게 국민들의 신뢰를 얻지 못하고 항상 언론의 비판 대상이 되는 이유는 무엇일까요? 역사적 원인 등 여러 가지 이유가 있겠지만 현재 검찰이 국민들로부터 신뢰를 얻지 못하고 비판의 대상이 되고 있는 가장 큰 원인은 국민적 관심사가 집중되는 큰 사건, 정치적 중립과 독립성이 고도로 요구되는 사건들을 처리하는 데 있어 저희 검찰이 엄정하게 정치적 중립성과 독립성을 지키며 제대로 된 사건 처리를 하지 못하고 있는 것에 기인한다고 생각합니다.

'정의란 정의로울 뿐만 아니라 정의롭게 보여져야 한다'는 격언이 있습니다. 최근 몇 년간 검찰의 모습은 국민들이 볼 때 결코 정의롭게 보여지지도, 정치적 중립과 독립성을 지키고 있다고 보여지지도 않았습니다. 이것이 저희 검찰이 국민들로부터 신망을 받지 못하고 질타를 받는 가장 큰 요인인 것입니다.

아무리 형사부에서 수만 건의 고소사건을 공정하게 처리해도 국민들의 이목이 집중되는 단 하나의 사건을 공정하게 처리하지 못하면 검찰이 쌓아올린 신뢰는 바로 무너져 내리는 것이 현실입니다.

2003년 노무현 대통령과 검사의 대화 당시 '검사스럽다'라는 신조어까지 탄생시키며 지키려 했던 검찰의 정치적 중립과 독립이었는데 지금 검찰의 모습은 안타깝기만 합니다. 어찌하다 저희 검찰이 여당 국회의원에게조차 '정치를 모르는 정치검찰'이라는 말을 듣게 되었는지 모르겠습니다. 이제 우리 검찰이 현 상황을 타개하고 앞으로 나아가기 위해서는 먼저 우리가 처한 현실에 대하여, 우리 검찰의 모습에 대하여 직시할 필요가 있습니다.

저희 검찰의 진정성을 몰라주는 국민과 언론만을 탓하기보다는, 너무 엄격한 증명으로 무죄를 써댄다고 법원을 비판하기보다는 정말 저희 검찰이 그동안 정치적 중립성을 지키지 못하고 한쪽으로 치우친 점은 없었는지, 저희 검찰의 기준과 상황 판단이 시대 흐름에 너무 뒤처져 정당성을 상실하게 된 점은 없었는지, 실체적 진실은 별론으로 하고 사건을 처리하는 절차상 공정성의 문제는 없었는지 한번 되돌아보아야 할 시점입니다.

물론 저와 의견이 다른 분들도 있을 것입니다. 그러나 저희 검찰 내에도 이런 목소리가 존재한다는 사실을, 이런 목소리도 자연스럽게 낼 수 있는 환경을 조성하여 주는 것이 저희 조직에 생명력을 불어넣어 줄 것입니다. (중략…)

「오늘 저희는 검찰의 정치적 중립을 염원하는 전국 검사들의 뜻을 모아 국민 여러분과 대통령께 전달하고자 합니다. 먼저, 그동안 검찰이 일부 정치적 사건을 투명하고 엄정하게 처리하지 못하였던 것이 사실입니다. 그 책임이 저희에게 있다는 국민의 질책을 겸허하게 받아들이고, 깊이 반성하고 있습니다. …… 저희들은 앞으로 정치적 사건을 포함한 모든 사건을 처리함에 있어 어떠한 압력도 거부하고 오로지 법과 원칙에 따라 수사할 것이며, 수사 과정에서 국민의 인권보장을 더욱 철저히 할 것을 국민들에게 약속드립니다.」

이 글은 2003년 3월 9일 노무현 대통령과 검사와의 대화 당시 전국 평검사회의 대표의 이름으로 발표되었던 선언문입니다. 그때의 들끓던 평검사들의 열정이 그립고, 그때의 반성과 다짐이 가슴에 사무쳐 옵니다.

백혜련 검사는 최근 몇 년간 검찰의 모습은 국민들이 볼 때 결코 정의롭게 보이지도, 정치적 중립과 독립성을 지키고 있다고 보이지도 않았다면서 지금 대한민국 검찰이 얼마나 정의와는 먼 집단인 채 법을 집행하는 기관인지를 신랄하게 비판했다.

백혜련 검사는 재직 당시 '삼성물산 재개발 비리', '국세청 비리' 등 치밀하면서 끈질기게 수사해야만 해결할 수 있었던 사건들을 맡아 처리했던 유능한 검사였다. 검찰을 너무나 사랑했고, 드라마의 롤 모델과 다큐멘터리에 나올 만한 열정과 자질을 가진 검사가 결국 사표를 던져야만 했다는 사실은 지금 대한민국 검찰이 말기암 환자처럼 시한부 인생을 살아가고 있다는 것을 단적으로 보여주고 있다고 할 수 있다.

대한민국 검찰과 사법부는 지금 오늘내일할 정도로 큰 병을 앓고 있다. 그런데도 지금처럼 계속해서 국민들이 갖고 있는 법 감정과 법 정서에 어긋나는 법 집행이 이루어진다면 오래지 않아 국민들의 의해 사망 선고를 받고 말 것이다.

우리 아이들이 살아갈 날들을 위해 쓰는 글

블로거가 그것도 정치 블로거가 책을 내는 것에 고개를 흔들고 다녔다. 출판사들이 온라인에서 유명한 파워블로거를 섭외해서 책을 냈지만 실패했던 사례를 많이 봤기 때문이다. 그보다 더 중요한 이유는 책을 쓸 여력이 없었다. 하루에 한 편씩 글을 올리는 것만으로도 내 능력에 벅차다고 느낀 것이 벌써 1년이 넘었기 때문이다.

예전에 글을 쓸 때는 어느 정도 마음대로 글을 썼지만, 1년 전부터는 올리는 글에 담긴 문장 한 줄, 단어 하나에 오류는 없는지, 혹시나 팩트(fact)가 아닌 자료가 포함되었는지 확인하느라 골머리를 앓기 시작했다. 한편으로는 글에 대한 완성도를 높이기 위한 작업이었지만, 다른 한편으로는 블로그에 오는 일부 보수세력의 공격과 언론 자유를 탄압하는 법적인 제재를 피하기 위해서였다. 그러다 보니 글 한 편 쓰는 시간이 예전보다 배가 더 걸렸고, 다 쓴 글도 비공개로 돌려놓고 다시 자료를 찾기 일쑤였다. 이런 상황에서 출판을 위한 글을 쓴다는 것은 무리가 아닌 불가능이었고, 그런 이유로 책을 쓰지 못했다.

1인 미디어? 도대체 그게 뭔데?

블로그를 요새는 '1인 미디어'라고 부른다. 블로거 한 명이 가진 파워가 일반적인 언론사가 보유한 영향력과 비슷할 지경이 됐기 때문이다. 이렇게 1인 미디어가 발달하게 된 배경은 '웹2.0 시대'라는 시대적 흐름도 있었지만, 유독 대한민국에서는 언론사가 1인 미디어라고 불리는 블로그보다도 언론답지 못하기 때문이다.

언론과 1인 미디어의 차이는 무엇일까? 나는 원문과 주석서라고 본다. 원문은 사건을 있는 그대로 기술한 것이고, 주석서는 그 사건을 풀이해놓은 글이다. 중요한 것은 이 두 가지 모두가 팩트를 담고 있다는 점이다. 아무리 1인 미디어라고 해도 팩트를 왜곡시켜서는 안 된다.

고려 말 학자 권근의 『춘추천견록』은 『춘추』의 주석서이고, 조선 후기 정약용이 지은 『논어고금주』는 『논어』의 주석서이다. 그들이 근거를 삼고 이야기하는 것은 각각 『춘추』와 『논어』지만, 그 풀이 방법은 다른 『춘추』와 『논어』의 주석서와는 또 다르다. 1인 미디어로 불리는 블로거도 마찬가지다. 팩트가 드러난 사안을 이야기하지만, 그 팩트의 본질은 변하지 않아야 한다.

> '서울메트로 9호선 주식회사(이하 9호선 주식회사)가 오는 6월 16일부터 9호선 운임을 500원 인상한다는 내용의 공문을 기습적으로 붙여 논란이 되고 있으며, 이에 대해 서울시는 9호선 요금 인상은 검토된 바 없다는 내용의 해명자료를 발표했다.'

이 기사를 보면 단순히 9호선 주식회사의 요금 인상에 대해 서울시가 반발하고 나서는 대립의 양상만을 보여준다. 그러나 실제로 블로그에서는 세부 내용을 담아 9호선 주식회사를 누가 소유하고 있으며, 그 재무구조가 어떻기에 요금을 인상하려고 하는지를 알려준다. 기사는 단순히 확인된 사실만 말한다. 그러나 1인 미디어는 여기에 자료를 근거로 왜 인상을 하려고 하는지에 관한 숨겨진 이야기와, 만약 인상이 되면 어떻게 될 것인가에 대한 예측을 한다. 주석서가 원문이 나오게 된 시대적 배경을 설명하며, 그 원문을 어떻게 바라봐야 하는지를 알려주듯이 말이다.

1인 미디어가 언론과 동급의 수준을 유지하려면 예측이나 풀이를 할 수 있는 근거가 있어야 한다. 단순히 '그럴 것이다'라는 설명 가지고는 독자를 이해시킬 수 없다. 지하철 9호선이 왜 '특혜철'이라고 불렸는지 그 계약 내용과 그동안 지급된 보조금 지급 내역을 근거로 하여 글을 써야 한다.

이처럼 1인 미디어가 인정받으려면 언론사보다 더 많은 데이터와 자료를 가지고 싸워야 한다. 취재를 통해 밝혀지는 것도 있지만, 사실 온라인 세상에서 80% 정도는 검색만으로 증거 자료를 충분히 찾을 수 있다. 언론은 취재를 하지만 1인 미디어는 찾아내는 능력이 있어야 한다. 그래서 블로그 한 편의 글을 쓸 때마다 관련 기사는 100여 편, 논문이나 보고서는 최소 10~30개 이상, 관련 이미지는 많게는 100여 개를 찾는다. 그러다 보니 실제 글을 쓰는 시간보다 이렇게 자료를 가공하는 시간이 하루에 대략 10시간을 차지한다.

언론은 중립을 지켜야 한다. 그것이 언론의 기본이다. 그러나 요새 대한민국 언론은 기관지나 사내 잡지 수준의 편집 방향성을 갖고 있다. 문제는 그것이 어떤 사상을 갖고 말하는 차원에서 비롯된 것이 아니라, 특정 이익집단에 유리하게 작용하기 위해서라는 것이다. 이에 반해 1인 미디어는 이익 관계가 별로 없다. 물론 상업 블로거의 경우 특정 상품을 홍보하기 위한 면이 있지만, 나와 같은 정치·시사 블로거는 스스로 정한 잣대를 가지고 글을 쓴다.

어떤 정치적 사건에 대하여 언론은 언제, 어디서, 누가, 무엇을, 어떻게 했다고만 말한다. 그러나 1인 미디어인 블로거는 '왜, 그들은, 무슨 이유로, 그런 일을 했느냐'를 친절하고 간단히 설명해준다. 이것이 왜 지금 대한민국에서 1인 미디어가 주목받는지에 대한 이유가 될 것이다.

보통 사람들의 상식이 잣대가 되는 사회

글을 쓸 때마다 기준을 세운다. 그런데 그 기준이 처음 글을 쓸려고 생각할 때는 없다. 기준이 언제 생기냐면 관련 글에 대한 자료를 찾으면서 자연스럽게 생긴다. 예를 들어 영유아 보육에 대해 관심을 가진다. 그리고 영유아 정책에 대해 정책 자료집을 찾고, 영유아 전문가의 논문을 읽고, 맘카페 등의 부모 사연을 보면서 왜 영유아에 대한 예방접종을 국가에서 무료로 해줘야 마땅한가에 대한 기준이 생긴다는 것이다.

어찌 보면 무책임한 기준일 것이다. 그러나 나의 기준은 그냥 평범한 사람의 시각으로 모든 일들을 바라본다는 것이다. 자료를 보고 이야기를 듣다 보면 무엇이 잘못됐는지, 어떤 것이 필요한지를 깨닫는 것이다. 그 시선은 철저히 보통사람들이 가진 상식을 바탕으로 한다.

정치 · 시사 블로거니 확고한 정치적 사상이 있을 것 같지만 그런 것은 없다. 왜냐하면 정치는 어려운 것이 아니라, 지금 대한민국의 무엇이 잘못됐고, 부족함과 필요한 점이 무엇인가 깨닫고, 그것을 채우고 바꾸기 위한 관심에서 시작되기 때문이다. 복잡한 정치사상은 오히려 정치를 더 어렵게 만들어 국민이 정치에 눈을 돌리지 않게 만드는 요인밖에 되지 않는다.

사실 정치 블로거로 살려는 마음은 없었다. 2002년부터 블로그를 열었지만, 신기한 일이나 사진, 미국과 일본 사회에 관한 정보를 올리기도 바빴다. 그런 주제들이 훨씬 많은 사람의 호응과 관심을 얻었고, 조회수와 추천수도 많았다. 그러다 해외에 사는 한국인이라면 누구나 한번쯤은 생각해보는 한국과 외국을 비교하는 글을 썼다. 마음속에서 '왜 대한민국은 평범한 사람이 보기에도 이상한, 전혀 상식 밖의 일들이 벌어지고 있지?'라는 고민을 하기 시작했다.

미국, 일본의 문화와 사회에 대한 이야기를 중단하고, 과연 한국의 문제점이 무엇인지 파헤치기 시작했다. 하나의 사안을 놓고, 온갖 종류의 신문 기사. 논문, 보고서, 데이터, 도표 등을 모으면서 직접 내 눈으로 확인해봤다. 그런데 자료를 찾으면 찾을수록 가장 근본적인 문제는 정치였다. 정치에 집중해서 보니 한국의 정치는 참담할 지경이었다. 정치인들에 대한 불신이 왜 들 수밖에 없는지를 스스로 깨닫고 절망감마저 들었다. 대한민국을 이끄는 정부 정책의 문제점을 파헤치다 보니 결국 정치가 문제였고, 정치의 문제점은 정치인의 무능과 부패, 권력욕에서 비롯된 것을 알았다. 그들을 평가할 때 일반인의 시선, 가장 기본적인 정치를 모르는 사람의 입장에서 바라보면서 자료와 데이터를 대입하면 무엇이 잘못됐는지에 대한 객관적인 결과가 나올 수 있었다. 어떤 특정 사상이나 정치 성향은 필요가 없었다.

가장 간단한 방법은 국회의원이 어떤 법안을 만들고 반대하는지를 보면 됐다. 예를 들어 사학법 개정을 반대하며 촛불을 들었던 나경원 전 의원은 사학 재단의 이사였고, 그의 아버지 나채성은 홍신학원 이사장인 동시에 무려 6개 법인 17개 학교의 감사와 이사를 역임하고 있었다. 서울시장 후보로 나온 나경원을 왜 반대했는가? 간단하다. 사학재벌이 사학재단의 배를 부르게 하는 법안을 지킨다는 것은 그 학교에 다닐 우리 아이들이 피해를 입기 때문이다.

문재인 띄워주기? 노빠? 만난 적도 없었던 사람

나는 문재인이 대선은커녕 정치에 입문하기도 전에 그를 18대 대통령으로 혼자 정하고 블로그에 떡 하니 배너까지 달았다. 그때만 해도 별로 사람들이 문재인에게 관심이 없다가, 요새는 '문재인이 대통령 되면 아이엠피터는 청와대 들어가겠네!'라고 비아냥거리는 사람들이 생겼다. 청와대에 들어갈 능력도, 이유도 없거니와 천국에서 사는 내가 그런 지옥으로 구태여 들어가겠는가. 그리고 가장 중요한 것은 나는 문재인을 딱 한 번밖에 만난 적이 없다. 그것도 굳이 만나려고 한 것이 아니라 노무현 재단에 취재를 하러 갔다가 주차장에서 만났을 뿐이다. 문재인 대통령 만들기 배너를 달고 나서도 2년이나 지난 2012년 5월에, 그것도 다른 유권자들처럼 악수 한 번 했을 뿐이다.

노무현 대통령은 어떨까? 노무현 대통령 관련 글을 많이 쓰는 편이지만, 노무현 대통령을 생전에 만난 적도 없고, 노무현 대통령 지지자들이 한 번씩은 갔던 봉하마을도 간 적이 없다. 문재인과 노무현 대통령 모두가 그들의 정책과 행적, 자료를 조사하다가 만난 사람들일뿐이다.

많은 사람들이 지금은 문재인과 노무현을 연호하고 있지만, 과연 그들 중에 얼마나 많은 사람들이 그들이 가진 정치 철학과 비전 그리고 실제적인 정책을 알고 있을까? 단언하건대 그리 많지 않다. 어쩌면 사람들은 그들의 허상적인 이미지를 보고 좋아하고 있는지도 모른다.

나는 노무현 대통령과 문재인을 열렬히 지지하지는 않고 무심히 바라만 보다가 그들을 새롭게 바라보게 된 경우다. 비슷한 예로 『벤허』의 작가 루이스 월레스 케이스와 같다고 할 수 있다. 원래부터 기독교 신자인 월레스(일부 기독교인들은 월레스가 무신론자로 성경을 비난하기 위해 벤허를 썼다고 하지만 문헌상으로 보면 그는 처음부터 기독교 신자였고, 성경을 비판하려고 쓴 것이 아니었다) 는 『벤허』에 '예수님이 탄생하셨던 당시 세계의 종교적, 정치적 상황들(religious and political conditions of the world at the time of the coming)'을 그렸으며, 글을 쓰면서 '하나님과 예수님의 신성에 대한 절대적인 확신(a conviction amounting to absolute belief in God and the divinity of Christ)'을 갖게 됐다고 했다. 나의 경우 어떤 종교적인 확신까지는 아니지만, 정치인 중의 베스트를 발견하게 된 것은 확실하다고 볼 수 있다. 노무현 대통령과 문재인의 참여정부의 성공과 실패에 대한 물음에 객관적인 답을 말할 수 있게 되자, 비로소 그들에 대한 확신이 들었다고 보면 된다. 월레스가 성경을 그냥 믿다가 성경을 연구하면서 비로소 하나님과 예수님에 대한 절대적인 확신이 든 것처럼 말이다.

노무현 대통령이 왜 봉하마을에 내려갔는지, 왜 봉하마을을 살리고 친환경농법을 하려고 했는지를 알아야 한다. 여기에 그의 정치 철학이 그대로 담겨 있기 때문이다. 왜 문재인이 구치소에 수감됐다가 얼마 안 있어 특전사를 갔는지를 알면, 그 시절 그가 겪었던 아픔과 암울한 정치를 알게 된다.

문재인과 노무현 대통령의 공을 높이 평가하는 나에게 보수 진영이 공격하는 것은 얼마든지 참을 수 있다. 그러나 문재인과 노무현 대통령을 좋아하는 사람이 그저 단순히 허상이나 사진만 보고 좋아하는 것은 용납하기 어렵다. 그것은 허상만 좋아하다가 그 허상이 무너지면 더 큰 실망이 몰려올 수 있기 때문이다.

어떤 정치인을 아무리 좋아하더라도 그들을 철저하게 분석하고 그들의 과거 행적과 말들을 속칭 '신상털기' 식으로 찾아봐야 한다. 그것은 그들을 무시하는 것이 아니라, 오히려 쭉정이들 사이에서 알곡을 찾는 일이 된다. 또한 정치인에게는 언제나 공과가 있기에 무조건 공만을 챙기는 것이 아니라 과를 통해 다음 세대에 그 실패의 재연을 막는 사례로 삼아야 한다.

정치인을 선택함에 있어서 최상의 선택은 있을 수 없다. 정치인들의 과거와 그들이 했던 말, 앞으로 실천하겠다는 정책을 검증하여 그중에서 최선의 선택을 할 뿐이다. 누군가는 말할 것이다. 아니 '나 홀로 문재인 대통령 만들기'를 했으면서 무슨 이런 궤변을 늘어놓느냐고 말이다. 문재인 대통령 만들기는 2012년 정치인 중에서 문재인이라는 인물이 그나마 가장 나은 최선의 선택이라고 결정한 것이지, 그가 대통령이 된다고 대한민국이 무조건 잘살고 행복한 나라가 된다는 허황됨은 없다는 뜻이다.

가끔 이런 상상을 해본다. 제주도 농가주택인 우리 집에서 노무현 대통령과 문재인, 아이엠피터 이렇게 셋이 모여서 막걸리를 마시면서 귀농, 귀촌에 대한 이야기를 나누는 상상을. 봉하에서 농사짓는 귀농인 노무현, 경남 양산으로 귀촌한 문재인과는 귀촌인 아이엠피터가 즐겁게 이야길 하겠지만, 정치인 노무현과 문재인을 향해서는 언제든 그들의 정책 실패를 비판할 수도 있다는 것이다.

정치인을 향한 우리의 선택은 맹목적이면 안 된다. 철저하게 그들을 분석하고, 그들을 향해 끊임없이 우리의 이야기를 전달해야 한다. 노무현 대통령과 문재인을 좋아하는 이유를 손꼽자면, 최소한 그들은 보통 사람들의 이야기를 귀담아 들어 줄려고 몸을 숙이는 사람들이었다.

평범한 사람들의 이야기를 듣고, 그들을 위한 정책을 펼치는 사람을 인정하는 일이 잘못됐다면 할 수 없다. 난 그런 사람을 선택해서 우리 아이들이 자신의 능력을 정당하게 펼칠 수 있는 세상에서 살게 하고 싶다.

정치 블로거가 왜 제주도에서 살까?

정치를 주제로 블로그에 글을 올리면서 많은 고민을 했다. 직장 생활을 하면서 글을 쓰는 것 자체가 너무 힘들었다. 사실 눈치도 많이 보였다. 그렇다고 무턱대고 글을 쓸 수는 없었다. 특출난 정치적 사상을 가진 사람도 아니고, 오로지 매일매일 언론 기사, 정책집, 국회 녹취록, 정치인의 과거 행적을 검색하고 조사해야 겨우 정치 글 한 편을 완성할 수 있었기 때문이다. 꿈을 꾸었다. 온종일 글을 쓸 수 있는 나만의 공간과 시간을. 그런 꿈은 예전부터 생각했던 귀농이라는 막연한 희망과 합쳐지기 시작했다.

2010년 11월, 만삭의 아내를 85만 원을 주고 산 구아방(구형 아반테)에 태우고 인천항으로 갔다. 인천에서 제주까지 운항 시간만 14시간이었던 오하마나호는 그날 따라 풍랑주의보의 영향으로 거의 16시간이 걸렸다. 애써 멀미를 참던 아내는 제주사람도 이렇게 추운 날은 처음 봤다고 하는, 바람이 거세게 부는 아침에 '제주 갈칫국' 한 그릇을 먹으면서, 밤새 힘들었던 몸과 마음을 내려놓았다.

귀농을 해서 전업 블로거로 살려는 결심을 하고 난 뒤에 제주도를 선택한 이유가 몇 가지 있다. 온종일 글만 쓰면서 굶고 살 수는 없기에 여차하면 서울에서 일감을 받아와 일을 할 수 있는 가장 짧은 교통편이 있는 곳이 제주였다(서울과 가장 거리가 멀지만 비행기를 타면 반나절만에도 서울을 다녀올 수 있는 곳이 제주도다). 또한, 어떤 정치적 단체의 물리적 제재가 들어와도 제주도에 살면 조금은 육체적으로 당하는 고통이 덜하지 않을까라는 안전장치로서의 역할도 그 중 하나였다. 그리고 가장 중요한 것은 정치 블로거로 살면서 어떤 정치적 출세를 바라보고 글을 쓴다는 편견을 받기 싫었다. 사실 정치 블로거로 영향력이 커지면서 소소하게 사람들이 만나자고 하는데 제주에 산다고 하면 굳이 만나자는 이야기를 하지 않는다. 만약 서울에 살았다면 누군가를 만나고, 그들의 이야기를 들어주고, 그런 이야기를 편향되게 쓸 수도 있었겠지만, 제주에 사는 나에게는 정치인이 찾아올 일도, 찾아온 적도 없었다.

내가 사는 곳은 제주 동부의 중산간 마을이다. 제주 사람들도 별로 갈 일이 없고, 제주에서도 발전이 제일 안 된 지역 중 하나다. 이 지역을 선택한 이유는 도시가 싫어 제주까지 왔는데, 또다시 도시 냄새가 나는 지역은 싫었다. 그리고 상대적으로 집값이 저렴했다. 제주도는 연세라는 명목으로 1년치 월세를 한꺼번에 내는데, 교통이 불편하고 편의 시설이 없는 까닭에 연세가 제일 저렴했다.

전업 블로거로 살 결심을 하고 난 뒤 제일 큰 걱정이 돈이었다. 일단 몇 개월은 그동안 모은 돈으로 버티고 그 후에는 감귤밭에서라도 일을 하든지, 아니면 땅을 임대해서 밭농사라도 지을 요량이었다. 그러나 아이의 출산으로 들어가는 돈은 많고 모아둔 돈은 바닥을 보이는데도 아내는 싫은 내색 한 번 안 했다. 오로지 "오늘은 글이 잘 써져?", "아이가 울어서 글 쓰는 데 방해되지?"라는 이야기밖에 없었다. 전업 블로거로 제주도에서 쓴 글을 보면 조금은 많이 나아진 느낌이 든다. 그것은 그만큼 자료조사를 할 수 있는 시간이 많아졌기 때문이다. 그렇게 할 수 있었던 배경에는 남들이 가는 산후조리원도 못 가고 가스 떨어질까 봐(제주는 LPG가스로 난방을 하기 때문에 가스가 떨어지면 꼼짝없이 추위에 떨어야 한다)

전기장판만 켜고 산후조리를 하며 버텨준 아내가 있었다.

그렇게 고생하면서 왜 정치 블로거로 제주에서 사느냐고 묻는다면, 나는 반대로 당신은 인생을 살면서 무엇을 할 때가 제일 행복하냐고 도로 묻고 싶다. 아이엠피터는 매일매일 블로그에 글을 올리기 위한 자료를 찾으면서 즐겁고, 글을 쓰면서 행복하다. 그것은 블로그에 올리는 글이 나의 출세나 명예를 위한 것이 아니라 우리 두 아이가 앞으로 살아갈 날을 위해 쓰는 글이기 때문이다.

우리 요셉이가 대학교에 갈 때에는 등록금을 마련하기 위해 아르바이트를 하지 않기를 바라며, 우리 에스더가 아름다운 20대 여성이 되었을 때는 밤거리를 마음 놓고 다닐 수 있는 세상이 됐으면 한다. 그리고 우리 요셉이와 에스더가 열심히 일을 하면 살 집 정도는 마련할 수 있도록 주택정책이 펼쳐지고, 손주들이 태어나면 우리 요셉이와 에스더가 아이들을 떼어놓고 돈을 벌지 않아도 아이를 기를 수 있는 사회가 됐으면 좋겠다.

이런 일들이 그냥 이루어질 수 있다고 생각하지 않는다. 보통 사람들이 가진 상식을 원칙으로 삼아 대한민국의 잘못된 정치를 개혁하고, 국민에게 반드시 필요한 정책을 만들고 운용할 수 있도록 언제나 정치인을 감시하여, 그들의 잘못은 냉엄하게 꾸짖고, 잘한 일은 칭찬하며 더욱 신바람 나게 일할 수 있도록 등을 밀어줘야 한다.

문재인이 정치에 나서게 된 배경은 간단했다. 바로 지금과 같은 나라를 우리 아이들에게 물려줘서 되느냐는 지인의 말 한마디 때문이었다. 이 글을 읽는 여러분은 지금 살고 있는 대한민국 시스템 그대로 당신의 아이들을 살게 하고 싶은가? 정치에서 눈을 돌리는 순간, 대한민국은 지금과 같은 특정 이익집단만이 살기 편한 세상이 계속될 것이다.

앞서 책을 내지 않으려고 했다가 마음을 고쳐먹은 계기는 우리 아이들에게 대한민국의 문제가 무엇인지 알려주고 싶었다. 그리고 그 문제를 엄마, 아빠들이 어떻게 해결하고, 어떤 노력을 기울였는지 꼭 기록으로 남기고 싶었다.

어쩌면 이 책은 '아이엠피터'가 쓴 글이 아니다. 이 땅의 엄마, 아빠들이 우리 아이들에게 하고 싶은 이야기를 대신 쓴 것뿐이다. 세상을 변화시켰던 사람은 위대한 영웅이 아니라, 아이들을 지키고 싶고 행복한 세상에서 살게 만들려는 부모들이었다. 이 책을 통해 누가 우리 아이들을 행복하게 만들어줄지, 누가 우리 아이들을 불행하게 만들지 느꼈으면 좋겠다.

먼 훗날 요셉이와 에스더가 이 책을 읽으면서, 대한민국이 참으로 행복해졌다는 이야길 하는 꿈을 꾼다. 지금 대한민국은 불행하지만, 앞으로는 우리 요셉이와 에스더, 그리고 이 땅의 모든 아이들이 행복한 세상에서 살 것이다. 좋은 놈과, 나쁜 놈, 이상한 놈을 구별할 줄 아는 엄마 아빠들 덕분에….

아이엠피터 임병도

impeter.tistory.com